新宿学

戸沼幸市
編著

青柳幸人
髙橋和雄
松本泰生
著

SHINJUKUGAKU

紀伊國屋書店

口絵 1-1 巨大都市新宿（文京シビックセンター 25F 展望室から）

口絵 1-2 新宿駅東口界隈の雑踏

豊島区
都電荒川線
文京区
本郷台
小石川台地
目白台地
20m
10m
早稲田大学
神田川
(神田上水)
通り
早稲田通り
(御泉水)
張藩下屋敷跡)
箱根山
44.6m
新宿区
(加二川)
4m
水道橋
飯田橋
神楽坂
牛込台地
千代田区
外濠
30m
防衛省
(尾張藩上屋敷跡)
外堀通り
靖国通り
(紅葉川)
市ケ谷
麹町台地
新宿通り
四谷台地
四ツ谷
外苑西通り
外苑東通り
(赤坂川)
信濃町
神宮外苑
港区
0m
500m
1km
2km

口絵 2-1 新宿区の地形（『1/25,000 地形図』東京首部・東京西部に加筆・加工して作成）

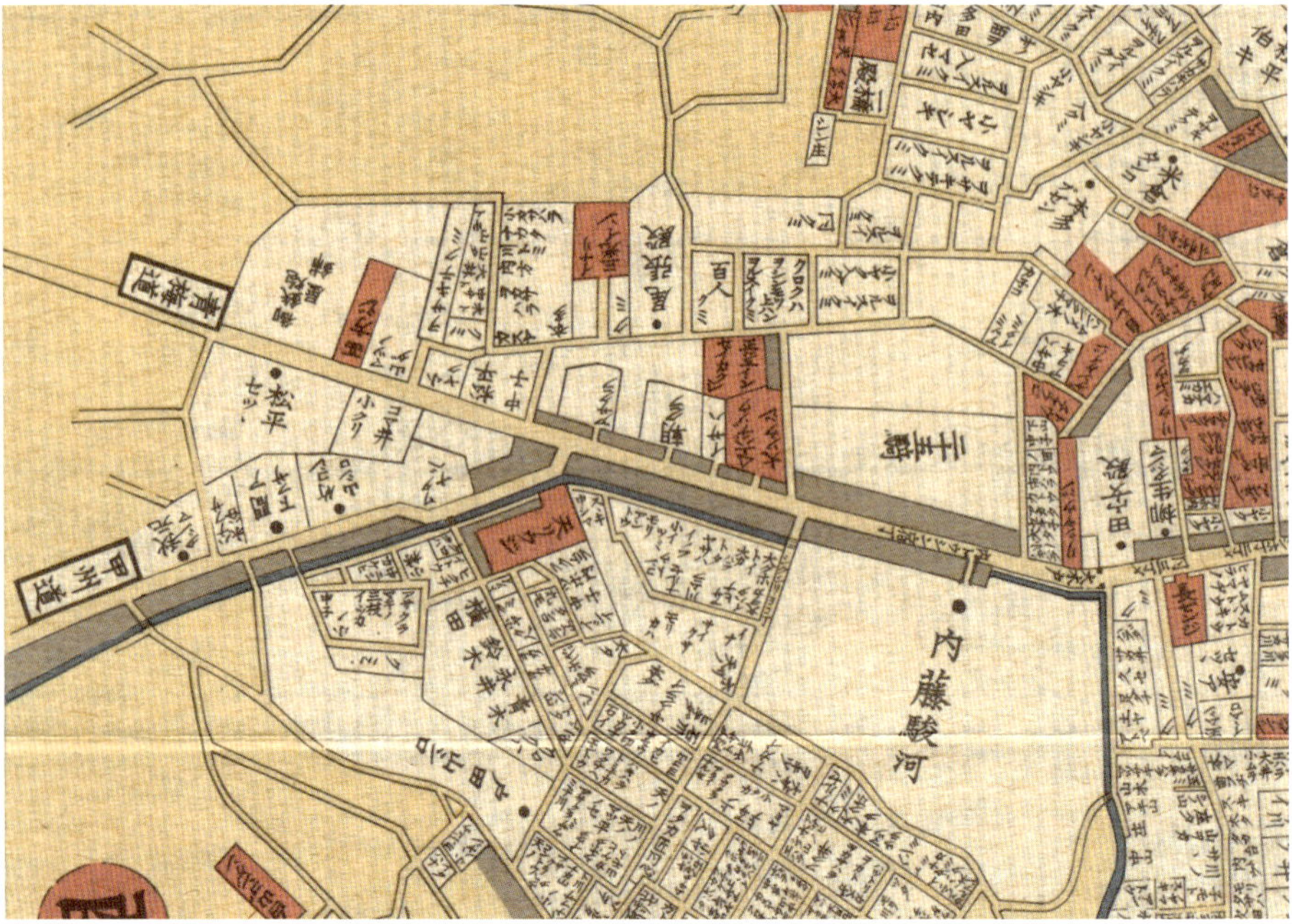

口絵 4-1 江戸時代後期の内藤新宿（天保 14（1843）年）出典：『復刻古地図　御江戸大繪圖』（部分）

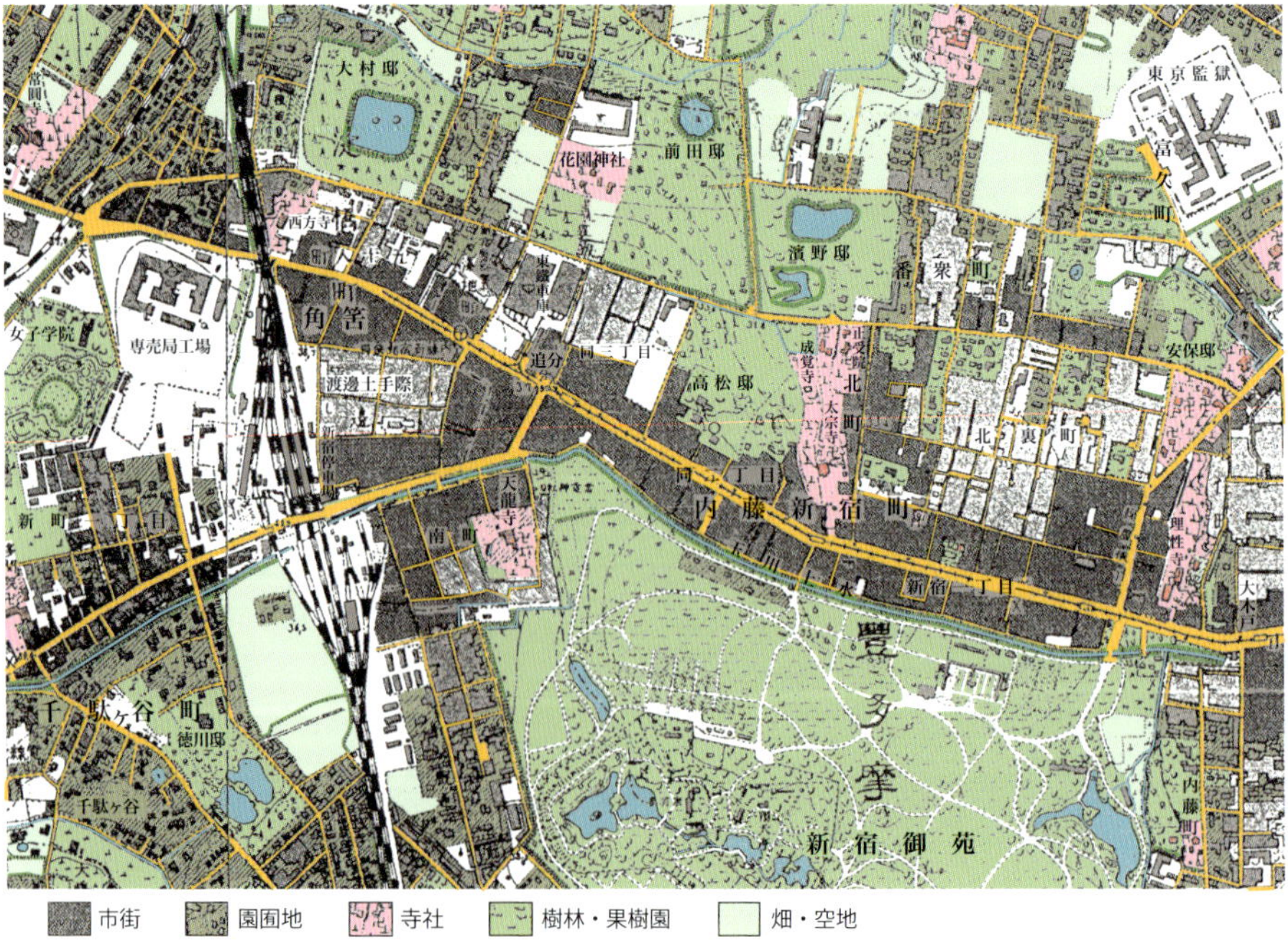

口絵 4-2 明治末期の新宿界隈（国土地理院 1 万分の 1 地形図　四谷・中野（明治 42 年測図・明治 43 年発行）に加筆）

口絵 5-1
『名所江戸百景 四ツ谷内藤新宿』
（安政 4（1857）年）歌川広重

口絵 5-2 内藤新宿の街並み（新宿歴史博物館展示の模型）

口絵 5-3 玉川堤の花（安政 3（1856）年）歌川広重（新宿歴史博物館蔵）

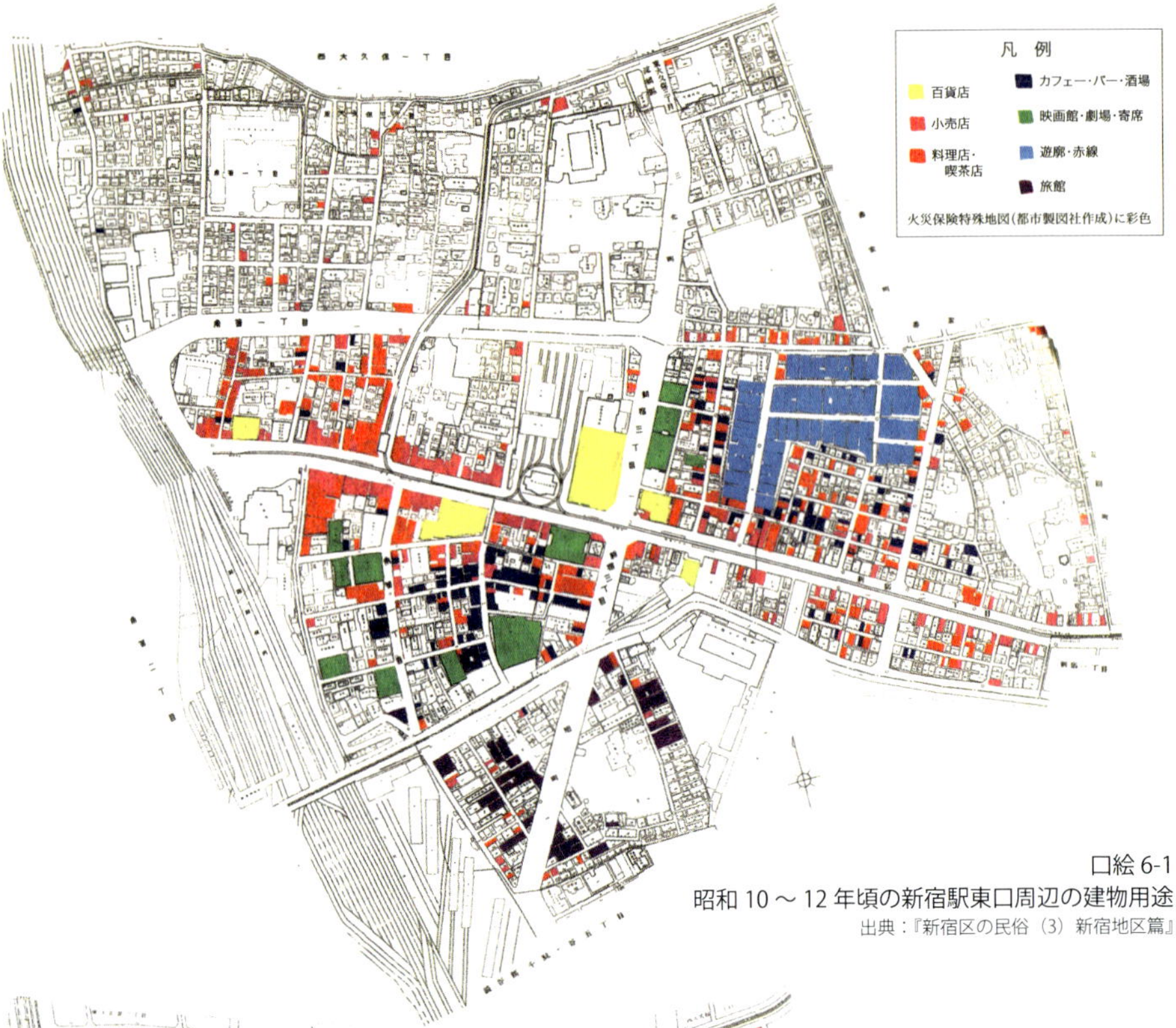

口絵 6-1
昭和 10 ～ 12 年頃の新宿駅東口周辺の建物用途
出典：『新宿区の民俗（3）新宿地区篇』

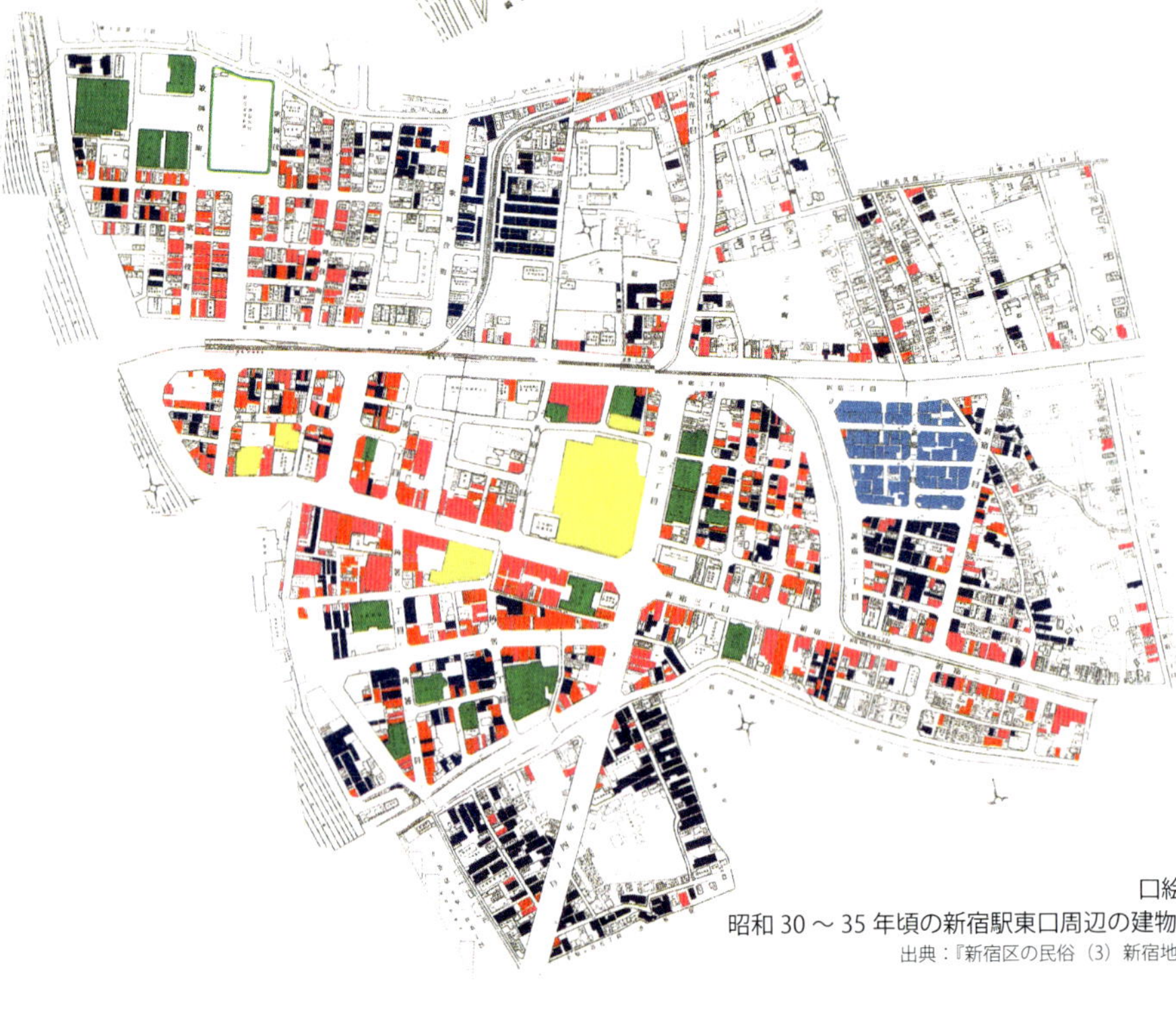

口絵 6-2
昭和 30 ～ 35 年頃の新宿駅東口周辺の建物用途
出典：『新宿区の民俗（3）新宿地区篇』

口絵 7-1
大正 14 年竣工の三代目新宿駅（新宿歴史博物館蔵）

口絵 7-2
昭和 10 年頃の新宿通り
（新宿歴史博物館蔵）

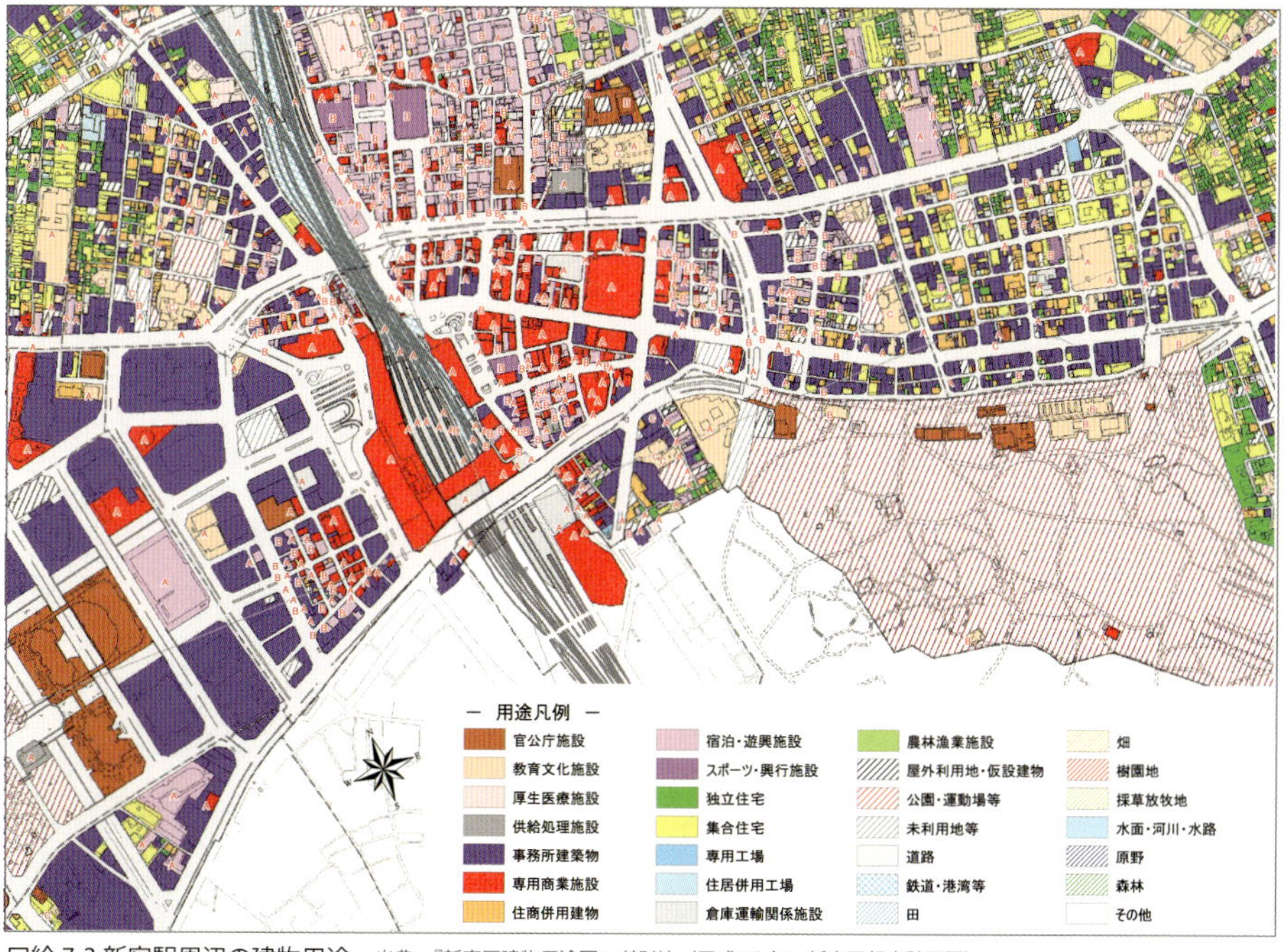

口絵 7-3 新宿駅周辺の建物用途　出典：『新宿区建物用途図』（部分）（平成 18 年・新宿区都市計画課）

口絵 8-1 新宿未来図　新宿大通りのモール化（「新宿研究会」原案）

口絵 8-2 新宿未来図　新宿駅の線路上空に多層の人工地盤を架け、駅前広場と一体化する構想（南側から）
（「新宿研究会」原案）

新宿学

目次

はじめに

私の新宿、そして新宿学

戸沼幸市

十八才の春、私は新宿に来た。新宿は私にとっての青春の門であり、また大学であった。「高田馬場駅で降りると、駅前に黒い学生服の行列が見えた。大学へのスクールバスに乗る学生たちの列だった」とは、同時期、九州から早稲田大学の文学部に入った五木寛之の『青春の門・自立篇』の一節である。私は昭和二八（一九五三）年に、北は北海道・函館から早稲田の理工学部に入って、新宿に住み着くことになった。当時早稲田には全国から若い学生たちが集ってきていた。「俺は人間たちとつき合いたいのだ……。世の中のしくみを眺め、自分がどう生きてゆけばいいのかを求めるためにやってきたのだ」といった気分であった。ここは、多くの人に出会い、人間について、まちについて、多くのことを学ぶことができる人生劇場であった。

その点で、入った大学が新宿にあったというのは、私にとって決定的なことであった。

二階吹き抜けのオシャレな風月堂、名曲喫茶田園など、喫茶店が方々にあり、アメリカのジャズやヨーロッパのクラシック音楽が流れていた。〝抜弁天《ぬけべんてん》〟のある余丁町の賄い下宿に四年間住んだ。下宿から早稲田のキャンパスへは若松町の内閣統計局、戸山町の国立第一病院脇、穴八幡、馬場下と歩いて通った。下宿から新宿の繁華街も近かった。戦後十年も経っていないので方々に焼け跡が残っていた。それでも新宿駅周辺、東口にはハイカラな店が並んでいた。高野フルーツパーラー、インドカリーの中村屋、洋書がずらりと並んだ紀伊國屋書店があり、これが新宿かと感じ入った。当時の紀伊國屋書店は、木造二階の瀟洒な建物で、知的な都会の雰囲気を持っていた。たくさんの雑誌類や文学書、専門書に並んで、地方の本屋では見たこともない、英語、フランス語、ドイツ語などの本が山積みされていた。これが都会の本屋、東京の書店かと、驚きと嬉しさで、何か自分が世界につながっている新しい場面、場所に居るという気分になったことを覚えている。

デパートの大きいのにも驚いた。三越、伊勢丹といった百貨店は函館にはなかった。売っている品物もハイカラで、東京や、その向こうにひろがるアメリカやヨーロッパの風が吹いて来るのを感じた。これが都会の感覚かと思った。親元を離れ、ひとり東京に暮らす自由の感覚とも重なった。

昭和二八〜三二（一九五三〜五七）年頃の新宿は、戦後の焼け跡、傷跡があちこちにあり、新宿駅周辺には闇市風の屋台もあり、いまだ混沌としていたが、戦後再建に向かって新しい勢いを実感させられた。新宿歌舞伎町にコマ劇場がオープンし、都会の新しい盛り場の形が出来つつあった。

映画をよく見た。満員の武蔵野館や日活名画座ではよく立ち見した。私と同世代の早稲田の学生で後年、ジャーナリストや作家、政治家になった人たちは少なくないが、「俺は学校には行かないで映画や芝居を見たり、喫茶店でだべったり、赤線に通ったりして過ごした」とうそぶいている。この言い方には照れ隠しもあろうが、学校の教室の板書の授業では得られない「生」の情報が、戦後の新しい芽吹きを感じさせる新宿にあったことはたしかである。寺山修司の『書を捨てよ、町へ出よう』というわけでもあったろう。彼も私の生まれた青森出身であった。青森（人）は何故か新宿（人）に似たところがある。

そして赤線、青線である。新宿二丁目の赤線街の店構えには独特なデザインがあった。玄関の丸柱や窓周りには色とりどりのきらきらしたタイルが貼ってあった。「おねえさん方が、お風呂のタイルがきれいだからこれを表に出しましょうよ、と言ってデザインしたのだ」とは、早稲田で私が習った高名な建築家・吉阪隆正先生の講義であった。売春防止法が施行適用されたのは昭和三三（一九五八）年四月一日であった。その夜、赤い灯の消えるのを惜しんで皆で見学に出かけたものだった。これを境に、盛り場としての新宿は大きく変わることになった。

新宿は学生のまち、特に早稲田のまちであった。野球の早慶戦の夜、学生は新宿で大騒ぎをしたが、まちの人も、早稲田の学生を大目に見てくれた。昭和三五（一九六〇）年の安保闘争、昭和四二〜四三（一九六七〜六八）年の国際反戦デーに全学連の行なった闘争は新宿が舞台となり、ここに学生はいわゆる解放区をつくり出した。昭和四三年、ベトナム戦争反対の新宿騒乱事件の際、西口広場の群集が警察機動隊に追いまくられた時、東口からゴールデン街に逃げ込めば捕まえられなかった。追撃の手を逃れられたのは、東西を分断する鉄道線のバリアによるものであったとは一つの新宿伝説である。

半世紀以上も新宿にいるといろいろな知人、友人ができる。いろいろな人とすれ違う。そして、新宿体験の中でいろいろなことが思い返せるのである。永年、このまちの大学で働き、隣り合わせの夜の盛り場で学生たちや友人、時に見知らぬ人と飲んで騒いで、定年になり、ふと立ち止まってまちの鏡に映る白秋の我が姿を見た時に、「俺は一体何者だったか」と自問したことであった。

新宿に、青春の門から入り、朱夏の時を過ごし、今、玄冬に向かう私自身の白秋の峠から新宿のまちの風景を眺めつつ、自分史に重ねて「新宿について、新宿の場所の力について考えてみたい」というのが「新宿学」を始めた私自身の動機であった。そしてまた、永年多くの都市・地域計画に関与してきた私の立場から、都市・地域学研究のアプローチ、方法論を「新宿」を対象にして典型的に提示してみたいという意図がこれに重なっている。

早稲田大学オープンカレッジ講座の一つとして平成一六（二〇〇四）年春に始められた「新宿学」はこれまでに足かけ八年間、一六〇回の講義を重ねた。

講師は余人をもって代え難い「新宿人」である。内藤新宿以来の四百年の生き証人、内藤家第一八代当主内藤頼誼《よりよし》氏、三五〇年の歴史を重ねている花園神社片山文彦宮司、創立一二五年を迎えた新宿高野・四代目高野吉太郎社長、紀伊國屋書店田辺茂一の子息、田辺礼一氏など、新宿の歴史をタテ糸につなぐ群像の人々である。新宿は歌舞伎町に位置どりをする区役所からは、中山弘子区長が幾度も新宿の未来を熱く語ってくれた。また女性講師では早稲田大学文学部出身の元NHKアナウンサー山根基世氏が、女性からの「青春の門」を語ってくれた。ほかの講師の方々の語る「私と新宿」にも濃密な新宿体験が溢れている。そして、新宿に対して「愛」といってもいいほどの思い入れがある。受講生、延べ五千人がこの人々と出会い、ヨコ糸になってクロスし、新宿とは何か、何処へ向かうのかと議論を重ね、そして「まち歩き」をする。まちに出てみると、大小様々な出会いの空間が、路上や地下や空中にあり、大都会の中にヒューマンなお気に入りの小空間を発見する。新宿に交叉する旅人として、青春（青年）、朱夏（壮年）、白秋（老年）、そして玄冬（最晩年）を過ごした人々が少なくない。

本書は、このような私の新宿、そして「新宿学」をまとめたものである。「新宿学」では、新宿のまちの発展を歴史的、文化的に位置づけ、地理地形や土地利用、都市計画の要素を視野に入れながら、そこで展開された人々の営為をさぐり、このまちの未来をも探求してみたい。

………第 1 章

「新宿学」序説

1 新宿への接近

二一世紀初頭、一日三五〇万人の乗降客を一点で集散させる新宿駅を挟み、西側と東側でこれほどコントラストの強い景観を持った都市は世界でも例があるまい。東口商店街と西口超高層ビル街は、人もまちもいかにも強烈なコントラストを描いている。新宿駅は世界一の巨大ターミナルである。JR線、私鉄の小田急線、京王線、西武新宿線、地下鉄数本とバスターミナルが凝縮しており、その乗降客数は東京駅などよりも遙かに多く、ギネスにも登録される世界一の規模を誇っている。三五〇万人とは東京都の人口一三〇〇万人の三割近く、一都三県（東京・神奈川・千葉・埼玉）三五〇〇万人の一割にも相当する。この巨大ターミナルを利用する人々は東京圏に限らず、日本中、さらには世界に及んでいるのだ。

東口の商店、盛り場地区は古くからの平面的なまちで、地面、路上を往来する人混みで日々ごった返している。現在の新宿東口駅舎は、戦後、民衆駅として造られた当時の敷地一杯のままで、細長い建物である。申し訳程度の駅広場があるが、ここを起点に東口商店街、新宿大通り、そして世界有数の盛り場・歌舞伎町が、小路、中路に区切られて地面を一杯に覆っている。

東口地区の商店街の建築の多くはコンピューター以前の手書きの図面で設計されており、人間の匂いがする。そして、商店は全面色とりどりの看板とネオンに覆われ、いかにもアジアの猥雑な都会である。新宿歌舞伎町は「性風俗のメッカ」とも言われ、新宿発生の原点である飯盛女《めしもりおんな》のいた宿場、「内藤新宿」からの遺伝子を少なからず引き継いでいる。歌舞伎町の一角には、ゴールデン街という、かつて青線と呼ばれた私娼窟、木造三階建ての赤ちょうちんの飲み屋小路があり、戦後の雰囲気そのままを保っており、新宿の原風景の一つとなっている。

対照的に、駅西口は日本最初の地上二〇〇mを超える超高層建築群で、双頭の塔屋にパラボラアンテナを装備した西口界隈随一の高さ（二四三m）を誇る東京都庁舎、ニューヨーク・マンハッタンを連想させる超高層オフィス、ホテル群が空に突出している。これこそが、コンピューターで設計された、鉄とコンクリートとガラスによる日本における二〇世紀都市建築の到達点であり、ここで人々は日夜を分かたず、巨大なエネルギーを消費しつつ、マンーマシンの端末として働き、膨大な情報の生産、再生産を行なっている。西口超高層建築の第一号は京王プラザホテルであるが、駅に隣接して便利なため、この地域にはいくつものホテルがある。世界中から訪れ流動する現代人の〝ねぐら〟が空に突き出た塊の図である。

武蔵野台地を南北に走るＪＲ山手線は新宿の中心部を東西に大きく分断する大河のようなバリアである。西口と東口をつなぐ路は今もなく、東西自由通路を鉄道側と新宿区が話し合って決め、ようやく事業着工したが、これの実現には数年を要するらしい。

新宿、このまちは世界中から人々が集まっては拡散する、巨大な交通ネットワーク社会の一大結節空間であり、人とともに、情報、金、モノが渦巻いている。

新宿は時代の最先端を走っているように見える。

2 「新宿学」の主題と地理的範囲

世界都市東京の新都心、新宿は武蔵野台地の東端に芽吹き、特異な進化を続けている前衛都市である。新宿は海抜三〇～四〇mの比較的平坦な台地から、海抜一〇mほどの低地、神田川の流域に向かって、一〇m刻みの階段状の斜面地となっている。

一日三五〇万人の人間が交叉交流する「新宿」という都市とは何か、そして何処から来て何処へ向かうのだろうか。巨大なエネルギーを消費する新宿は、一体何を生産する文明装置なのか。この都市でつくられている情報にどんな意味があるのか。時代の先端を走り続けているこの都市に集まる人々の生き様、生活様式、都市文化はどのようなものか、どんな意味があるのか。現在、新宿区民の一割以上は外国籍である。新宿はまた多文化共生時代に入っている。

新宿の「人とまち」の歴史を出発点から学び、その未来を文明史的に展望するのが「新宿学」の主題である。

「新宿学」が対象とする新宿の地理的範囲は、発生の起点となった新宿追分を含む新宿駅周辺地域とし、現在の行政単位である新宿区を視野に置くものである。新宿区は東京二十三区のほぼ真ん中に位置し、縦四㎞、横五㎞弱で、面積は一八・二三㎢である。

この空間を埋めている現在の市街地をいえば、業務・商業機能が集積している新宿駅周辺地域から、東京都心に直接つながる四谷地域へ連続して商業集積が見られる。また、この地域には新宿御苑、神宮外苑が入る。新宿は、渋谷、池袋（豊島区）とともに、東京都では副都心区に位置づけられているが、これら副都心を直接結ぶＪＲ山手線沿いには商業街が出来ている。その一つ、高田馬場駅は都内有数の乗降客を持つ駅となっており、まとまった商店街を形成している。新宿駅から高田馬場駅の間の大久保地域には最近、外国人の居住が多く見られるようになってきた。ＪＲ中央線の四ツ谷駅、飯田橋駅にも江戸以来の繁華街が重なって、四谷荒木町、神楽坂と個性的なまちが息づいている。高田馬場から神田川方向にある戸塚地域には早稲田大学のキャンパスがあり、地域と一体となって創立以来一二五年の歴史を刻んでいる。

新宿区は流動人口の大きい商業業務都市であるが、三十二万人（平成二四年一月の夜間人口）が居住する生活都市でもある。区域全体に商空間と混在するかたちで住宅地が広がっているが、この中で落合地域は自然が残り、落ち着いたまとまりのある住宅地を形成している。新宿の区境は、東に外濠、北と西は神田川であり、妙正寺川が落合の低地を東へ流れている。

なお、行政単位としての新宿区は、現在、東京都二十三区の一つとして特別区に位置づけられているが、これは明治年代すでに東京の市街地であった牛込区、四谷区と、昭和に入って市街化する近郊郡部を取り込んで出来た淀橋区が、昭和二二（一九四七）年に合併して生まれたものである。

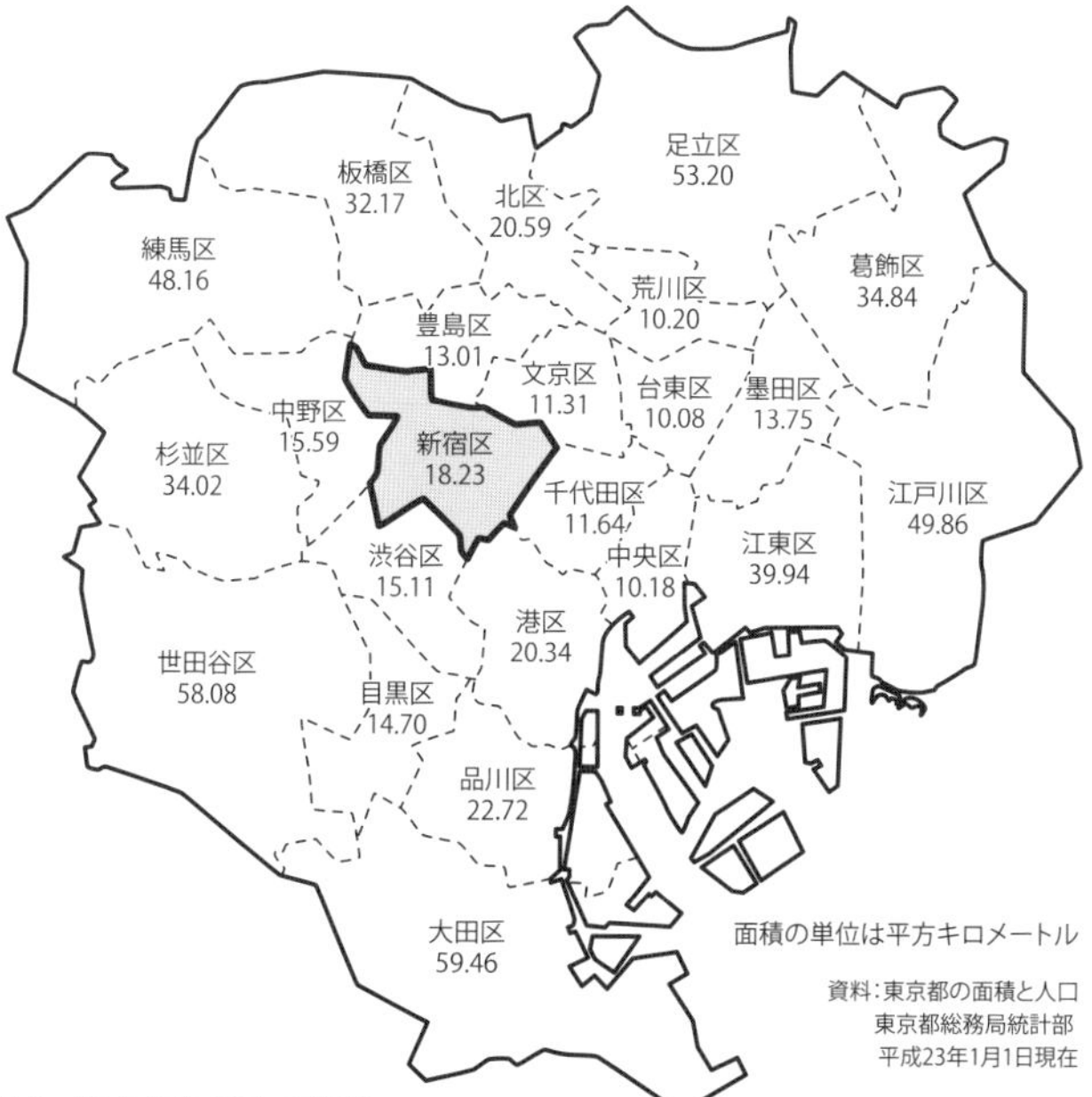

1-1　東京 23 区の中の新宿

現在の新宿の範囲の変遷をたどると、明治一一（一八七八）年に、東京府十五区六郡制が実施され、四谷区、牛込区が誕生した。また明治二九（一八九六）年、南多摩郡、東多摩郡を廃止して豊多摩郡が誕生し、新宿駅周辺は豊多摩郡淀橋町となった。大正九（一九二〇）年に内藤新宿町が四谷区に編入された。昭和七（一九三二）年、東京市三十五区制が実施され、旧豊多摩郡の淀橋、大久保、戸塚、落合の四町が合併し、淀橋区が成立した。そして戦後の昭和二二（一九四七）年に三十五区が二十三区に再編され、四谷区、牛込区、淀橋区が合併して現在の新宿区となった。

3 新宿の磁場と容量

広大な未利用地であった武蔵野台地の東端、江戸の西の入口という新宿の立地は、このまちが近世から近現代都市へ成長、発展する上で格好のものであった。

江戸期の新宿区の土地利用は、尾根道である甲州街道沿いのまち並みがわずかに都市的な利用で、ほかは広い大名屋敷と近郊農村地帯であった。近世から近代へ、日本国土における人間の居住空間（家、村落、都市、地域、国家）が産業革命によって人口増をともないながら大きく変貌するなかにあって、関東平野に、江戸から東京へと巨大な都市が出現してゆくのだが、新宿はまさにその成長点といえた。

百万都市、江戸郭内《かくない》（注1）の下町は既に稠密《ちゅうみつ》な市街であり、拡大には限度があった。また江戸下町に続く東側は、市街地拡大には河川や地盤など地形的に限界があった。これに対して、西側に位置する新宿とその後背地は、都市拡大の格好の予備地であった。東京が百万都市から、一千万都市、そし

注1　江戸郭内：江戸の市街地内のこと。その範囲は時代の経過とともに拡大し、郭内の範囲も広がった。江戸時代初期には、江戸の入口は東海道・芝口門、甲州街道・四谷大木戸で、そこが郭内外の境だった。江戸後期になると、朱引線で示される範囲（朱引内・御府内）が江戸郭内に相当した。
朱引・墨引：朱引線は文政元（1818）年に幕府が初めて示した江戸の範囲を示すもので、当時の高札懸場堺の範囲、勘定奉行・寺社奉行の行政上の管轄地域を表している。また墨引線は当時の町奉行の管轄範囲を示す（図1－2参照）。

て世界有数の三〇〇〇万級の巨大都市へと変貌してゆく先兵の役目を、新宿は担ったことになる。

新宿はもともと江戸の入口、四谷大木戸の手前、甲州街道と青梅街道の交差点「追分」に人馬の中継所として設けられた宿駅、小さなターミナルであった。ここに自然なかたちで宿泊機能が生まれ、そしてその宿が飯盛女の働く売春宿を兼ねた。新宿に限らず、東海道品川宿にも、奥州街道・日光街道千住宿にも、そして日本の宿場は多かれ少なかれ売買春の空間を持っていた。「性と都市」については古今東西の都市論の主要なテーマの一つである。新宿という都市の場合、その発生において「性」が濃厚にあり、ターミナル性と性産業を引き継ぐ盛り場性が、新宿のＤＮＡともいえよう。

江戸から数えて四百年余、明治、大正、昭和、平成へと新宿というターミナルに人々が入れ替わり立ち替わり様々な場所から集まった。そこでは、商人、産業人、役人、芸人、小説家、学者、学生、老若男女がそれぞれになにがしかのことをなし、痕跡を残し、墓を残し、土地に時を刻み、生を終え、代をつなげて今日まで活況をもって持続しているのだ。そのよ

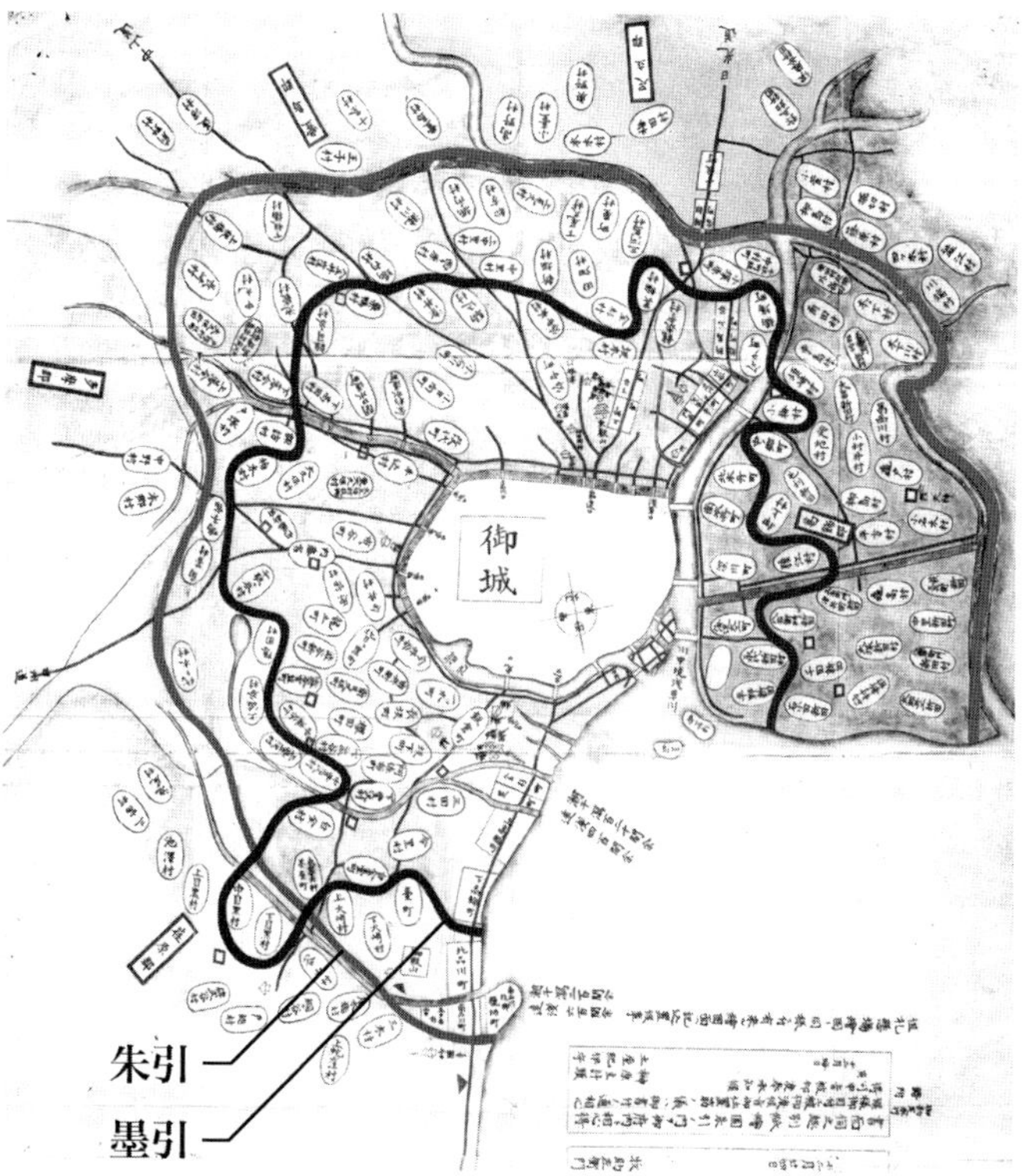

1-2　江戸朱引図（東京都公文書館蔵）

うな「私」あるいは「私の店」「私の大学」と新宿を重ねて考察することも「新宿学」は意図している。
新宿には強い磁場と奥深い容量がある。

4 都市と災害——新宿にみる災害と復興

人間、人間居住の歴史、都市の歴史は、災害と向き合い、これを乗り越え、これを内包してゆく歴史である。すなわち、都市・地域の歴史は災害によって節付けられた歴史であり、それに対する人間の復旧・復興の物語ともいえるのである。「新宿学」においても都市と災害問題は主題の一つである。

平成二三（二〇一一）年三月一一日の東日本大震災の余波は新宿にも及び、改めて新宿の災害史についても考えさせられることになった。東京・新宿の歴史には関東大震災と、先の戦災がくっきりと刻みつけられている。

大正一二（一九二三）年九月一日の関東大地震（震源地：相模湾北西部、マグニチュード七・九）によって、東京、横浜は壊滅した。東京（府）の被災状況は、死者不明者七万人余、負傷者二万人余におよび、東京府全人口の四七％、一九〇万人余が罹災した。全焼三十万世帯余、被害世帯数三九・七万と報告されている。とにかく火災による被災が多かった。当時の東京は人口増加の下、木質系の住宅・建築の密集市街だった。上下水道、道路も貧弱なものであった。ここに大地震が襲ったのである。旧来の都市の弱点が突かれたともいえる。

東京の立ち直りは復旧ではなく、震災を逆バネとしたまさに復興、帝都復興だった。国策として帝都復興院が立ち上げられ、予算が投じられ、新しい都市計画が実施された。区画整理、建築の不燃化・共同化事業、幹線道路づくり、公園づくりなどの実績は今の東京の支えにもなっている。

東京山の手の新宿は牛込地区などが被災したが、下町の大惨事に比して比較的軽微であった。この状況で新宿は下町からの避難地として大きな役割を果たした。そしてその後、帝都発展のバックヤードの新しい拠点として、その役割を担うことになってゆく。

戦災については、第二次世界大戦末期、米軍の空爆・艦砲射撃により、東京、横浜、名古屋、大阪、神戸などの大都市をはじめ、日本の二一五の都市が被災した。この中には、広島、長崎の原爆による破壊も入る。帝都東京は、昭和一七（一九四二）年以来、昭和二〇（一九四五）年八月まで、百回にも及ぶ空爆によって壊滅状態になった。その被害は、死者八万八二五〇人、負傷者六万二一〇六人、全焼全壊家屋八五万一一六六戸、半壊家屋七二一七戸、罹災者二五七万八一五〇名（内務省調査）に及ぶと記録されている。新宿もまた、牛込区、淀橋区、四谷区と全面的に被爆被災した。敗戦直後の混乱と困難、そしてそれから立ち直ろうとする人々の懸命な生き様は、日本の戦後史の一コマであり、戦災からの復旧・復興の「新宿都市物語」である。

「昭和二〇年の新宿。五月二五日の大空襲で、幼時を過ごした我が家も、十八年続いた父の書店も、それ以前からあった家業の炭屋も跡形もなく消えて、廃墟と化した。小学校六年生だった私は昭和二〇年一〇月、集団疎開先の信州から帰り、ひとりその焼け跡に立ち尽くす。この時の光景が私の新宿の原点である。闇市が出来、バラックが建ち、その年の暮れには父の書店も曲がりなりに再開した」。

これは「新宿学」の講義で話してくれた当時の紀伊國屋書店副会長田辺礼一の講義録の一文である。

戦災直後、東京についてはただちに国によって戦災復興院が立ち上げられ、戦災復興プランが打ち出された。過大都市東京の抑制策に合わせて、幹線道路などのインフラ整備、緑地整備、全面的土地区画整理による市街地再生は、戦後都市計画家たちの大きな仕事であった。これに暮らしと仕事場づくりが重なっていった。

新宿においても新宿駅周辺は復旧・復興の拠点だった。その一つに、被災地の住人、民間人が主役となって造り上げたユニークな繁華街「歌舞伎町」がある。

5 都市を比較する——浅草、銀座と新宿

新宿を知るためには、ほかのまちとの比較も有効なやり方である。比較する場所は世界都市のニューヨークでも良し、同類の東京副都心・渋谷、池袋でも良い。あるいは新宿を浅草、銀座という歴史のある代表的な盛り場と比較してみるのも「新宿学」研究の有効な方法である。

……下町文化の浅草

「浅草」は、東京の代表的盛り場であるが、下町の文化を体現しているまちである。外国から知人がやって来ると、東京見物にまず浅草を紹介する。浜離宮から船に乗って隅田川からアプローチするのだが、船から見ると両岸が空に開け、世界一の高さの東京スカイツリーもこのアングルから目に飛び込んで来る。近頃は隅田川もきれいになっていて、いくつかの名橋をくぐり、吾妻橋の橋詰から陸に上がって浅草の仲見世を通っていくと、昔の江戸情緒を感ずることができる。浅草寺を拝んで、お

賽銭を出して、善男善女と一緒になって手を合わせる。
春、桜堤も見事である。夏場であれば江戸から続いている花火見物、船で見るのが一番いい。寺の文化は浅草寺、大衆文化の焦点としての寺町文化が脈々と続いて、それが町中に残っている典型が浅草ではないか。

吉原は江戸文化の華として語り継がれている。江戸時代は出稼ぎに来た男と、地方大名についてきた若侍が一杯いて、女性対男性の比率が一対一〇であった。性の需要供給アンバランスが、この商売が成り立つ基盤と捉えることもできる。男女を取り持つ手続き、小道具、仲立ち、幇間《ほうかん》、部屋のつくり、空間の仕掛け、それらに習熟しないと遊んではいけないとか、神聖化した性文化をつくったのが吉原というものだった。吉原と比較しつつ新宿を解くというやり方も面白いアングルである。

浅草はまた大衆演劇のメッカである。戦後、フランス座という有名なストリップ劇場があって、幕間に出て来る寅さんのような芸人が、ここで芸を磨いて大衆文化を創り出した。浅草は大衆を惹きつける行楽地、観光地、花屋敷や芝居小屋に代表される独特な庶民文化のメッカとして一時代を築いている。

「浅草」も都市解析の面白い対象である。

……先発の銀座

「銀座」は、パリのシャンゼリゼとか、ニューヨークのブロードウェイ、五番街に匹敵するイメージのまちである。幅の広い歩道のある通りが、銀座一丁目から八丁目、さらに江戸時代の五街道の起点、日本橋まで続いている。銀座は、江戸幕府が貨幣の銀を作らせていた江戸時代の中心街であった。

一方、金は日本橋であり、この地は今でも金融街でもあるが、こちらには呉服大店《おおだな》が軒を連ねていた。もともと百貨店は呉服屋から大きくなったものが多い。

明治の都市は木造だったから火事に弱いのだが、火事に強いまちにするために、建物をレンガやコンクリートで造らなくてはいけないということで、レンガ街にした。日本の不燃化建築の始まりがこの辺である。ガス灯と柳の銀座のまちは、モガ・モボでも有名であるが、買い物もさることながら、時代の最先端の流行を知り、ショーウィンドウに映る化粧をして着飾った自分の姿が見えるのが「銀ブラ」のポイントである。

資生堂はやはり銀座の店である。化粧の歴史はまた、日本の風俗史を端的に現している。石鹸、香水、お化粧品と都市の成り立ちとはおおいに関係がある。人間の肌をいかにきれいにするかが文化に現れているように、結局文化も「体が基礎」なのである。トイレ、便器も都市文化の基底を成している。人糞の匂いをいかに消すか。匂いを消すための香水、水洗、暖かい便座と、トイレは今では気分のいい居場所になった。宮廷の文化を調べると、トイレの歴史に行きつく。文化は「人間が人体をどう扱ってきたか」という歴史的経過ともいえる。

現代消費社会に対応した商空間として、銀座は万事先発であった。化粧品の資生堂、フルーツの千疋屋、パンの木村屋、高級時計の服部時計店などのつくり出す銀座の商空間は、日本全国に「銀座」の名を冠した多数の商店街を生んだ。

………後発の新宿

江戸時代、既に町人文化、下町文化を築いていた浅草、江戸から東京への近代都市化を先導した銀座に較べれば、新宿は万事後発である。

甲州街道と青梅街道の交差点「追分」に新宿が誕生した時点、それ自体が後発である。演芸などの新宿文化も多分に浅草から移したものだし、新宿色町も吉原を引き写したものであった。新宿としての初発の商空間、パンの中村屋は銀座木村屋を見習っているし、新宿高野のフルーツパーラーは銀座千疋屋、紀伊國屋書店は日本橋丸善の後を追ったものである。しかし新宿の強みはこの後発にあり、この場所こそ、明治以来、首都東京が大都市化するに際しての絶好な場所であった。ここに居を構えた人々は先発を追ってここに独自の商空間、文化を築いていった。

6 歴史区分とその概要

都市の歴史をたどるときに大きな契機となるものに、革命、災害、経済恐慌などがある。新宿でいえば、江戸の成立、明治維新の政治体制の大変革、大正一二（一九二三）年の関東大震災、第二次世界大戦の戦災であり、この変曲点を期に新宿は変貌した。文明史的にいって、産業革命（エネルギー革命）と情報革命の波がかぶさって、近世幕藩体制下の江戸を、東京という近現代都市に変貌、発展させたといえよう。

江戸、明治、大正、昭和、平成という日本の時代区分・年号には、都市新宿においても風俗文化を感じさせるものがある。「新宿学」における歴史区分も西暦とつき合わせつつこれらを利用している。

……江戸以前

そもそも関東平野、武蔵野台地の東端に人が住んだ形跡を探せば、旧石器・縄文時代まで遡ることができる。水（川）と緑に恵まれた風通しの良いこの台地は、旧石器・縄文人にとっても食糧を手に入れることができ、原自然の居住地として魅力あるものであったに違いない。当時の遺跡が落合などに残っている。

原始から古代へ、農業革命の波が関東に及び、平安時代には農民武士・江戸氏が豊島郡内に進出している。現代の新宿の地域は穏やかな農村地帯として推移していた。

……江戸期の新宿

太田道灌の江戸築城一四五七年を起点とし、一六世紀末徳川家康の入城によって江戸の新しい展開が始まるが、いまだ不安定な政治・軍事の情勢下、内藤清成が西の守りとして広大な屋敷地を拝領したことも新宿を性格づけた。新宿の誕生と成長はマクロ的にいえば江戸・東京の発展史の一部、一体のものである。

宿場としての新宿は一六〇四年に五街道の一つとして制定された甲州街道と、一六〇六年に江戸城建設用の資材運搬路として設けられた青梅街道の分岐点、「追分」に内藤新宿として生まれたのが起源である。人馬の交換する宿駅に茶屋、旅籠、遊郭が出現し、江戸中期に四谷区周辺まで江戸のまちが拡大してきたことと合わせて、江戸で一、二を争う色町、内藤新宿として大きな繁栄を築いたのである。

……明治期の新宿

時代が江戸幕藩体制から廃藩置県の明治国家へと大変革する流れの中で、明治四（一八七一）年新宿の一部は東京府に組み入れられた。市街地としても西側への都市化伸長によって東京に組み込まれていった。明治期は日本の近代化の始まりであるが、これは産業革命の都市への取り込みと期を一にするものであった。工場（印刷、タバコ、カメラ、石けん）も次々に現れた。また化石エネルギーによる交通手段として、鉄軌道（国鉄の山手線、中央線、私鉄の京王線、小田急線、西武線）が新宿駅に結節し、郊外と東京を結んだ。日本の近代化を具現するものとして、早稲田大学をはじめ、学校、大学が新宿にも次々と設置された。内藤家の屋敷であった新宿御苑も洋風の庭園に衣替えした。大名屋敷の多い新宿区には軍隊（陸軍）も設けられた。

新宿が東京郊外との結節点になるにつれ、追分の遊郭街とは別に、ここに大きな駅前の商空間（高野商店、中村屋ほか）が生まれた。

明治期四十五年間のほぼ半世紀、日本が天皇制国家を構築していた時代であるが、これには日清戦争（明治二七～二八年　一八九四～九五）、日露戦争（明治三七～三八年　一九〇四～〇五）と、戦争の影が付きまとっていた。

……大正・昭和前期の新宿

大正から昭和にかけても東京市街地は山手側、西へ西へと拡大し続けた。新宿駅を起点とする国鉄をはじめ、京王も小田急も西武も伸長し、逆に西側の住民を顧客として新宿に引き寄せることになっ

明治中期

明治初期

昭和初期

大正

た。新宿駅ターミナルにつながる商空間はますます充実した。昭和初期には百貨店の布袋屋《ほていや》、二幸、松屋、三越、伊勢丹が勢揃いした。炭屋であった紀伊國屋が書店を開業したのもこの時期である。この時出来たまち並みは、現在の東口商店街の原型となっている。

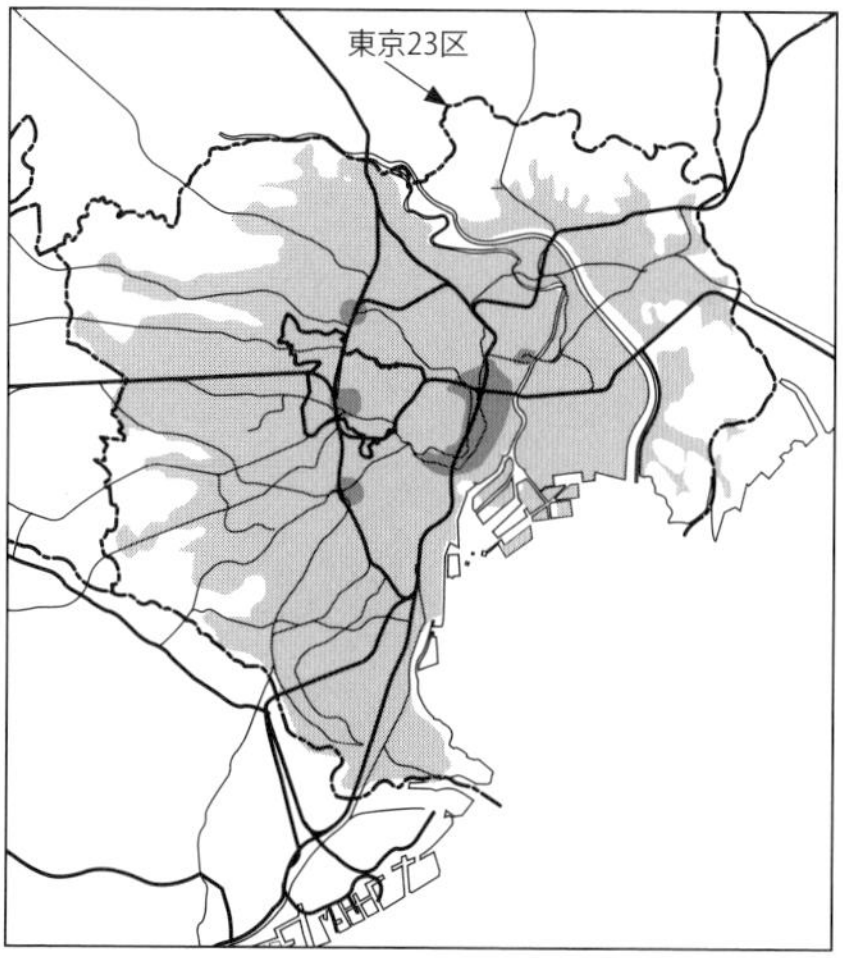

昭和30年代

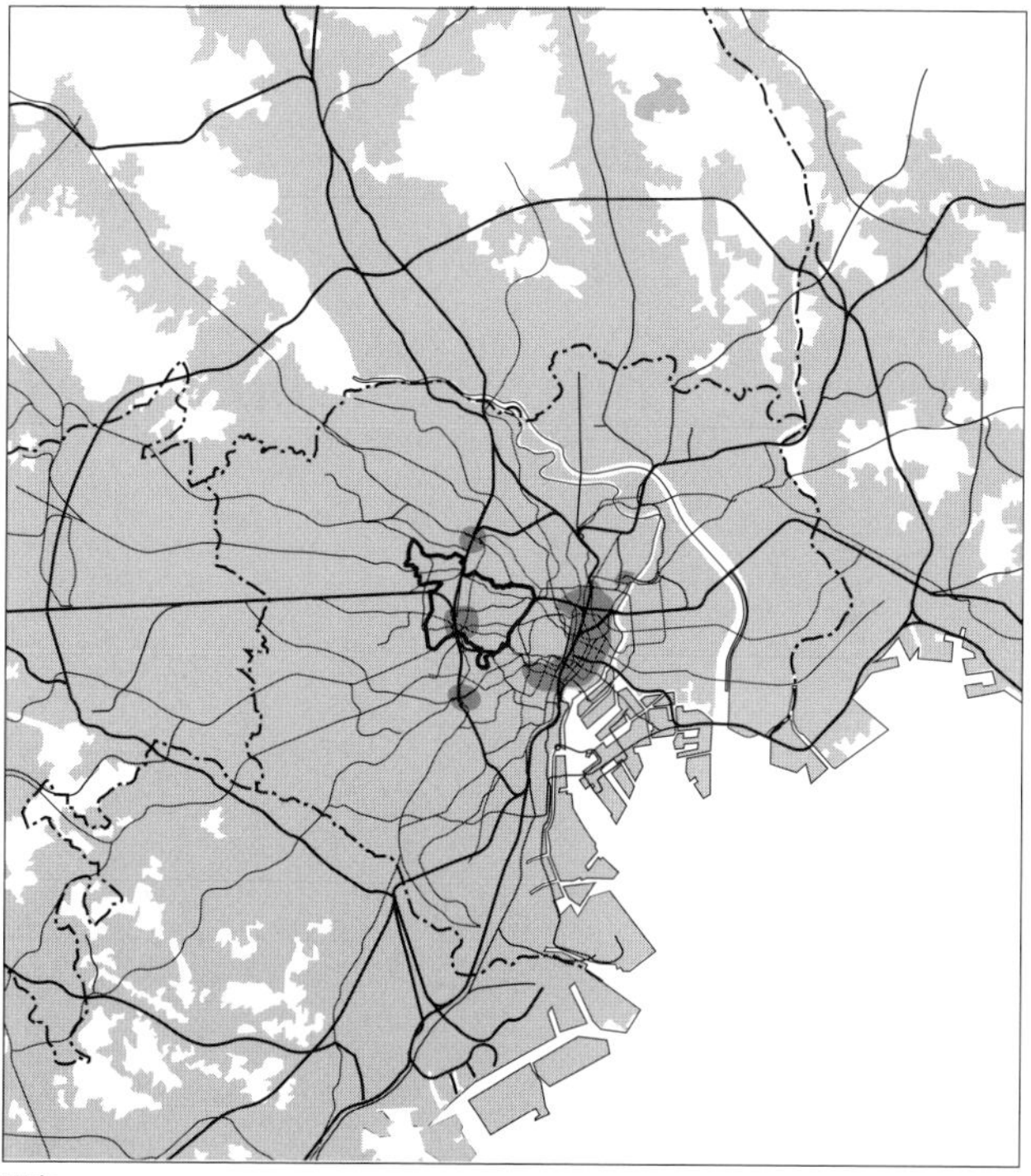

現在

1-3　東京の発展と新宿 明治初期〜現在

図中、薄いグレーは市街化していた区域。濃いグレーは都心・副都心を示す。また、太線はJR(旧国鉄)、細線は私鉄・地下鉄などを示す。

大正一二（一九二三）年、関東大地震は東京ともども新宿のまちにも大打撃を与えた。その後の復興の過程でまちを木造体質からレンガ、コンクリート体質へと変えるなど、防災性を重要視したまちづくりがなされているが、「新宿学」として関東大地震が新宿のまちづくりに与えた影響を再評価する必要がある。

戸塚村に作られた早稲田大学もヨーロッパゴシック風の校舎を造り、少なからず洋風化のモデルとなったが、まちの建築も欧米モデルの洋風建築が増え、まちを行き交う人々も和服から洋服にすっかり装いを変えた。洋画を上映する新宿の映画館はいつも満員であった。時に和服も混ざる大正モダンのまちの風俗にこれが独特に現れた。

大正から昭和初期はまた、日本が大戦争に突き進む暗い予感がつきまとう時代でもあった。新宿のまちにデカダンと退廃の気分も漂い始めていた。

……昭和後期（戦中・戦後）の新宿

昭和一二（一九三七）年の日中戦争に続いて昭和一六（一九四一）年一二月八日、日本は太平洋戦争に突入した。昭和二〇（一九四五）年八月の終戦まで、日本の村も町も都市も戦争一色になった。新宿のまちも国防色となり、まちからも大学からも青年たちは戦争に狩り出されていった。

戦争は都市を破壊する。昭和二〇年の東京大空襲では、東京でも市街地は壊滅し多くの人が死んだ。新宿のまちもほとんどが焼失した。八月には広島と長崎に原子爆弾が落とされ、六十年を経た現在に到るまで、被災者に放射線被ばくの後遺症を残すほどの地獄絵を地上につくり出した。そして八月一五日、日本中に大きな被害を与えた戦争は、ようやく終わったのである。

しかし、敗戦からの日本の立ち上がりは速かった。新宿駅は復員兵、疎開先から帰って来る学童でごった返した。ここに素早く闇市が立ち、無一物の市民に「食」と「衣」を提供した。「光は新宿から」と叫んで尾津組の親分たちが活躍した。終戦直後の東京は、盛り場をアメリカ兵がジープを乗り回していた。戦勝国アメリカの連合国軍最高司令官マッカーサーは、皇居に対面する第一生命館を接収しそこを総司令部本部としたが、新宿では伊勢丹の三階以上が接収され、米軍の占領するところとなっていた。

戦争によって破壊された都市の復興、住宅づくり、都市づくりは、まず国家の緊急の仕事であり、対応は素早いものがあった。東京においては東京市当局がいち早く復興計画案、区画整理の方法で、復興市街の基盤づくりに立ち向かった。

新宿駅周辺もこれらの方法によるものであるが、当時角筈一丁目と呼ばれていた一帯の再興は、官民一体（石川栄耀《ひであき》・鈴木喜兵衛ほか）となったまちづくりの特筆されるべき事例となった。まちの中心部に噴水のある広場を置き、これを囲むように劇場街を配置するというヨーロッパ風のもので、やがて「歌舞伎町」と名付けられ、新宿をブランド化する戦後有数の盛り場に仕立てられた。

これに対して、戦後の新宿の代表的で対照的なまちづくりは戦災復興から高度経済成長に入る時期、昭和四〇（一九六五）年に始まる西口の超高層ビル街計画である。西口淀橋浄水場跡を東京の副都心として再開発し、東京都心丸の内に対抗する一大業務地にしようという大がかりなものであった。昭和四六（一九七一）年の京王プラザホテルから平成三（一九九一）年の東京都庁舎移転へと、二〇〇m級の超高層建築群が、今や新宿のもう一つの代表的な景観となっている。

……平成～現在

新宿は現在、商業・業務・行政を中心に、娯楽・文化などの諸機能が複合的に集積し、東京の新都心として、巨大都市東京の明らかな核となっている。一日三五〇万人の乗降客を持つ新宿駅のターミナル機能は地下鉄大江戸線、渋谷、新宿、池袋をつなぐ副都心線が新たに入り、さらに強化されている。駅上部の人工地盤化など、南口周辺の変化も大きい。

大勢の人々が濃密に住み、働き、学習し、遊び、往来し、情報を交換する新宿は様々なテーマを含みながら、時間、時代を引き込んで前へと進んでいる。そして世界の人々が居住混在する都市として進化し続けている。

7 新宿未来図への接近

二一世紀に入って世界の都市文明は、時に「地獄の黙示録」的様相を示している。

現代文明化された都市において、世紀初頭のほんの十年間で様々な人的、自然的大災害が次々に起こっている。まず平成一三（二〇〇一）年九月一一日、アメリカが誇る現代都市ニューヨークの象徴であった世界貿易センタービルが、飛行機もろとものテロ攻撃によりあっけなく大地に沈んだ。この一瞬を、テレビ画像を通じて世界中の人々が同時に凝視した。また戦争による都市破壊は今も中近東地域などで絶えない。地震・台風などによる自然災害についても、平成二〇（二〇〇八）年にはミャンマー・

サイクロンで死者行方不明者十四万人、中国・四川省大地震で死者六万人と、この地の居住地、都市を壊滅させる災害が続け様に起こった。日本においては、世紀末平成七（一九九五）年の阪神淡路大震災に続いて、平成二三（二〇一一）年三月の東日本大震災である。この震災においてさらに深刻なことは、福島第一原子力発電所事故であり、これにより、放射性物質が広範囲に飛散し、容易に収束しないことである。

いま巨大都市東京において、直下地震が起こる確率が三十年以内に七〇％と予想されている。日々おびただしい数の人間が集散する新宿は、地震に対して脆弱性を抱え、これからどうするかが大きな問題となっている。

日本の近現代の人間居住環境（家、村落、都市、地域、国家）は、根底において化石燃料に加えて、原子力発電によって支えられて存立してきた。特に巨大都市は莫大なエネルギーを消費しており、エネルギー問題といかに向き合うかが問われている。今後、日本が脱原発に向かうのは必然的な方向であろう。加えて地球温暖化の原因となっている化石燃料を減らし、自然再生エネルギー、太陽と水と空気、大地から生み出される新しいエネルギー利用の筋書きを追求することになろう。

これらは二一世紀の都市文明—都市成立の技術的基盤を考えてゆく上での大問題である。都市文化、都市に暮らす人々の生活様式についても、過度になりすぎたエネルギー多利用の人工技術的都市から大地の水と緑を大切にする生態都市に変革する時に来ている。都市における人々の生活に人間の生態系に同調するゆっくりしたリズムを取り戻す時である。

新宿をモデルに、二一世紀都市文明・文化をだれがどのように再創造するかも「新宿学」の大きなテーマである。

第2章

新宿のまちの地理・地形・植生

1 武蔵野台地東端部に位置する新宿

東京都心は武蔵野台地の東端部にあり、新宿区は東端の崖線のわずかに西寄りに位置している。新宿区があるのは台地の先端近くで、神田川などの河川が谷を刻んだ、いくつかの高台と低地からなる場所である。

………武蔵野台地の地形形成

新宿がある武蔵野台地は、数万年前に形成されたものだという。一般に、地球が温暖化すると陸上の氷が減少し、海水面が上昇する。反対に寒冷化すると海水面は下がり、陸地が現れ相対的に隆起した状況になる。この隆起と沈降を経て武蔵野台地は形成された。

約十三万年前にリス氷期が終わり、エーミアン間氷期（約十三万年前〜約七万年前）に入ると、気候は温暖になり海水面が上昇した。この頃、関東平野では現在の平野部分のほとんどが水没していたと考えられており、この現象は下末吉海進（注2）と呼ばれている。当時の海水面の高さは明確ではないが、現在より五〜一〇m程度高かったのではないかと推定され、関東平野一帯では「古東京湾」と呼ばれる浅い海が広がり、そこに多摩川が関東山地から運んで来る土砂や箱根火山からの噴出物が堆積した。縄文海進が起きた六千年前よりも、下末吉海進が起きたこの時期（下末吉期）は温暖な気候であったとされている。

約七万年前〜約一万年前の時代は、最終氷期（一番新しい氷期・ヴュルム氷期）といわれ、寒冷化により、

注2　下末吉海進：下末吉は横浜市鶴見区内の地名。下末吉面はこの地域に典型的な地形面であることからその名が付けられたもので、関東地方南部を中心に分布している。またこの下末吉面が、エーミアン間氷期に海水中で堆積したものがのちに隆起して形成されていることもあって、エーミアン間氷期における関東地域での海進は、下末吉海進と呼ばれている。

海だった地域は再び陸となった。この海退の結果、下末吉海進期に現在の関東平野の位置にあたる海中で堆積した堆積物は、相対的に隆起し、比較的平坦な台地状の土地（武蔵野台地）として広がることになった。武蔵野台地は海中で堆積したものが隆起して形成された洪積台地である。最も寒冷だった約二万年前の海面は、現在より一〇〇m以上低かったと考えられており、隆起した台地は、一方で河川により浸食された。この最終氷期の寒冷化は段階的に進行した。そのため海退による侵食基準面の低下や台地の隆起は段階的に起こり、川沿いには河岸段丘が形成された。武蔵野台地では、古い順に、下末吉面、武蔵野面、立川面という地形面ができている。

最後の氷期は約一万年〜九千年前の縄文時代の初め頃に終わり、六五〇〇年前〜五五〇〇年前には、温暖化により再び海進が進んだ（縄文海進）。この頃の海面は、現在より四m前後高い位置にまで達していたという。沖積低地である東京低地は、この時、河川が土砂を運んできたり、海中に没して土砂が堆積してできたものだ。

その後、約五千年前頃から再び海退が始まり、四五〇〇年前の縄文時代中期には海面が一〜二m低下し、干潟から離水が生じて内湾は急激に減少し、台地と下町低地から成る現在の地形がおよそ成立した。もちろんその後、江戸期から現在にかけて、湖沼や湿地が埋められ、沿岸部では埋め立て造成が行なわれたし、台地や斜面地でも宅地造成にともない、様々な地形改変が行なわれたことは言うまでもない。

………武蔵野台地の植生

武蔵野台地というと、国木田独歩の自然主義文学『武蔵野』が思い起こされる。「武蔵野の面影を残す」

などという場合も、雑木林がある風景を指すことがほとんどだ。そのようなこともあって、武蔵野台地の東端部に位置する新宿でも、江戸時代以前には雑木林が広がっていたのではないかとつい考えてしまう。だが、古代から近世にかけての武蔵野台地はそのような姿ではなかったようだ。

気候などから考えて本来生育するはずの植生を「潜在植生」というが、それによれば、北関東以南は、本来はシラカシやアラカシといった常緑広葉樹が育つ地域だという。ただ武蔵野台地の場合、ローム層と呼ばれる透水性の赤土が厚く堆積しているため、水は地表面から深い場所の粘土層まで透過してしまう。したがって台地上は水が乏しく、樹木林は自然には形成されず、ススキの原が広がり、所どころに灌木《かんぼく》が生えていた状態が推定される。水が得られる斜面や低地などでは常緑広葉樹が生育し、台地上は低木や草本植物が生育する。江戸時代より前の武蔵野は、クヌギやコナラといった落葉樹からなる雑木林のイメージとはかなり異なる風景だったようだ。

その後、江戸時代に武蔵野の人口は増加し、この地域では農民が新たに土地を切り拓いて畑作を行なうようになった。台地上でススキなどの茅類を刈り取ったり常緑広葉樹（照葉樹）を伐採すると、そこに陽樹（注3）からなる二次林が形成される。そのままにしておけば、陰樹であるシラカシやアラカシといった常緑広葉樹からなる照葉樹の森に変わっていくが、農民が樹木を定期的に伐採し、燃料として利用したり、林の中で落ち葉を掃いて集め、畑の肥料として利用したため、クヌギやコナラなどからなる落葉広葉樹林の植生が定着、維持されてきた。生活のために人為的に手を加えた自然のありようが、新宿も含めた武蔵野台地の江戸期以降の植生になっている。

現在の新宿にはいわゆる「武蔵野の雑木林」というものは残念ながらほとんど残されていない。わずかにおとめ山公園内の樹林に面影が感じられる程度である。これとは別に、新宿区内には新宿御苑、

注3　陽樹（ようじゅ）：生育のために必要な光合成量が比較的多いタイプの樹木。充分に光を浴びた場合、成長量が比較的大きいものが多い。クロマツ、アカマツ、ハンノキ、ダケカンバなどが代表的。
陰樹：生育するために必要な光合成量が陽樹よりも相対的に少なく、比較的暗い場所でも成長が可能である樹木。クスノキ、カシノキ、ブナ、シイ、ツガなどが代表的。陽樹に比べて土壌や湿度はより多く求めるものが多いので、開けた場所で生育するのは難しい。そのため、陽樹林が形成された後にそこに侵入していく。草木や低木が中心の若い雑木林では、陽樹が陰樹より早く大きくなり、優勢となる。

神宮外苑、新宿中央公園、戸山公園などに樹林地が見られる。なかでも新宿御苑は都心に確保された数少ない大規模緑地として、区民だけでなく都民の憩いの場であり、また災害時などの避難拠点としても重要な存在となっている。

ところで、新宿区の木はケヤキ、花はツツジである。落葉広葉樹のケヤキは武蔵野を代表する樹木で、区内でも多く見かけられる。街路樹としても新宿東口のモア四番街など、大きく枝を伸ばす姿が印象的である。淀橋浄水場の跡地にできた西新宿の超高層ビル街や新宿中央公園でも、武蔵野を代表し、美しい枝振りの大木となるケヤキが多く植えられている。

一方、ツツジは、江戸時代後期から昭和初期までの間、大久保百人町界隈がツツジの名所として知られていたことに因む。百人町には百人組と呼ばれた鉄砲隊が住んでおり、副業としてツツジの栽培を行なっており、それが人気となっていた。

2 新宿の地理的特色

……新宿区の範囲

新宿区は、千代田区、港区、文京区、渋谷区、中野区、豊島区の六つの区と接している。▼口絵参照

東部では外濠を挟んで千代田区に接し、神田川を挟んで文京区、豊島区と接する。神田川の流路がかなり蛇行していた時に境界が設定され、その後の改修で川筋が直線化されたため、一部、神田川の北側にも新宿区である場所があるのも、歴史的な経緯を示すもので興味深い。南部では新宿御苑や神

宮外苑の中で港区に接している。高遠藩の下屋敷だった新宿御苑内の谷（池）や、明治記念館北側の南元町の谷に区界があり、地形を基に区界を設定したことが窺える。西南部では、甲州街道や玉川上水を境として渋谷区と接している。JR新宿駅は区界に隣接する場所で、甲州街道南側のタカシマヤタイムズスクエア、小田急サザンテラスなどは渋谷区である。

一方、山手線の西側では概ね神田川の東側と妙正寺川の流域が新宿区で、西新宿あたりでは南北に流れる神田川を境として中野区に接している。淀橋区の名の由来となった青梅街道の淀橋は、新宿区と中野区の境の神田川に架けられており、小滝橋から西では早稲田通りが、さらに中井近辺では妙正寺川が区界となっている。また、西北部では新目白通り、目白通りなどを区界として豊島区と接している。目白駅西側の南向き斜面にある良好な住宅地は目白のお屋敷町などと呼ばれ、またその西側にも目白文化村と呼ばれる住宅地があるが、これらの住宅地は、ほとんどが新宿区内の落合や中井界隈である。そして、現在、目白という住居表示の場所は、目白通り北側の豊島区内にある。

……新宿区周辺の地盤と地形面

新宿区の地形は、形成時期により区分された淀橋台と豊島台という台地と、河川沿いの低地に大別される。地層は、台地部分では地表から順に、関東ローム層、武蔵野礫層《れきそう》、上部東京層、東京礫層が分布しており、一方、低地部では順に、沖積層、上部東京層、東京礫層が分布している。そしてこの東京礫層の下にさらに下部東京層、上総層群《かずさ》が広がっている。

低地部に広がる沖積層は、前述のように地質学的に最も新しい地層で、他の層に比べ、堆積、隆起から多くの時間が経っておらず、相対的に軟弱な地盤となっている。新宿区内では神田川や妙正寺川など、河川流域の低地は三～五m、最大八m程度の厚さの沖積層で覆われており、地震動による液状化の危険性もある場所である。

一方、台地上の関東ローム層は比較的固い地盤とされており、低層建物なら基礎をここに置くことができる。しかし中高層のビルを建てる際は、やはり一〇～三〇mの深さにある東京礫層や上総層群まで杭基礎を打ち込む必要があるという。

……地形面からみた新宿

さて、「武蔵野台地の地形形成」でも少し触れたように、東京都心部の地形面は古い順に、多摩面、下末吉面、武蔵野面、立川面、沖積面に区分される。

新宿区の台地部分は、このうち、下末吉面と武蔵野面という二つの異なる地形面から成る。概ね西新宿から神楽坂を結ぶラインより南東側が下末吉面で、新宿近辺では淀橋台と呼ばれ、一方、それより北西側の神田川を含む地域に広がる台地が武蔵野面で、これは新宿近辺では豊島台と呼ばれている。形成時期が異なる

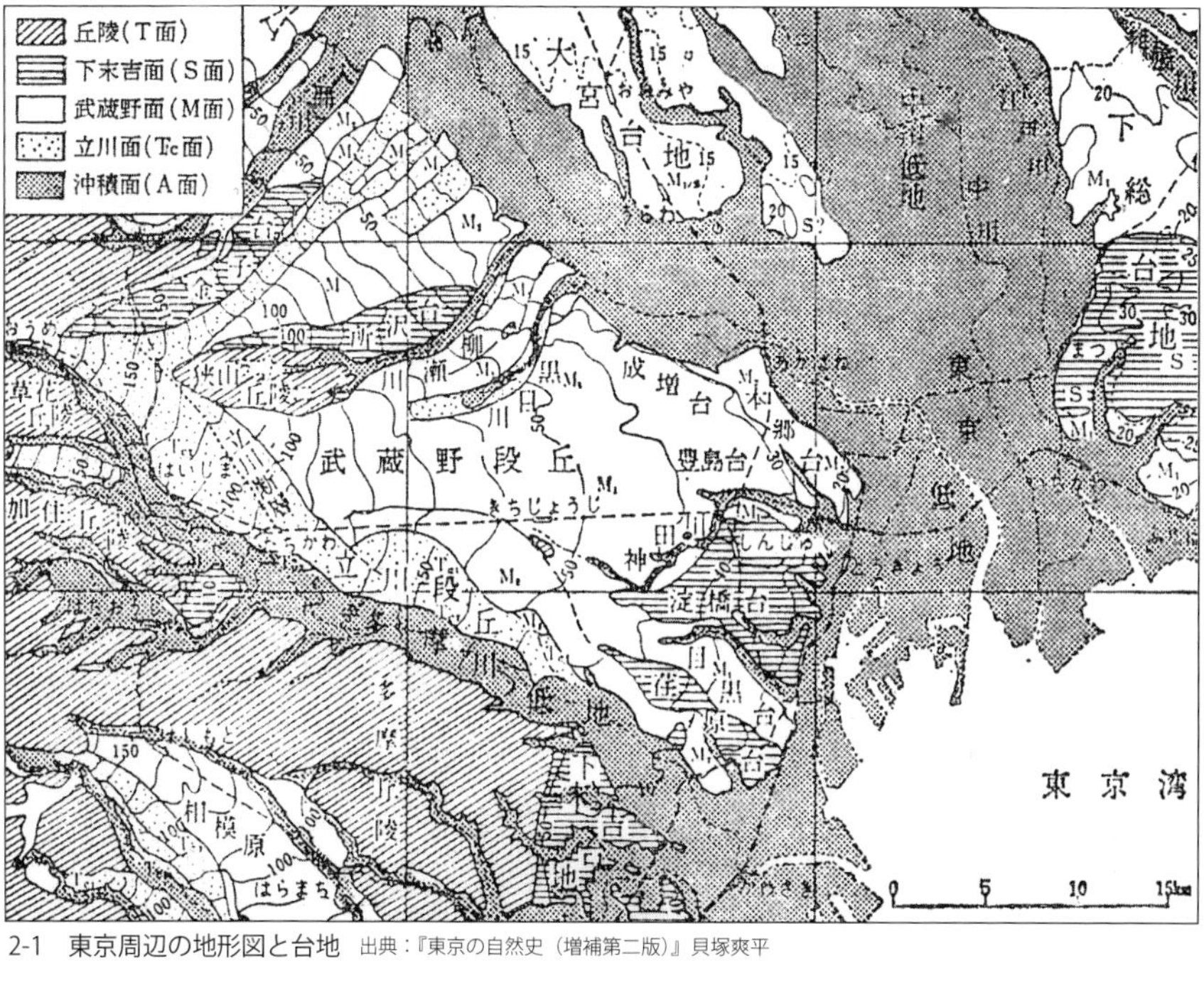

2-1 東京周辺の地形図と台地 出典：『東京の自然史（増補第二版）』貝塚爽平

下末吉面と武蔵野面では、標高と浸食の進み具合に違いがあるため、地形的特徴も異なり、新宿区は南方と北方では地形の様相が異なっている。

海面からより早く現れて形成された下末吉面は、武蔵野面に比べて一段高いが、台地上の傾斜は若干緩く、そのため川は蛇行し谷が屈曲している。また、形成時期が古いため風化浸食が進み小さな谷が多く、結果的に小さな谷が複雑に入り組んだ地形となっている。

一方の武蔵野面は下末吉面に比べて標高が相対的に低いが、台地上の傾斜は下末吉面に比べてわずかに急で、そのため川は比較的直線的に流れている。また形成時期が新しいため浸食の度合いが低く、細かい谷も少ない。その結果、下末吉面に比べると小さな谷が少なく、単純で幅が比較的広い谷で、その谷沿いに斜面が長く伸びる地形になっている。

この地形的な違いは、坂道や階段の向きや、そこからの景色にも関連性を持つ。北部の武蔵野面は斜面が直線的に連なるので、そこに造られる坂道や階段はだいたい向きが同じになる。例えば神田川は、新宿区と文京区、豊島区の境を西から東へ流れており、川沿いの斜面は新宿区では北向き、文京区・豊島区では南向きである。そのためこの地域では坂道や階段も、南北方向のものが多い。また谷の幅が大きいので、高台上からは比較的遠く（二〇〇m以上）までを見渡せることも多い。

一方、南部の下末吉面の谷の向きは一定ではない。須賀町、若葉界隈の谷は入り組んでおり、そこにある坂も様々な方向を向いている。また、谷の幅が狭いので見通し距離は概して小さい。谷地に入るとややせせこましく感じられるし、まちを歩くと、そこかしこに谷や丘が現れる。

……新宿区の標高

武蔵野台地の東端部、都心の西半分の地域は山の手台地などと呼ばれる。台地の標高は約一五〜四〇m、一方の低地・谷地は〇〜約一〇mで、その高低差は一五〜二五mである。▼口絵参照

新宿区は神田川・妙正寺川沿いに低地が広がる。区内で川の最も下流に当たり、標高が低いのは区の東端に位置する飯田橋付近で、標高約四mである。一方、台地は西へ行くほど標高が高くなる。新宿区内では淀橋台地の根元にあたる西新宿三丁目近辺の標高が最も高く、約四二mである。また妙正寺川北側の落合・中井台地（豊島台）では西落合四丁目界隈の標高が最も高く、約三七mだ。

なお、戸山二丁目にある箱根山は江戸期に造成された人工の山だが、標高四四・六mで、これが新宿区内の最高地点であり、山手線内でも最高の標高を誇る。

3 川や池、谷地に形成されたまち

……新宿の川

武蔵野台地は新宿区内において主に神田川によって浸食され、これによって牛込台地、四谷台地などの台地と神田川流域の低地が形作られている。

神田川には妙正寺川などいくつかの支流があり、区内の甲州街道以北の地域は、すべて神田川の流域で荒川水系の一部をなす。淀橋台地、四谷麹町台地の尾根筋を通る甲州街道がほぼ分水嶺で、甲州街道の北側に降った雨は、蟹川《かにがわ》、加二川《かにがわ》、秣川《まつかわ》、亮朝院西側の支流、紅葉川などの小河川を経て、神田川、そして隅田川に流入している。▼口絵参照

一方、甲州街道以南は水系でいうと独立水系の古川水系に属す地域で、ここに降った雨水は渋谷川、赤坂川などに流れ込み、古川もしくは外濠を経て東京湾に至る。

この他、江戸市中に飲料水を供給するために、神田上水と玉川上水が建設され、その水量を調節するため、神田上水助水堀や玉川上水余水吐《よすいばけ》といった支流も造られた。これらの上水や用水は、給水のため、尾根筋に近い場所に通されている。

▼第5章参照

河川や上水は、神田川と妙正寺川を除くほぼすべてが、暗渠《あんきょ》化されたり下水道に転用されており、残念ながら現在は地表に現れていない。それらの多くは生活道路となったり、遊歩道とされており、古地図などをもとに辛うじて川筋を辿ることができる程度になっている。

……武家屋敷庭園内の池

尾張藩邸内の御泉水のように、武家屋敷では庭園内に池水を設けることが多く、もとからあった池を利用したり、斜面からの湧水を堰《せ》き止めて人工的に屋敷地内に池水を造った例が多い。現在の荒木町にあった松平摂津守の屋敷は、北向きの小さな谷を邸内に持ち、北端部の谷の出口部分に堤を造成し、湧水を堰き止めて池を造っていた。現在、「策《むち》の池」と呼ばれている小さな池は、大幅に縮小されてはいるが、往時の池の名残りである。

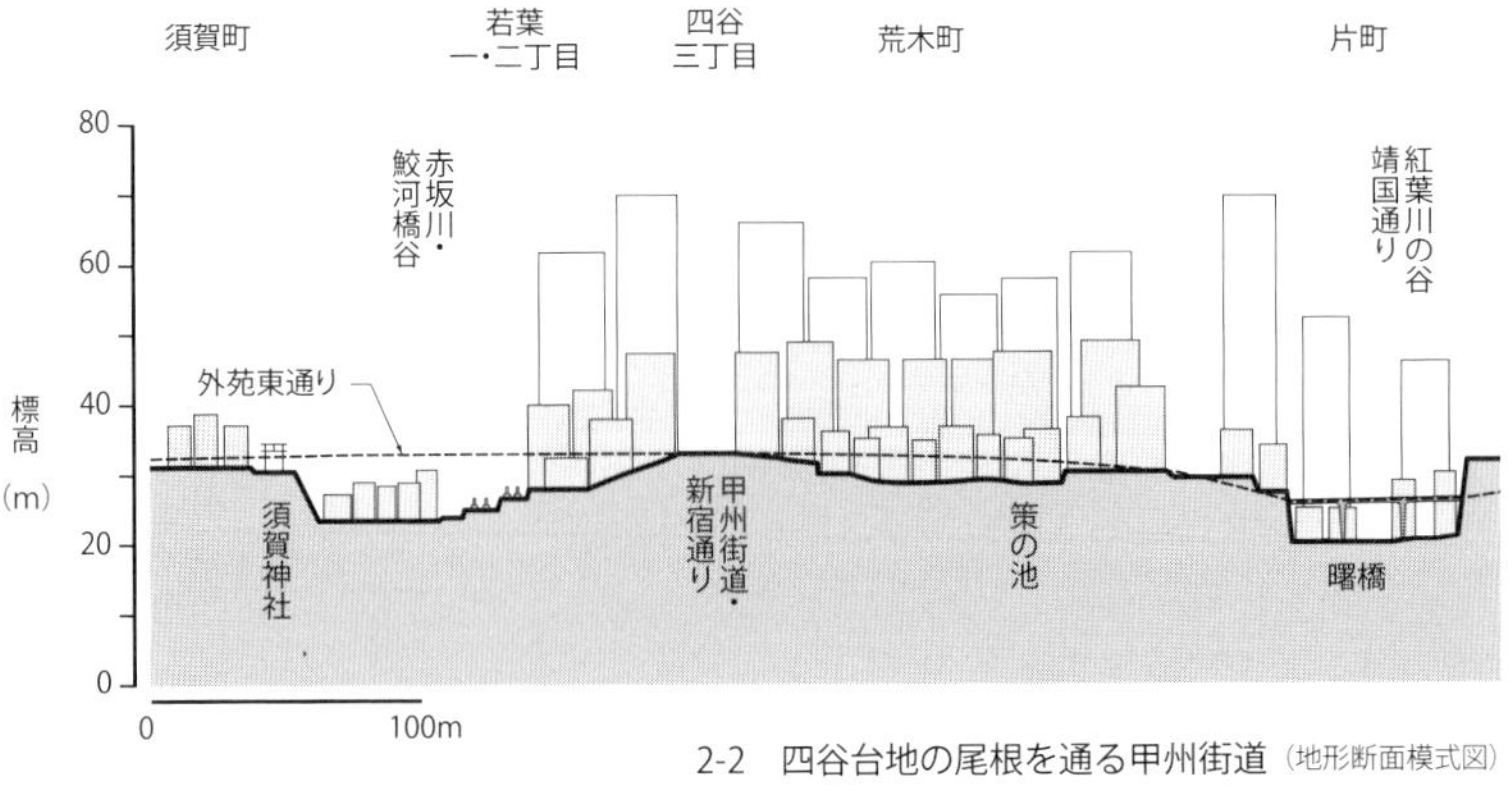

2-2　四谷台地の尾根を通る甲州街道（地形断面模式図）

武家屋敷庭園内の池は、幕末期の切絵図や明治初期の地形図で確認できる主なものだけでも、十ケ所ほどあり、小規模な池も含めればもっと多かっただろうと考えられる。江戸の町は庭園都市だったともいわれるが、屋敷毎に大小の池が存在していた様子はまさしく庭園都市そのものである。

旧大名屋敷内の主な池としては、出雲母里藩松平志摩守下屋敷内の池（新宿五丁目・太宗寺からの蟹川の流れの途中）、信濃高遠藩内藤駿河守下屋敷内の玉藻池《たまもいけ》（新宿御苑内に現存）、下総生実藩森川出羽守下屋敷内の池（信濃町東電病院の場所）、駿河田中藩本多豊前守下屋敷内の池（富久町、旧都立小石川工業高校の場所）、丹後宮津藩松平伯耆守下屋敷内の池（河田町、東京女子医大南側の場所）、若狭小浜藩酒井修理大夫下屋敷内の泉水（矢来町、新潮社西側の谷地）、尾張名古屋藩尾張中納言慶勝上屋敷内の御泉水（市谷本村町、防衛省構内）、清水徳川家下屋敷内の泉水（西早稲田、甘泉園公園内の池として現存）などがある。

江戸期の大名屋敷地ではないが、明治期に華族邸宅とされた敷地内の池としては、区立おとめ山公園内の池が知られている。一帯は江戸時代には徳川家の狩猟地で、一般人の立ち入りが禁止されていたことから御禁止山《おとめやま》と呼ばれる。明治時代に近衛家と相馬家の所有となり、相馬家の部分が「林泉園」という庭園になり、さらにその後、曲折を経て昭和四四（一九六九）年に区立公園となった。敷地内の斜面からは現在も湧き水があり（東京の名湧水五七選）、池が残されている。園内の高低差は一〇m程度だが、川沿いの斜面には都心とは思えない景色が広がり、武蔵野の面影が残されている。

しかし大名屋敷内の池は、明治以降、市街化にともない宅地として造成されたり、建設残土置き場にされるなどして、大多数が埋められてしまった。最も大きかった尾張藩下屋敷内の御泉水は、第二次大戦中も陸軍戸山学校内に小さな池として一部が残っていたようだが、戦後はすべて戸山団地となり、蟹川の流れとともに消失してしまっている。また戦後は、下水の整備、舗装道路の増加などで、雨水が地下にしみ込まなくなり、湧水もかなり減少してしまった。現在、残る池もその大半は自然の湧水だけでは存続できず、浄化された処理水を注入したり、循環させたりしている。

なくなってしまった著名な池としては、他に十二社《じゅうにそう》の池が挙げられる。一六〇六（慶長十一）年に伊丹播磨守によって湧水が堰き止められて造られた人工の溜池で、付近の田畑に水を供給するために大小二つの池が造られたという。享保年間（一七〇〇年代）の頃からは池の周囲に多くの茶屋ができて景勝地・遊興地として賑わい、長谷川雪旦《せったん》が挿絵を描いたことでも知られる『江戸名所図会』などでも採り上げられた名所だった。明治期になると界隈は花街となり、最盛期には待合や芸者置屋が合わせて約六十あり、貸ボート、屋形船、釣り舟もあって賑わった。しかし昭和初期以降、水質の悪化もあり徐々に埋立が進み、最初に北側の小池が消滅、さらに昭和四三（一九六八）年には新宿副都心計画にともない十二社通りが建設され、大池も完全に埋め立てられた。池の消滅と共に十二社の花街も衰退し、当時の面影はほとんどない。しかし界隈には、当時の建物とおぼしき家屋や旅館などが数軒残っている。

4　高台と山、台地上に形成されたまち

………新宿の山と高台

武蔵野台地の東端に位置する新宿区は、河川によって浸食された低地以外の場所は台地で、それらは江戸期以降、武家屋敷地や寺社地、畑地にされた。近代以降になると、全域で宅地化が進んだが、

それぞれの場所や土地が持つ性格、個性に応じて、様々に様相を変えて現在に至っており、現在も山や丘、高台として往時の雰囲気を微かに残しているものもみられる。

箱根山は、もとは戸山荘と呼ばれた尾張藩下屋敷の広大な敷地内に造られた玉円峰という築山で、御泉水の池を掘ったときにその残土で築かれたとされる。明治維新後、一帯は陸軍戸山学校の演習場となり、戦後は都営戸山ハイツとなったが、山は崩されることなく残された。箱根の山に見立てて造られた経緯から、明治以降、いつしか箱根山と呼ばれるようになったらしい。すり鉢を伏せたような山は今では全体が樹木で覆われ、周囲を高層アパートに囲まれ、山頂から西新宿の超高層ビル群をかろうじて望むことができるだけだが、戦後しばらくの間は、東京中が見渡せ、西南には遠く富士山も見えていたそうだ。

この他、前述のおとめ山も神田川の谷に南面する目白の高台の端にあり、低地側から見ると山のように感じられる場所である。

………台地上に構えられた武家屋敷

多くの城下町では、武家は洪水などの危険が少ない高台を居住地に定めた。一方、町人はその他の土地をあてがわれ、物資の輸送面で都合が良い、川沿いの場所に住んだということはよくいわれる。江戸においても、大名はわざわざ洪水の危険のある低湿地に屋敷を構えたりはせず、高台にしばしば屋敷を構え、広大な敷地内に谷や川があれば、それを利用して庭園を拵《こしら》えた。

それら武家屋敷は近代以降、様々に移り変わるが、高台の広大な大名屋敷地は、明治新政府もいわば優良物件として扱い、首都東京の重要拠点となっていった。また旗本屋敷地や大縄地などの武家地

も、現在に至るまで閑静な住宅地として残されている。▼第４章参照

関東大震災後、新宿を含めた山の手地域は下町に比べて被害が少なかったため、急速に発達した。新宿あたりの被害が少なかったのは、台地上が低地に比して地盤が固く安定していたことと、この頃の新宿界隈はまだまだ郊外で、人口密度や建物密度も下町に比べて低く、火災の発生や延焼が相対的に少なかったことなどが理由であろう。

落合・中井界隈などは豊多摩郡（明治前期は南豊島郡）の村で、大正前期までは高台の大半は桑畑や茶畑で、街道筋に農家が点々と居を構え、斜面には樹林が連なっていたようだ。この界隈が市街化していくのは関東大震災の頃以降のことで、目白文化村を核として自然が多い郊外住宅地が形成された。現在は都心に近い良好な住宅地となっている。

………高台上と南斜面に広がった目白文化村

西落合、中井界隈の高台には、大正一一（一九二二）年以降、箱根土地株式会社（社長　堤康次郎）が分譲した郊外住宅地、目白文化村がある。田園調布の分譲が始まったのも同時期で、目白文化村は一連の鉄道系郊外住宅地開発としては初期のものに属す。東京では山手線の全通と前後して、山手線駅を起点とする郊外電車が数多く計画、建設された。山手線の内側と隅田川までの下町が大正期までの東京都市部で、そこでは都市鉄道である市電が敷設され、のちには地下鉄が建設された。それに対し外側には郊外電車が建設された。関東大震災後、爆発的に都市が拡大し、郊外化が進行し始めることになるが、目白文化村はその直前に絶好の機会を捉えて分譲が始められた。都心近郊の妙正寺川北岸の南向き斜面を含む高燥《こうそう》な高台に土地が確保され、良好な郊外住宅地が造られたのである。

……淀橋台地の高台に造られた淀橋浄水場

市街地に水を供給するには、そこより標高の高い高台に浄水場を設けるのが基本だ。淀橋浄水場は、明治期において東京都心に近接する場所の中で、当時の東京市街地より標高が高く、なおかつ比較的広い面積を確保することが可能で、さらに江戸期の玉川上水の供給ルートに近い場所であり、都心への水供給には絶好の場所だった。淀橋浄水場が近代東京のインフラストラクチャーとして重要な役割を果たしたことは言うまでもない。▼第5章参照

その後、さらにその広大な跡地は新宿副都心として再開発され、東京都庁の移転を経て新宿は新都心となった。淀橋台地の中で当時の都心市街地に隣接した場所だったことが、現在の新宿の姿に大きな影響を及ぼしている。▼第9章参照

5 新宿の斜面地、坂と階段

……新宿区内の道と斜面地

江戸の道は、山の手地域の場合、地形の起伏を読み込んで道が開かれている。道の種類には、尾根道、谷道、両者の間をつなぐ道の三タイプがあるとされる。新宿区内でも旧牛込区、旧四谷区では、江戸期以来の道筋がそのまま残され、拡幅したりしながら使い続けている道が多い。

例えば甲州街道は四谷から麹町にかけて続く台地の尾根筋に造られた道で、新宿以西でも尾根筋を

たどり続ける。また、街道ではないが、神楽坂から赤城神社前を経て矢来町へ向かう道や、市谷柳町から戸山へ向かう大久保通り、もしくは抜弁天通りの団子坂なども尾根筋の道だ。

一方、神田川（旧神田上水）沿いや外濠沿いなど、低地の水際にも道が造られた。特にこの二つは舟運とも結びつき、荷揚げ場ともなっていた。そしてこれら川沿いの道から、周辺の谷地の町人地へ向かって谷道が分け入っている。それらは江戸期には幹線道路ではなかったようだが、近代以降、拡幅されて幹線道路となり、市電も建設された。関東大震災後の帝都復興計画でも、広域的幹線道路網に組み込まれ、現在に至るまで整備が続けられている。新宿区内では新目白通り、靖国通り、靖国通り以北の外苑東通りなどが谷地に造られた幹線道路である。

高台と低地の間の斜面地は、薪を得たり柴を刈る樹林地や武家屋敷庭園内の林、もしくは単なる崖地だったことが多く、宅地としてはあまり利用されていなかったようだ。現代のように重機で造成することができない時代には、斜面地の多くは樹林などで、それらが高台側の屋敷と低地側の町屋の家並みとの間を仕切っていた。明治初期の尾張藩邸の写真を見ても、その景観構造が見て取れる。そして斜面地には高台と低地をつなぐかたちで坂道や階段が造られていた。

……新宿の坂道の名の由来

江戸の町では、下町の町人地には町名が付されていたが、武家地にはほとんど町名がなく、屋敷名を頼りにしていたという。場所を示すものとしては、坂道に名が付けられ、これがランドマークとなっていた。新宿区内でも江戸期からの歴史を持つ旧四谷区や旧牛込区内には、歴史的にも興味深い由来を持つ坂が数多くある。坂の名には、周辺の施設名に由来するもの、体験や伝承にもとづくもの、坂道の形状から付けられたものなど、いくつかのタイプがある。

寺、屋敷など、周辺の施設名からつけられたものは多い。例えば、須賀町にある戒行寺門前の急坂は戒行寺坂だし、荒木町にある津ノ守坂《つのかみざか》は、坂の西側に松平摂津守の上屋敷があり、人々がこの摂津守を略して呼んだことから付いたという。明治以降も、夏目漱石の実家から付けられた夏目坂、早稲田大学の安部球場へ向かって下ることから付けられたグランド坂などがある。

体験や伝承、経緯を由来とするものも数多い。愛住町の暗坂（暗闇坂）や、須賀町の闇坂（共にくらやみ坂）は、文字通り、樹木などが生い茂って昼でも暗い坂であることから付いていているし、幽霊坂（別名・宝竜寺坂）などは、暗く寂しい坂道で幽霊が出ると噂されたためだという。また曙橋の近くにある念仏坂は、急坂で危険だったため人々が念仏を唱えながら通ったからとか、坂下に昼夜念仏を唱える僧が居たから付いた名といい、当時の界隈の様子や暮らしぶりが目に浮かぶ。一方、市谷の芥坂《ごみざか》は、周辺がゴミ捨て場だったことに由来するが、これなどは現代人にはやや意外な名の付け方だ。

坂道や階段の特徴的な形状からつけられた名もある。市ケ

2-3　尾張藩上屋敷遠望（ピー・ピー・エス通信社 提供）

谷駅の北側にある鼠坂は鼠が通るような狭さだったことに由来するし、その近くの鰻坂も鰻のように曲がりくねっていたことに由来するという。現代人も使うような形容法で名が付けられており、往時の坂の様子が想像される。

明治以降になると、旧武家地にも町名が付けられたため、場所を示す目的で坂名を呼び習わす必然性がなくなってしまい、坂に新たに名を付けることは次第に少なくなったようだ。しかし山手線の外側一帯で新しく市街化した地域では、坂も新しくできている。その中で、妙正寺川に南面する中井二丁目の高台には、東から順に一から八まで番号が割り振られ、一の坂、二の坂などとなっている。一連の坂名は地元の人々が単純に整理目的でつけたものらしく、昔の坂に比べると芸のない名だともいわれるが、東京では番号のついた坂が順に並ぶ例は他になく、結果的に珍しいものになっている。

自動車時代になり、少々の坂はなんとも思わない時代だが、逆に近年は坂に名を付けて呼ぶことで地域に愛着を持とうという考えから、新宿区内でも「バッケの坂」など、昔、地域で呼ばれていた名称を確認して、改めて標識を立てた例も見られる。

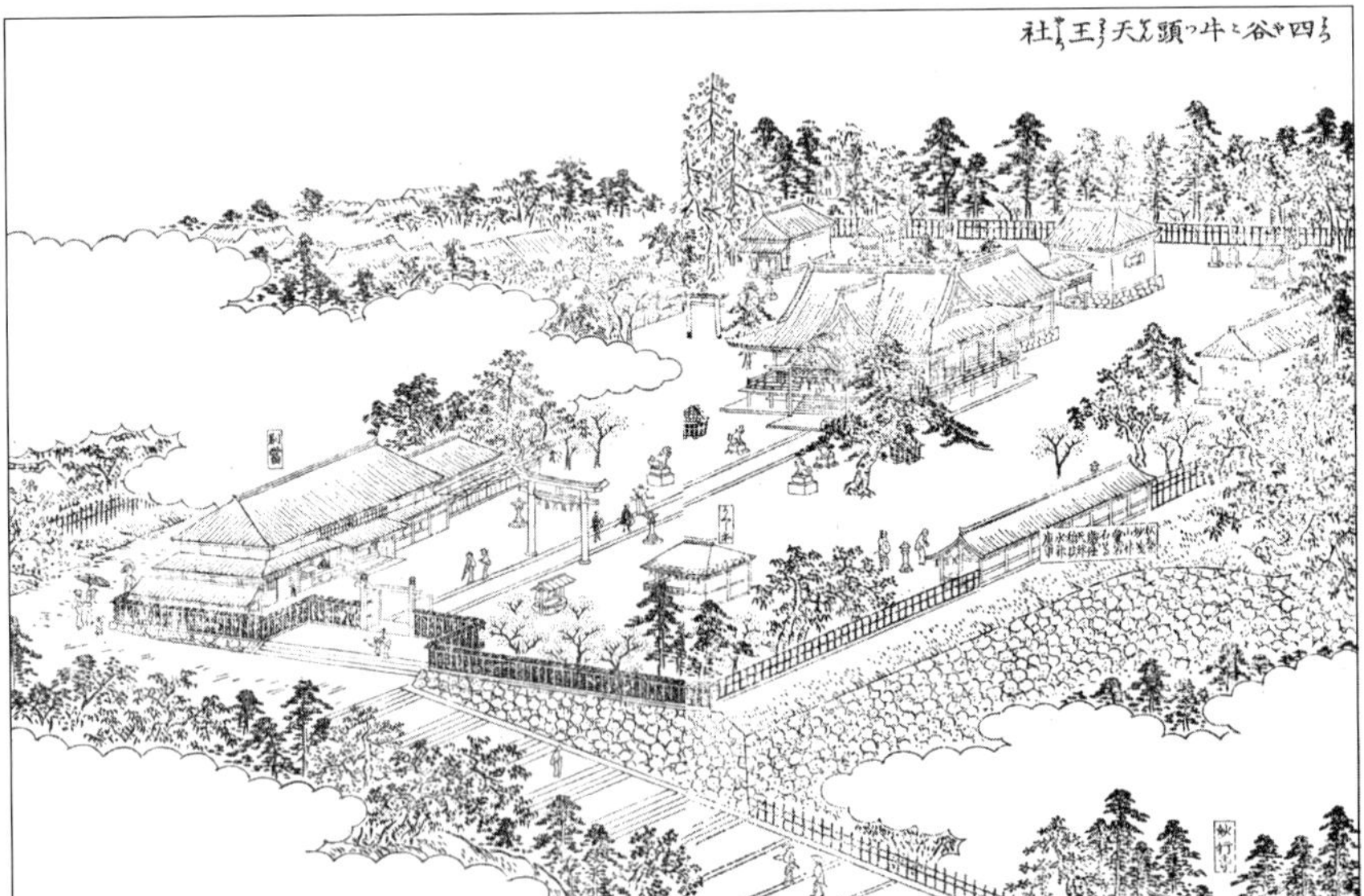

2-4　江戸名所図会 四谷牛頭天王社

………新宿区内の坂や階段の移り変わり

坂道が急な場合は階段を造ることになる。だが鉄道や自動車がない江戸時代は、石材の切り出しや運搬は人力や馬力が頼りで、遠方から運ぶことも大変だった。このため石材は現代より貴重で、石段は寺社参道や城など限られた場所でしか造られなかった。これに対して一般の急坂は、山道でみられるような木や石で土留めをした段々であることが多かったようだ。『江戸名所図会』などを見ると、須賀神社（牛頭《ごず》天王社）の男坂などは石段として描かれている。一方、神楽坂などは途中に何ヶ所かの土留めがある段々坂になっていたことが分かる。

明治以降は、市区改正事業、関東大震災後の帝都復興事業、戦災復興事業等を経て、新しい道路が建設されたり、既存の道路も拡幅されたりした。新宿区内でも幹線道路整備の際は、路面電車が走れるように盛り土や切り土をして坂を緩傾斜化する改造が行なわれたため、坂道の様子は江戸期とは大きく変わっている。また、近代以降に整備された郊外の道は、当初から自動車の通行が想定されたため、階段や狭い路地は都

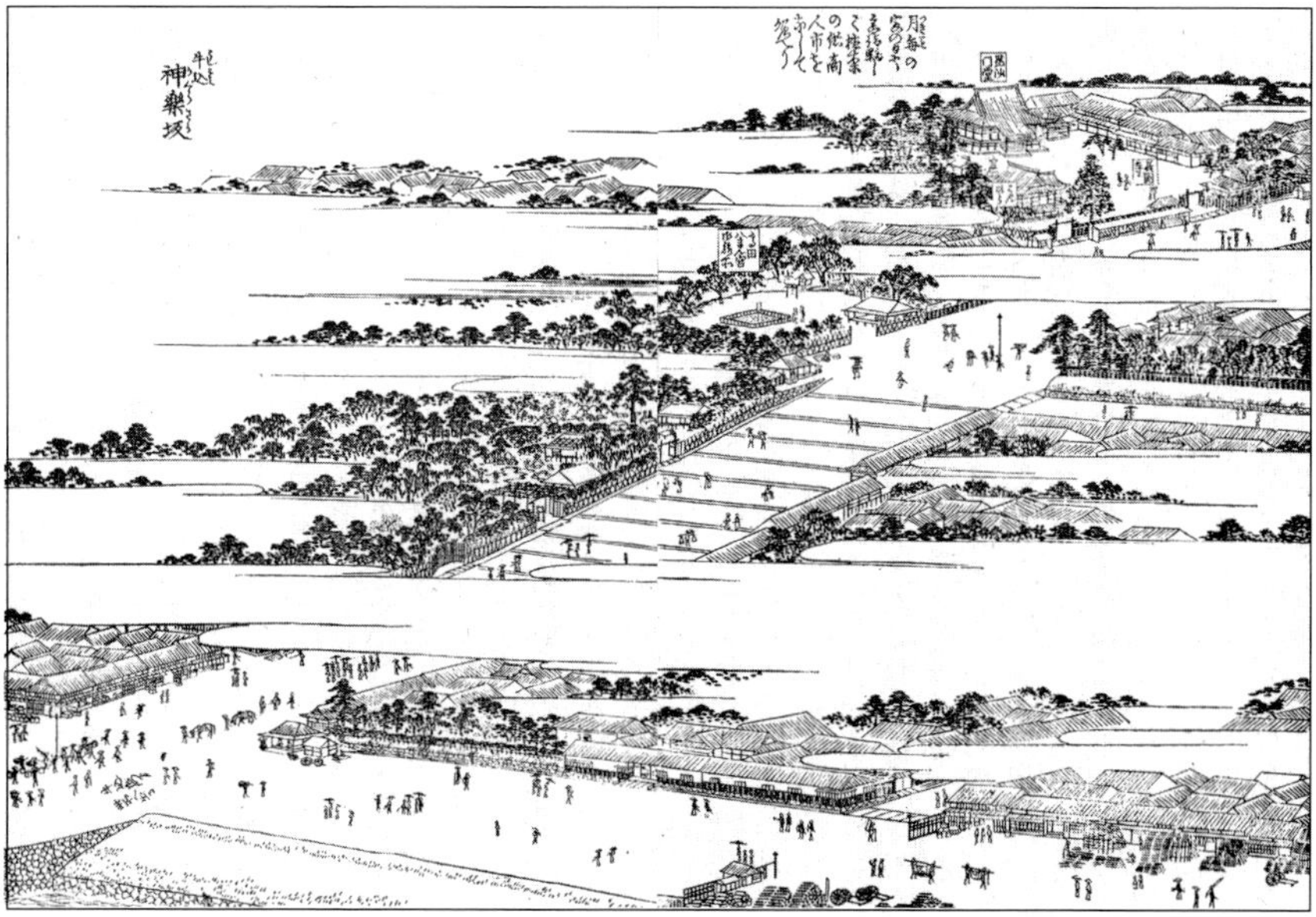

2-5　江戸名所図会 牛込神楽坂

心に比して少ない。山手線以西の地域は関東大震災以降の都市化が著しく、多くの道が新しく造られているが、例えば落合、中井周辺は地形の起伏が相当大きいにもかかわらず、旧牛込区や旧四谷区に較べて階段の分布はまばらである。

6 新宿の地霊

………近年の地形と都市景観

都心の地形の高低差は五〜二〇m程度だが、近年はこのような微少な地形のスケール感を遥かに超える超高層ビルが増え、新宿区内でも谷地などの小さな地形が見えなくなり、認識することが難しくなっている。

また、急傾斜だった斜面地も、場所によっては緩傾斜化されたり、ひな壇状の宅地にされており、新宿界隈の地形は武蔵野台地の原地形とは大幅に異なるものになっている。東京は巨大都市なのでその中心的な場所にある新宿は、当然、激しい都市化の波にさらされている。したがって人工的に改変された土地が大半になっているのはある程度仕方がないが、江戸時代の都市の様相でさえ、さかのぼって辿ることがかなり難しくなっているのは残念だ。

ビルや建築物の増加、高密度化は、空の広がりの減少も意味しており、見通すことができる距離（視距離）の減少にもつながっている。このため台地上や高台からの眺望が次第に失われ、また低地側からも台地や高台の緑が次第に見えなくなっている。牛込台地の南端部からは、以前は対面する外濠公園の緑地がパノラマ景としてよく見えていたはずだが、ビルが建ち並んだため、それらはほとんど見えなくなってしまった。同様に、以前は新宿区内の高台のあちこちから富士山などの山々を望むことができたが、現在、地上から富士山を見ることができるのは落合などわずかである。また、神田川沿いの早稲田鶴巻町界隈では、川を挟んで北側の椿山荘や江戸川公園の緑がよく見えていたが、残念ながら今では一部の道路からわずかに見えているだけである。

………地形が現在の都市構造・都市空間に与えた影響―新宿の地霊

このように現在では、もともとの地形の様子を直接的に見ることはできなくなってしまっている。大きな敷地割だった大名屋敷も、その多くが分割されて宅地化されたり、全く別の用途に転用されるなどして、大きく様相を変えており、一見すると江戸期の新宿と現代の新宿の間にはなんの関係もないように感じられる。しかし現在の新宿の、特に土地利用には、明らかに江戸以来の歴史的経緯が大きく関わっている。▼第4章参照

また道路網など都市構造面からみても、昔の街道が現在も幹線道路として機能していたり、低湿地で未利用だった場所が逆に新しい幹線道路地になったり、昔、流れていた川が暗渠となって、その上に生活道路が造られることで川筋の痕跡が残されていたりと、一見すると分かりにくいが、そこここに江戸時代の町や村の骨格が見え隠れしている。そこには土地にとり憑く霊気、いわゆる「地霊《ちれい》」などと呼ばれるものがあるようでもあり、その地霊が、現代に至るまで新宿のまちの移り変わりに影響を及ぼしているかのようである。

第3章

街道・宿場の設置と内藤新宿の変遷

1 五街道の開設

一六〇〇年九月、徳川家康は関が原の役で石田三成の西軍を破ると、一六〇三年江戸に幕府を開くことになる。日本は古代から、政治・経済・文化の中心が近畿地方にあったので、家康は江戸を中心とするために、日本橋を起点とした東海道、中山道、甲州街道、奥州街道、日光街道の五街道を設定し、それに古代から存在した京都を中心とした道路網を組み入れ、全国の城下町を結ぶネットワークを作ろうとした。家康は自身が統治していた三河や、今川、武田、北条氏の伝馬《てんま》制を踏襲しつつ江戸中心の道路網を全国へと展開させたのである。

もともと戦国大名は、それぞれが領地を統治していて、隣国との間に関所を設けていたために、国全体の交通は抑制されていたのであるが、それぞれの領地の中では防衛や商工業の発展のために、独自の交通施策を行ない伝馬制度も創設されていた。家康は五街道を整備しそれぞれに宿場を置いたが、戦国大名の伝馬制を踏襲し発展させたものである。すなわち、徳川幕府が開かれる前に、すでに宿駅は街道に相当数存在していたと解されており、家康は既存の宿駅に新たな宿駅を加入させるなどして、宿駅の間隔を調整して宿駅制度を確立したとされる。

各街道の成立・完成時期は、東海道は一六〇一〜二四年、中山道一六〇二〜九四年、日光・奥州街道一六〇二〜四〇年頃、甲州街道は一六〇四年に江戸〜甲府の三十六次が出来、一六一〇年中山道の下諏訪まで延長された。内藤新宿は甲州街道のほかの宿開設からおおよそ百年後に開設されている。

宿場の役割の第一は、幕府や藩御用の人、物の輸送を支えるものであって、二義的に一般の民生用に活用することができるようになっていた。家康は五街道におおむね二里（約八㎞）の間隔をもって宿場を設置し、幕府や藩御用の役人や物資をリレー式に宿駅から宿駅へ運搬させた。

そのために宿場は、人足や馬を常駐常備させて、幕府や藩の御用に備えなければならず、東海道に例をとれば、一六〇一年に伝馬制を実施した際には、宿駅ごとに伝馬三六疋《ひき》を置くことを義務づけられている。このほかにも宿場は、幕府や藩御用の通行人のために、宿泊所や休憩所を提供する義務があった。

それでは、宿場が幕府などの御用を請けた場合の運賃収入はどうなっていたのであろうか。この場合、運賃は二種類に分かれている。第一は無料である。将軍が発行する朱印状や、老中や京都所司代、大阪町奉行、駿府町奉行などが発行する証文を下付されている者に対して、宿場はそこに書かれている人馬の数だけ、無料で提供しなければならない。第二は、「御定賃銭《おさだめちんせん》」と言われるもので、有料ではあるが幕府が定めた公定運賃によって、人や物を運ぶもので、市場相場の運賃の二分の一程度であったという。大名の御用は一般的に御定賃銭で行なわれたという。幕府などの御用以外の一般旅行者や寺社、商人などが宿場の人馬を使う場合は、通行者と宿が相対でとりきめた賃銭で行なわれた。この賃銭を「相対賃銭《あいたいちんせん》」と言った。ただ、幕府の御用商人は御定賃銭で宿の人馬を

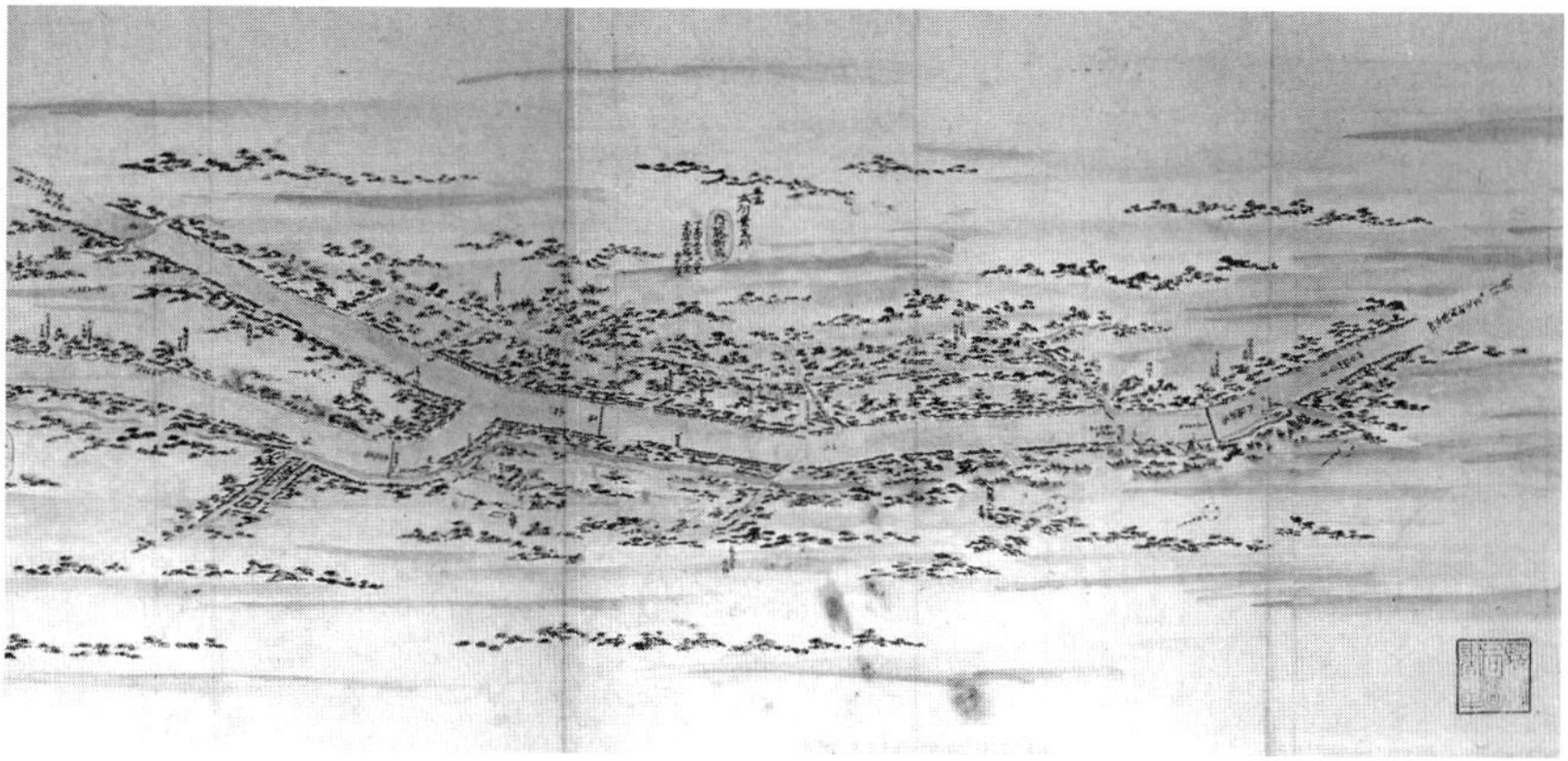

3-1　甲州道中分間延絵図（逓信総合博物館蔵）

寛政〜文政年間（1800 年頃）。右方は四谷見附、中央が内藤新宿。左側の分岐点が新宿追分で、左下へ向かうのが甲州街道、左上へ向かうのが青梅街道。

使用したようだ。

こうした宿場の料金制度は、一六三五年に始まる参勤交代制の確立や、武家、公家および特定寺社の特権的通行量が多くなると、伝馬負担がだんだん過重になって来て、宿場の財政を圧迫し、義務づけられている常設の伝馬を維持確保するのが困難な宿場も現れた。その上、宿場は幕府御用に対して、宿内の旅籠屋を御用宿として提供しなければならず、その際の宿泊料金も低く抑えられていたので、宿場は旅籠屋になんらかの経済的支援をせざるを得ず、このことも宿場の財政を悪化させる原因となった。

2 宿場に対する幕府の支援

宿場が困窮すれば、幕府の人や物の輸送に支障をきたすことになるので、幕府は宿場の負担を軽減する策を講ずることになった。

その第一が、助郷《すけごう》制度である。これは、幕府などの御用が宿場で常備している人馬でまかない切れない場合、幕府が宿場周辺の村々に、あらかじめ人馬の提供を命じることができるようにする制度である。一六九四年幕府は領主の如何を問わず各宿駅近傍の郷村を付属助郷とし、石高百石につき人足二人、馬二疋の人馬の負担を強いている。御用交通が増え、宿駅の人馬負担ができなくなれば、直ちに助郷村に対する課役負担が増大することになるので、御用のために提供する人馬の割り当てや、賃金の配分の方法をめぐって、宿場と助郷村はしばしば対立した。第二は、幕府は宿駅に対して、市を開催することや、店を開き商売をすることを許可し、宿業務以外で利益を上げることを認め、また宿場の空地や庭などを貸して使用料を徴収することや、商品流通上の特典を与え宿場を保護した。第三には、幕府が宿場に賃金や穀物を貸し付けたり、場合によっては、幕府が宿場に米を支給したりしたこともあったようだ。第四には、御用といえども、宿場の人馬の使用上限を定めたり、御定賃銭の引き上げなども行なって宿場の保護に努めた。その他、幕府だけでなく、各藩においても領内の宿場に対して、諸々の助成策を講じて人馬継立機能の維持に努めている。

しかしながら、幕府や藩の取った宿場への支援や助成も、宿場制度の根幹を変えるものではなかったため、大きな成果を上げられず、参勤交代、将軍の日光社参、将軍の上洛など、幕府、大名の大きな移動があると、宿場の財政は著しく疲弊した。

こうした中で、宿場の財政を立て直し、強化するために一番有効なのは「相対賃銭」の客を増やすことである。すなわち宿場に遊びに来たり、宿泊をする一般の旅行客を増やして、客が宿場に落とす金を増やし、宿場全体の収入を上げるのである。究極のところ宿場は、自助努力によって一般の旅客を集め、そこから収益を上げて自らの財政を立て直し、継立機能を維持していくしかなく、その結果、宿場は遊興の町へと傾斜せざるを得なかったのである。

3　内藤新宿の誕生

徳川家康が江戸に幕府を開いてから百年になろうとする一六九七年、浅草安倍川町の名主高松喜兵衛ら浅草の商人が、幕府に対して、甲州街道の江戸と高井戸宿の間に、新しい宿場を設置したいと願い出た。

当時、江戸の日本橋を出て最初の宿場は、東海道は品川宿、中山道は板橋宿、奥州街道・日光街道は千住宿であった。品川、板橋、千住は江戸から二里の距離にあったが、高井戸までは江戸から四里の道のりがあった。このため江戸伝馬町と高井戸宿間の人や荷物を運搬する伝馬町と高井戸宿の負担は重かったに違いない。そこで高松喜兵衛らは、両者の中間点に宿駅を設け、それぞれの負担を軽減したいと幕府に願い出たのである。

幕府にとっては、街道の宿場が財政的に困窮している折でもあり、商人が自ら宿場を設置して、御用の運搬を引き受け、伝馬町と高井戸宿の負担軽減を図りたいというのだから、渡りに船であった。一六九八（元禄一一）年、幕府は高松喜兵衛らの願いを入れて、金五六〇〇両を幕府に上納するという条件で、新しい宿場を設けることを許可している。

幕府は、甲州街道の南側については内藤清成に与えた高遠内藤家の屋敷地を、北側については二五騎与力組旗本などの屋敷地を取り上げ、高松喜兵衛に与えた。喜兵衛らは、この土地を造成し、甲州街道を幅五間半（約一〇m）に拡幅し、沿道の土地を宅地に造成してこれを売却している。造成地は四谷大木戸から追分までの間一㎞余りで、奥行は二十間（約三六m）あった。高松喜兵衛らは、請願宿駅をつくり宿場の経営者になったが、内藤家や旗本の土地の払い下げを受けて、宅地造成し販売するという開発事業者でもあった。▼口絵参照

幕府から宿駅設置の許可がなされた翌年の一六九九年には、日本橋〜内藤新宿間の「御定賃銭」が定められ、こうして内藤新宿は、甲州街道の江戸から、信州下諏訪まで四十四宿、五街道二百余の宿

場の最後の宿場として開設された。宿場の名称が内藤新宿となったのは、ここに内藤家の屋敷があったからとされているが、内藤新宿が開設された時にはすでに青梅街道が合流していたこともあり、内藤宿と呼ばれる門前町があったこともあろう。

内藤新宿が開設されたことによって、品川、板橋、千住と合わせて、「江戸四宿」と長い間言われた宿場が揃った。しかし、江戸開幕から百年たったこの時期に、浅草の商人たちが上納金五六〇〇両を支払い、宅地造成の費用までも負担して、幕府などお上の御用の人や物を運搬するための宿場を何故設置したのであろうか。高松喜兵衛らが願い出た表向きの理由とは別に、本当の狙いがあったのではないか。

この頃、東海道の品川宿、中山道の板橋宿、日光街道の千住宿は、日帰りもできる江戸近郊の手軽な行楽地・繁華街として繁盛していた。高松喜兵衛らは、これら先行した三宿の繁栄ぶりを見て、新宿にも品川宿のような一大行楽地・繁華街を作り出し、狙い通りに遊興の客が集まれば、幕府への上納金や宅地開発のために投資した資金も、短期

3-2　江戸名所図会　四谷大木戸

間のうちに回収できると見込んでいたに違いない。浅草商人は、伝馬町や高井戸宿の負担軽減という大義名分のもとに、じつは江戸近郊に一大遊興地を創って、利益を得ることを図ったと思われる。

高松喜兵衛らが造成した敷地には、様々な人が地主になって移り住んできた。糖《ぬか》屋（馬の飼料を扱った店）、古着屋、股引屋、煙草屋、餅屋、古金屋、饂飩《うどん》屋、足袋屋、荒物屋、手習師匠、豆腐屋、古道具屋、酒屋、木材屋、水菓子屋などであるが、中心になったのは、旅籠屋と茶屋であった。宿場は追分から大木戸に向かって、上町、仲町、下町と呼ばれていたが、五十二軒の旅籠屋はそれぞれの町に平均して立地していた。

旅籠屋には、宿場から二つの義務が課せられていた。一つは、幕府などの御用があった場合は、宿場の指示により旅籠を御用宿として提供すること、もう一つは、役銭《やくせん》（雑税）を宿場に納入することであった。旅籠屋から徴収された役銭は宿場の運営費にあてられた。

また旅籠屋には、飯盛女を置くことが許されていた。幕府は宿場で遊女を置くことを禁止していたが、旅客に給仕する女性として飯盛女を、幕府の許可を得た上で置くことを認めていた。幕府は飯盛女に遊女商売をすることを禁じていたが、実際は、飯盛女は遊女と変わることはなく、旅籠屋は飯盛女を抱えることで繁盛し、宿場も潤っていたのである。

茶屋は旅籠屋でないため、旅客を宿泊させることはできず、飯盛女を置くことが許されない。しかし、実際は茶屋女という名目で、遊女商売をしていた者が多かったようである。茶屋にも、宿場から役銭の納入が義務づけられていた。旅籠屋や茶屋の経営者から徴収した役銭は、宿場の運営費の大半を占めていたため、旅籠屋と茶屋が繁栄することが、宿場が人馬継立という宿本来の役割を果す基礎となっていた。

高松喜兵衛はのちに、喜六と改め、新宿の名主となり代々子孫は現在の新宿二丁目に住み、本陣を営み、それが明治まで続いた。初代喜六は新宿発展の基礎を築いた恩人とされ、四谷二丁目の愛染院にある墓は、新宿区の文化財になっている。

4 公娼制と飯盛女

一六一七年幕府は「傾城《けいせい》町之外　傾城屋商売不可到」という触書を出し、遊廓の設置を認めた上で、それ以外の場所での遊女商売を禁止した。

幕府がこのような触書を出すこととなった背景には、①遊女を買い遊ぶ者は怠惰になり、他人の金まで横領し、遊びふけること、②遊女商売に関わり人身売買をしている者がいること、③諸国の浪人や悪党の類が遊女屋に潜伏すること、などにより遊女屋が市中に散在していることによる「社会不安」「風紀紊乱《びんらん》」を危惧し、その対応としてむしろ遊廓を設置し、遊女を一箇所に集め、管理をしっかりして社会の治安を護ろうとする意図があった。かくして、公認された遊廓は、吉原のほか、京の島原、山城伏見柳町、近江大津など全国で二十五ケ所あった。

幕府は遊廓を公認し、その上で六カ条のふれを出している。

一、遊廓以外の場所において、遊女商売をしてはならない。

二、遊廓以外のところで、遊女を雇うことは、今後一切禁止する。

三、遊女を買い遊ぶ者は、一日一夜に限ること。

四、遊女の衣服は地味な紺屋染めを用い、金銀の摺箔《すりはく》されたものは、いっさい着用させてはならない。
五、遊廓の家の普請などは華美にしてはならない。
六、武家、町人を問わず、身元の不確かな者が徘徊していたら、すぐに身元をたしかめ、不審と思われたら奉行所に届け出ること。

この結果、江戸では、吉原以外での遊女商売は禁止され、公娼と私娼の区別を明確にし、私娼は厳しい取り締まりの対象となった。ところが、幕府公認の遊廓以外に、街道の出入り口や、宿場、寺院、港などで、私娼と呼ばれた遊女が多くいた。

一六五七年、江戸の明暦の大火で吉原が焼失し、これにより吉原遊廓は浅草に移転したが、この間幕府の遊女に対する取り締まりが緩くなったこともあり、宿場の飯盛女、茶屋女が、旅客への給仕をするという建前で、実際は遊女商売を半ば公然と行なっていた。このため幕府は、宿場が遊里化していくことを懸念し、一六五九年に道中奉行を置き、宿場の売春行為を厳しく取り締まるようになった。

幕府は触れを出し、宿場の旅籠屋では「飯炊き女の外は

3-3　江戸名所図会　四谷内藤新驛（内藤新宿）

いっさい置いてはならない。もし遊女を隠し、その事実が明らかになった場合は、本人はもちろんのこと遊女を置いた宿人、請人とも召捕り、籠舎《ろうしゃ》申し付ける」と連座、連帯責任を明確にした。さらに飯盛女の衣服も仕事着に限定して着用するよう規制し、宿場での遊女商売に厳しく対応した。現に、一六六七年に神奈川宿で、遊女まがいの女を抱えていたという理由から、処刑された者が出ている。この年、東海道の各宿では、道中奉行宛に「売春婦は一切差し置かない」旨「請書」を提出しているが、宿場での遊女商売は法の網の目をくぐり抜けて行なわれ、取り締まりは容易ではなかった。

5 内藤新宿の廃止

一六九八年に宿場を開設して以来、年ごとに繁栄を続けていた内藤新宿であったが、宿場を開設して二十年経った一七一八年に、幕府から突如廃宿の命令を受ける。宿場の許可を取り消されたのである。廃宿の理由は「新しい宿場で、甲州への旅人の人数も少ないから」というのであるが、これは表向きの理由であって、実際は旅籠屋の飯盛女や茶屋の茶屋女が猥《みだ》りに客を引き入れ、風紀紊乱が目に余って、幕府から目を付けられ、結局は廃宿に追い込まれたと言われている。

この頃、江戸で遊女商売をすることが認められていたのは、遊廓として認知されていた吉原だけであった。しかし、東海道の品川宿、中山道の板橋宿、日光街道の千住宿、甲州街道の内藤新宿では、客に給仕することが建前の飯盛女が、実際は遊女商売をしていて、大変な賑わいを見せていた。このことは、吉原にとって、大変困ったことであって、客や遊女を横取りしてしまう江戸四宿は、憎き商売敵となっていたのである。このため、吉原は幕府に対して度々江戸四宿での遊女商売を取り締まるよう願い出ていた。

一七一六年、紀州徳川藩から藩主徳川吉宗が八代将軍に就任し、翌一七一七年には、江戸町奉行に大岡忠相が着任し、享保の改革を推進することになるが、この中で江戸郊外の宿場での遊女商売の取り締まりが強化されていく。幕府は一七一八年、旅籠屋が置くことができる飯盛女の数を、一軒の旅籠で二名までに制限する「覚」を下知した上で、江戸四宿を次々に厳しく取り締まっていった。この取り締まりは、その後吉宗と大岡越前が、江戸市中の遊興の町で隠れて行なわれている遊女商売を取り締まるための、先鞭として行なわれたものであった。内藤新宿の廃宿は、吉宗と大岡越前の売春防止に対する意志が堅固であることを、世に知らしめようとしたためだと言われている。

では何故、江戸四宿の中で、内藤新宿が見せしめの標的にされたのであろうか。内藤新宿より先に開宿、遊興のまちとして栄えていた品川宿などは、最盛期には一五〇〇人の飯盛女を抱え、吉原に対抗する大歓楽街として賑わっていた。それなのに、廃宿を命じられたのが、品川宿でなくて、何故内籐新宿になったのか。その理由は、東海道の品川宿などはすでに百年の歴史があり、幕府の交通政策上も重要であったからだとされる。これに比べ、内藤新宿の歴史は二十年と歴史も浅く、もともと幕府が設置した宿ではなく、高松喜兵衛ら商人の請願宿駅であった。つまり幕府にとって交通政策上の影響が少なかったために、内籐新宿が見せしめの俎上《そじょう》に上げられたと思われる。

内籐新宿が廃宿となって、江戸から甲州街道の最初の宿場はふたたび高井戸宿となり、内籐新宿の旅籠屋は、二階部分の取り壊しを命じられて客を泊める部屋を失い、事実上営業が不可能となった。かつて繁栄していた宿場町は、裏寂しい街道沿いのまちへと変質していったのである。

「無賃」あるいは「御定賃銭」で請けなければならない御上の交通が増えるにつれて、宿の財政は次第に困窮することになっていった。そして御上の貨客の運搬が宿にとって過重な負担となれば、それはおのずと、宿周辺の助郷村にも転化され、助郷村も疲弊することとなった。このため、幕府は助郷村を増やし、宿や既存の助郷村の負担を軽減しようとしたところ、新たに指定を受ける村の反発は相当なものとなった。一七六四年中山道では、助郷村指定に反対する百姓一揆（「伝馬騒動」という）が起こり、一揆が江戸に向かう勢いを示したため、幕府は助郷村の指定を撤回するという事態が起こっている。幕府は宿場に対して、無利子で資金を貸し付けたり、「御定賃銭」の値上げなどの対策を取ったが、幕府自身も財政難であったため、充分な効果を上げることができなかった。

6 飯盛女の規制緩和と内籐新宿の復活

幕府や藩の財政支援に限界があるとなると、宿場の旅籠屋や茶屋への来客を増やして収益を上げさせ、旅籠屋や茶屋から宿に収めさせる役銭の増収により、宿場の財政的困窮を救うしか方法はなかった。そこで、幕府が取った策は、それまで一軒の旅籠屋に二名までとしていた飯盛女の定数を増やすことであった。幕府は一七六四年に、品川宿、板橋宿、千住宿の名主を呼び出し、宿の財政状況について事情聴取をしている。その結果、品川宿では、旅籠屋が当時八十軒であったが、飯盛女の定数を一挙に三倍に引き上げ、宿場全体で飯盛女の数を五百名まで認めたのである。板橋宿では、七軒の旅籠屋に対して飯盛女を一五〇人まで、千住宿では、二十三軒の旅籠屋に対しても、飯盛女を一五〇人まで認めた。幕府は自らの人貨の運搬量を減らすこともできず、宿への財政支援もままならないまま、宿の飯盛女を増やすことによって、宿場を遊興のまちとして繁栄させ、そこから上がる利益で宿場の財政を潤そうとしたのである。幕府は遊女商売で宿場が遊里化することを危惧しつつも、暗に遊女商売を黙認する形となった。背に腹は代えられず、苦肉の策を取ったのである。

幕府が窮迫した宿場の財政を救うため、飯盛女の規制を緩和し、宿場の振興を図ったことは、風紀の紊乱を避けて、宿場での遊女商売を厳しく取り締まってきたそれまでの方針を大きく転換することになった。こうした幕府の動きの中で、廃宿以来、経済活動が止まり、灯の消えたようになっていた内籐新宿は、新宿再興に向けて幕府に働きかけた。

幕府が方針を転換して、飯盛女の規制を緩和し、旅籠屋での遊女商売を暗黙のうちに認める措置をとった以上、内籐新宿だけを風紀紊乱を理由に、宿再興を拒否することもできなかったのではないか。一七七二（明和九）年五代目高松喜六の請願が入れられて、宿駅再開の許可を得ることとなった。毎年十六両一分を年貢として支払い、冥加金一五五両を上納することで、宿場の営業を再開することとなった。この際、飯盛女も板橋宿や千住宿と同数の一五〇人まで置いて良いとされ、助郷村も角筈、代々木、幡ケ谷、烏山、船橋、下祖師谷、給田など現在の世田谷区内の村々を中心に三十三カ村が指定された。実に廃宿から五十四年ぶりの復活であった。復活した内藤新宿は、当時の元号を取って、「明和の立ち返り駅」と呼ばれた。

7 内藤新宿縁《ゆかり》の社寺

……花園神社

新宿には江戸期より内藤新宿と縁の深い、神社と寺がいくつかある。その一つ花園神社は、内藤新宿が開設された当時すでに現在の地にあって、宿場の総鎮守として多くの人々の信仰を集めていた。花園神社は、寛永時代（一六二四～四四）までは、現在の場所より約二五〇m南の伊勢丹付近にあった。しかし、寛政時代（一七八九～一八〇一）に朝倉筑後守の下屋敷に囲まれてしまったので、現在の場所を拝領することとなった。この場所は、徳川尾張藩下屋敷の一部で、ここにたくさんの花が咲き乱れていたという。この美しい花園の跡に移転したので、花園稲荷神社とよばれたのが社名の由来とされている。

一六四八（慶安元）年尾張藩の庇護によって創建した社殿は、一七八〇（安永九）年と一八一一（文化八）年に大火で焼失した。社殿を再建するためには、町民の負担が少なくないので、復興助成という名目で、境内に劇場を設け、見世物や芝居、踊りなどを興行し、収益を上げて社殿再建の費用を捻出した。花園神社の芸能は、この

3-4　花園神社　昭和 3 年に修復された拝殿（戦後建て替え）
出典：『花園神社三五〇年誌』上巻

頃から始まった。浄瑠璃、繰り人形、物真似、子供踊りなどを演じ、ほかに茶屋なども設けていた。その興行は「三光院芝居」として名高く、明治初期まで続けられていた。戦災を受けた社殿は、昭和四〇年に近代的な建築物として復興を果たした。

戦後、新宿は雑多なエネルギーに満ちた、新しい文化の発信地になった。花園神社も、唐十郎らの芝居や国内外のアーティストによるライブが行なわれる舞台として使われ、そうした文化を育む役割を担ってきた。芸能の起源が神事であるように、花園神社と新宿の文化もまた密接に結びついているのである。

……太宗寺

江戸城の白壁の材料として必要な石灰は、現在の青梅市内の成木《なりき》、小曾木両村から得られた。その運搬のため一六〇六(慶長一一)年に成木街道が開かれた。この道は、新宿追分から分岐して、中野、田無、岩蔵、成木へと続く道で、のちに青梅街道と呼ばれるようになる。

甲州街道と成木街道の開設が、内藤新宿開設の重要な要件となったのであるが、一六二五(寛永二)年にはすでに、太宗寺の門前には町屋が出来ていて「内藤宿」と言われていた。それが中心となって、「内藤新宿」が出来たことからすれば、太宗寺東側が「新宿発祥の地」といえよう。

太宗寺は高遠藩内藤家の菩提寺であるが、寺地はもと内藤家の拝領地の中にあった。そこに太宗という僧がやって来て、草庵を造り住み込んでいたが、内藤家五代当主正勝の時に寺になったという。太宗寺の「太宗」は僧の名前から取ったものである。太宗寺は内藤新宿が開設された頃より、盛り場の核となっていたところで、境内には江戸六地蔵、閻魔《えんま》像、奪衣婆《だつえば》像、三日月不動明王などの文化財があり、明治、大正期になっても露店や夜店でにぎわっていた。

寺の入口右手にある高さ三ｍの銅造地蔵菩薩像は「江戸六地蔵」と言われるものの一基で、東京都の文化財になっている。この江戸六地蔵は天下安全、武運長久、仏法繁栄、御城下繁栄、交通安全を祈願して建立されたと言われており、往来の多い江戸の街道の出入り口六ヶ所に立てられた。

六地蔵の一番は東海道品川の品川《ほんせん》寺、二番は奥州街道浅草の東禅寺、三番が甲州街道の太宗寺、四番は中山道巣鴨の真性《しんしょう》寺、五番は水戸街道、江東区白河の霊巌《れいがん》寺、六番は千葉街道江東区富岡の永代寺で、一番から五番の地蔵が現存している。

夏目漱石は幼少時に養子に出され、一時太宗寺の近くに住んでいたが、自伝的小説『道草』に、この地蔵に上がって遊んだことを書いている。

……成覚寺《じょうかくじ》

「飯盛女」というのは俗称で、幕府の公用語では「食売女《めしうり》」と呼ばれていた。すなわち、宿場で旅行者の宿泊や食事の世話をする女性のことであるが、ちまたの庶民の間では、売春婦という意味を込めて「飯盛女」と呼ばれていた。「飯盛女」の給金は、契約時に抱え主から親権者に全額支払われる「給金全額前借」という方法が取られている。娘は奉公期間中、この借金を働いて返していくシステムである。したがって娘が奉公期間中に失踪したり、死亡するようなことになれば、

3-5　成覚寺境内の子供合埋碑（1860年造立）

抱え主は大きな損害を蒙ることになる。そこで、娘が死亡した場合、その遺骸や遺骨は親元には返されず、死去の一報のみで了承するという約束になっていた。

太宗寺の北側に位置し靖国通りに面している成覚寺は、内藤新宿の「投げ込み寺」と言われた。「飯盛女」が死ぬと、死んだ彼女たちは着物をはがされ髪飾りも取り上げられ、よくても経帷子《きょうかたびら》をかけられるだけで、たいていは晒し木綿に腰巻一枚でここ成覚寺に送りこまれてきた。稼ぎの少ない飯盛女は、米俵に屍《しかばね》をくるまれたままで、成覚寺に投げ込まれた。成覚寺に持ち込まれた飯盛女の屍は二二〇〇と言われている。成覚寺の入口を下るとすぐ左側に子供合埋碑《ごうまいひ》があり、新宿区の文化財になっている。子供とは旅籠屋の飯盛女のことで、死亡してここに持ち込まれた飯盛女を供養したものである。

投げ込み寺は、内藤新宿の成覚寺のほか、新吉原遊郭の近くの浄閑寺(荒川区)、旧吉原遊郭の西方寺(豊島区)、東海道品川宿の海蔵寺(品川区)などが知られている。

………天龍寺

新宿御苑の西側、明治通りに面して天龍寺がある。境内にある鐘は、江戸市中に時刻を知らせる九つあった「時の鐘」の一つである。内藤新宿は市の郊外にあり、江戸城への道のりも遠かったので、登城する武士たちに都合が良いように、ほかの地の「時の鐘」より三十分早く鳴らした。内藤新宿の旅籠屋に泊まっていた遊客は早く起こされ、帰されるので、この鐘は「追い出しの鐘」と呼ばれていた。

天龍寺に現存する鐘は一七六七(明和四)年に鋳造されたもので、特に音の響く「江戸三名鐘」と称され、新宿区の指定文化財になっている。「時の鐘」はここ天龍寺のほか、市谷八幡、日本橋本石《ほんこく》町、浅草、上野、本所横川町、芝切通し、目白不動、赤坂成満寺《じょうまん》にあった。

8 宿駅制の廃止と貸座敷営業の展開——明治時代の内藤新宿

明治維新により誕生した明治新政府は、明治四（一八七一）年廃藩置県を行ない、近代化への道を歩み始めた。旧幕府の宿駅制は、幕府や藩の貨客を運送する人馬継立の制度であったから、幕府も藩も消滅した明治の世では、おのずと廃止されることとなった。しかしながら、宿駅制という幕府の制度はなくなっても、一般民生の貨客を運ぶ体制はなんら変わることなく、そのまま継立の業務を果し、旅籠屋は飯盛女を抱え、宿場は相変わらず遊里の賑わいを見せていた。

日本の近代化を進め、諸外国とも対等に外交を進めたい明治政府は、諸外国への体面からも、遊廓や宿場で行なわれている遊女や飯盛女の人身売買を放置することはできなかった。明治五（一八七二）年一〇月、新政府は太政官布告で「人身売買禁止」と「娼妓解放」を示達した。旧旅籠屋に抱えられていた飯盛女たちは、負わされていた前借金を棒引きにされて解放されたのである。

しかし、もともと貧農の出である彼女たちは、親元へ帰ることも難しく、また新たに収入を得る方途も見出すことができず、一方、明治政府も飯盛女、娼妓、芸妓に対して新たな労働政策を打ち出すことがなかったので、彼女たちは解放されても行き場所がなかった。このため交通手段が、江戸時代の人馬継立から、人力車や馬車に変わっても、街道の旧宿場は相変わらず遊里として存在し、「娼妓解放」後も旧宿場には妓楼《ぎろう》が建ち並び、賑わっていた。

翌明治六（一八七三）年一二月、東京府は「貸座敷渡世規則」「娼妓規則」を出して、法制を整え公娼制度を成立させた。貸座敷業者は免許地でのみ営業を許され、月々鑑札料五円を納めさせられた。娼妓も免許地の貸座敷内でのみ遊女商売が認められ、月々鑑札料二円を納めさせられた。貸座敷を営む楼主や娼妓が月々納める鑑札料は賦金と呼ばれ、東京府の安定した収入になったが、そのほとんどは、娼妓たちの検黴《けんばい》（梅毒の検査）費や入院治療費に充てられていた。

日本の検黴制度は、幕末の頃から外国船の寄港した長崎や横浜では、遊廓の娼妓たちに取り入れられていたが、東京府は明治六年に制定した「娼妓規則」の中で、娼妓に医者の検査を義務づけ、明治七年六月から、各遊廓に医者を派遣して検黴を実施した。検査は娼妓たちにとって大きな屈辱だったようで、検査をのがれようとする娼妓が多く、検査規則に違反した者には罰金が科せられた。東京の娼妓たちの検査は週一回で、月曜日は新吉原、火曜根津、水曜品川、木曜内籐新宿、金曜千住、土曜板橋の順で実施され、専門医が派遣された。罹病者は警視庁の病院に入院させられた。

内籐新宿の住吉楼で育った神垣とり子が検黴日の様子を『豊多摩郡の内藤新宿』（新宿区立図書館資料室編　一九六八）に寄せている。「車が何台も勢いよく走る。一週間に一度の検査日で、一丁目の秋葉神社のわきの会所と病院を兼ねている検査場へ行く。上《かみ》の妓たちの車だ。近所なら歩いて行くのだけれど、紫天神や立兵庫でシャナリシャナリ往来を歩くのは屯《たむろ》（警察）から禁止されているので車に乗るのだ。が、歩きたい連中はおばさんに連れられて歩く。ふだんは素足なので足袋をはくと歩き難いらしい。裾もおはしょりで、羽織をきて、お太鼓の帯をしめるから大変だ。髪だけ大きくて釣合がとれないのでおかしい。だから検査日は内藤新宿の大通りは見ものだ」。

明治八年には、内籐新宿の貸座敷業者三十七軒、娼妓一八六人に鑑札が与えられている。貸座敷一軒が抱えている娼妓の数は一人から九人で、全体的に二〜三人の娼妓を抱えている小規模の貸座敷が多かった。娼妓の年齢は、最若年者は十五歳で（十五歳未満の者には、鑑札は与えられない）十代が三分の一を占め、二十代前半が二分の一で、二十四歳までの娼妓が全体の八割を占めていた。

9 新宿遊廓の誕生——大正から昭和にかけて

大正の初期には、甲州街道の大木戸から追分まで約一㎞の両側に江戸時代以来の宿場を思わせる妓楼五十三軒が町屋の間に点在していて、異様な光景であった。妓楼はみな二階あるいは三階建ての高楼に瓦屋根、土蔵造りで、壁の上部には漆喰細工の飾り絵が画かれていた。妓楼は板塀などを巡らしていて、大きな暖簾を潜ると、格子をはめた部屋に娼妓が長襦袢一枚に冬は内掛を羽織り、立膝をして、朱羅苧《しゅらお》の煙管《きせる》で煙草を吹かし、客のお見立てを待っていた。これを「張り店」と言っていたが、人権の観点から問題だとして大正一〇年頃警視庁から禁止を命ぜられ、その代わりに写真を陳列するようになった。

一方、甲州街道の四谷見附〜追分間に、明治三六（一九〇三）年市電の前身である市街地鉄道が敷かれた。また、江戸時代の内藤家の屋敷は、明治五年九月大蔵省の農事試験所となったが、その後明治一二年からは宮内省所管の「植物御苑」となっており、明治三八年五月、日露戦争の勝利を記念して、ここで凱旋将軍の歓迎会が行なわれ、それ以来「新宿御苑」と呼ばれるようになった。明治天皇は、毎年観桜会を浜離宮で、観菊会を赤坂離宮で催していたが、大正天皇になって、大正六年からは観桜会も観菊会も、ここ新宿御苑で行なうようになり、皇室のパレスガーデンとして外交官や日本の高官が集まる庭園となった。

このように、甲州街道に市街地鉄道が通り、新宿御苑がパレスガーデンとなって、皇族はじめ政府の高官がしばしば甲州街道を通って新宿御苑を訪れるようになると、甲州街道の両側に江戸時代の宿場以来の妓楼が点在する光景は、都市の有り様としても、パレスガーデンへのアクセス道路としても、品性に欠けるということになった。そこで大正七（一九一八）年三月、警視庁より貸座敷に対して新宿二丁目の牛屋の原跡地への移転命令が出された。

牛屋の原跡地は、もとは耕牧舎という牧場であった。作家芥川龍之介の実父が明治二一（一八八八）年から経営し、六千坪の牧場内に、六百坪の牛舎があった。しかし、周辺が市街地化するにともなって、牛舎からの臭気が強く、近隣に大きな影響を与えることとなったのであろう、大正二年警視庁から牧場に移転命令が出され、牧場は移転した。その跡地はしばらく空き地になっていて、子供たちの遊び場になったり、盆踊りや、消防の出初式が行なわれたりしていた。

警視庁は、この空地に、甲州街道の大木戸から追分にかけて、点在していた貸座敷（妓楼）五三軒をそっくり移転させる措置をとったのである。大正八年頃から牛屋の原に新築工事が始められ、竣工した建物からぽつぽつと移転し営業を開始したが、大正九年三月新宿一丁目の甲州街道沿いに残っていた貸座敷の一軒から火災が起こり、近くにあった貸座敷も類焼するという出来事があった。しかし、貸座敷の移転工事は続けられ、移転期限の大正一〇年三月までには、甲州街道沿いにあった五三軒の貸し座敷は全部移転完了した。

ところが、大正一〇年三月、花園神社前の俵屋の倉庫から出火し、強い北西の風にあおられて火は燃え広がり、新宿二丁目にも達し、移転完了したばかりの貸座敷すべてを焼き尽くし、太宗寺の手前で鎮火した。全焼家屋が六五〇戸余という大火となり、「新宿大火」と言われている。このとき焼け出された娼妓は五百人を越え、焼け出された彼女たちは、新宿一丁目の大国座に避難、収容された。貸座敷は、二度も火災にあったところもあったが、新宿大火の一年後の大正一一年二月には、五十三軒の貸座敷がすべて二丁目の焼け跡で再建を終え、開業した。ここに「新宿遊廓」は誕生したのである。

新宿大火からよみがえり、大正一一年二月、誕生した新宿遊廓であったが、さらにその一年半後の大正一二年九月、関東大震災が襲った。死者・行方不明者一〇万五〇〇〇人以上、被害世帯六十九万世帯で、京浜地帯は壊滅的打撃を受けた。新宿でも旭町の豆腐屋から出火し、旭町の一部、新宿二、三丁目、角筈一丁目の一部を焼いた。しかし、この時「新宿遊廓」は無事であった。この震災で、新吉原のほか、洲崎、玉の井、亀戸などの遊廓や私娼街が全滅したため、無傷であった新宿遊廓は、商売敵が消えて、思いもかけぬ繁盛をするのである。五十三軒の貸座敷は、牛屋の原へ移転したことにより、甲州街道沿いの表通りから奥まった人目に立たない場所に変わったため、妓楼の営業上都合がよく、文字通り「廓《くるわ》」となった。新宿遊廓の建物は、かつての妓楼と変わって、モダンな建物になったのであるが、しかしその外観はやはり異様であった。家の表には大きな

3-6　遊廓 Fuji 楼　出典：『新宿区の民俗（3）新宿地区篇』（「日本歓楽郷案内」昭和6年・から転載）

目隠しがあり、窓には赤、青、黄、緑、橙といった色ガラスがはめ込まれてあった。大きな家の二階の窓には朱塗りの欄干がついて、庇の下には鈴蘭のような形をした電球の笠が吊り下げられていた。遊廓の一帯は、一種独特のまち並みを形成していた。

10 戦後―赤線の指定から売春防止法成立へ

終戦の翌年、昭和二一（一九四六）年一月には連合国軍総司令部から「公娼制度廃止」の覚書が日本政府に出され、内務省は明治以来の公娼制に関する「娼妓取締規則」等の関係法規を廃止した。警視庁はその年の一一月に、都内の集娼地域を指定し特殊飲食店として営業を認めた。遊廓であった新宿二丁目は、吉原、洲崎などとともに、この指定地域に入れられることとなった。この指定地域を赤線で囲んだことから、公認の私娼地域を総称して「赤線」地域と呼ぶようになり、一方、公認されないもぐりの私娼地域を「青線」と称した。

赤線の中では、特殊飲食店として風俗営業の許可が与えられ、女性の自由意志による売春が黙認されることとなった。昭和二五年には、特殊飲食店にカフェーの営業許可が与えられ、一般のカフェーと区別するために特殊カフェーあるいは「マル特」と呼ぶようになった。新宿二丁目の遊廓はそのまますっくり赤線となったが、その区域の中の西側の縁を都市計画道路環状五号線の一（新明治通り）が通り、遊廓の一部が道路用地に取られたために、赤線の区域は新宿遊廓の頃より狭くなった。

青線は保健所から食品衛生法の許可をとっているだけで、法的には通常の飲食店と変わるところがないのに、実際は隠れて売春が行なわれていた地域のことを言う。いわば青線は赤線の区域外で売春行為を行なっていた地域のことで、「非合法の私娼」と言われた。しかし、その後青線地域の飲食店にも風俗営業の許可がおりたため、非合法であるが青線が実態として赤線化していった。赤線と青線の違いは、赤線は歴史的経過もあって、かつての集娼地域を警視庁が特殊飲食街として営業を認め、性病の予防をしていたのに対して、青線では、売春行為は公的に認めておらず、非合法のため性病の対策も取られていなかった。したがって、青線区域内での違法な売春行為に対して、警察はしばしば手入れを行なった。新宿の青線区域は三光町と花園町一帯、新宿二丁目の小町通り、歌舞伎町東寄り一帯の三地域にあった。

神近《かみちか》市子ら女性国会議員は、売春等罰則法案を、超党派で何度も国会に提案していたが、実らなかった。その法案の内容は売春をする女性側はもちろん、買春する男性側をも罰する、両罰の考えに立っていた。このため、国会の議決が得られず、法として成立を見るに至っていなかった。昭和三一(一九五六)年五月、政府は売春をする女性側を罰する片罰の立場に立つ売春防止法を国会に提出し、これが議決され、法律として整えられ成立して公布された。昭和三三年四月、売春防止法は完全施行適用となった。

売春坊止法の施行適用とともに、新宿の赤線、青線は姿を消したが、売春は風俗営業に形を変えて、新宿二丁目の方から歌舞伎町へ進出し、東側から徐々に、歌舞伎町を変質させていくこととなった。

江戸時代の宿場町として誕生して以来三百有余年、新宿は様々な変遷を重ねて発展、繁栄を続けてきた。その陰に、常に性による「風紀の紊乱」に対する行政当局の苦悩と、貧しい農村で育った若い娘たちの幾多の苦しみと犠牲があったことを忘れることができない。

第4章

江戸大名屋敷の変遷とまちの移り変わり

1 江戸時代の大名・旗本屋敷

………新宿駅用地などの系譜

今日の新宿というまちを見渡したとき、まず目に写る姿として、新宿駅、西口の超高層ビル群、伊勢丹・旧三越、新宿御苑などがあるが、それらの敷地は江戸時代の大名・旗本屋敷の跡地である。さらに、老舗の中村屋、新宿高野、紀伊國屋書店などの場所も元は旗本屋敷であるし、少し範囲を広げて新宿区全体についてみても、比較的大きな敷地を必要とする学校、病院、公園、コミュニティーセンターなどの施設はほとんど大名・旗本屋敷の跡地であることがわかる。このように、新宿区のまちの骨格形成に役立っている大名・旗本屋敷は、今日までどのように変遷してきたのか。また、その背景にはどんな施策があったのだろうか。

………大名・旗本とは

江戸時代の大名は、原則一万石以上の所領を幕府から与えられた武家をさしていた。大名は幕府の命により、江戸に屋敷を貸与され、妻子を住まわせ、国元と江戸を参勤交代していた。一八四三（天保一四）年、江戸末期の大名数は、二八六家とされている。

一方、旗本は、一万石未満で、将軍の出席する場に参列できる御目見《おめみえ》以上の家格をもつ武家の総称であった。また、御目見未満の武家は、御家人《ごけにん》と呼ばれていた。一七二二（享保七）年の調査では、旗本が七二〇〇人、御家人一万七三〇〇人であった。

……大名屋敷の機能と江戸内の配置

大名屋敷は、江戸末期、江戸郭内外に約七百ヶ所あったとされている。一般的に、上屋敷は大名が居住し政務を行なう屋敷、中屋敷は隠居した大名や跡継ぎが住む屋敷、下屋敷は別邸、菜園、物資貯蔵所、江戸郭内火災時の避難場所である。

江戸郭内外の大名屋敷は、一八五九（安政六）年の『江戸大絵図』によれば、江戸城を中心に配置され、内濠と外濠の間は、幕府の役職に就任している親藩・譜代の上屋敷が配されている。また、外濠の外側は、外様を含む諸大名屋敷が配されている。ただし、五街道と郭内との接点、例えば甲州街道にあった四谷大木戸のような要所には、親藩、譜代が配されている。

『江戸三百藩まるごとデータブック』（人文社　二〇〇七）から、一八四三（天保一四）年時点の上・中・下屋敷の数を、現在の都区内別に表にすると表4－1のようになる。なお、新宿区内について、新宿文化絵図付録地図の『安政三年図』（安政三年期の江戸地図を復元）によれば、上屋敷六、中屋敷六、下・抱《かかえ》屋敷四十余で計五十二ヶ所余となっていて、前掲表の数値より多くなっている。ここでは、その多い数値をもとに説明することとする。

……大名屋敷の概要

現在の新宿区の区域内の大名屋敷は、安政三年時に、

区名	上屋敷	中屋敷	下屋敷	計
千代田	125	10	0	135
中央	25	32	10	67
港	82	46	74	202
新宿	6	8	22	36
文京	15	11	19	45
台東	22	5	15	42
墨田	4	6	28	38
江東	2	8	28	38
品川	1	1	8	10
渋谷	1	1	24	26
豊島	0	1	8	9
荒川	0	0	4	4
板橋	0	0	1	1
計	283	129	241	653

4-1　諸大名屋敷の機能別分布

四十三大名、五十二ヶ所余り（余りは尾張藩の多数の小敷地で表から除く）であった。また、その屋敷の機能と土地利用変遷については、表4-4に示した。

幕府が大名屋敷を与えた江戸初期、新宿区区域の大部分は江戸郭外であったため、区内の大名屋敷は、主に下屋敷として利用されていた。また、四十三大名の内訳は、御三家（尾張・紀伊・水戸）のうちの尾張家、御三卿（田安・一橋・清水）のほか、東北から九州に跨《また が》る諸大名である。

区内で最大規模の屋敷を構えていた尾張徳川家は、上・下屋敷として利用していた。上屋敷には、政務と住居の御殿、家臣団住居、庭園、馬場などが設けられていた。なお中屋敷は千代田区紀尾井町（現在の上智大学の敷地）に位置していた。

また、幕府にとって江戸西部方面の防衛の要所であり、甲州街道の郭内への出入り口であった四谷大木戸周辺には、御三卿の田安家や譜代の信濃高遠藩内藤家の屋敷が配されていたほか、強力な戦力である鉄砲百人組の屋敷もあった。

……大名屋敷の規模

区内四十三大名、五十二ヶ所の全敷地面積は約二六二haであり、この面積は現在の新宿区域面積の一四%に相当する。また、旗本屋敷などの用地を加えると、旧牛込・四谷区の区域では、過半は武家用地であった。四十三大名のうち特に広い敷地を拝領していた尾張徳川家と内藤家を除く、四十一大名の全敷地面積は、約一六三haで、平均すると四・〇ha（一万二〇〇〇坪）である。また、一大名の平均石高は三万四〇〇〇石である。一七三六（元文元）年の幕府の定めた上屋敷の敷地基準は、五〜六万石で五千坪と言われている。新宿区内の大名屋敷は主に下屋敷であり、単純比較は適切ではないが、

No.	時代 / 所在地	江戸			明治	昭和	平成
		安政3年 (1856)	石高 (千石)	面積 (千㎡)	明治40年 (1907)	昭和4年 (1929)	平成18年 (2006)
1	新宿3丁目	火消役 渡辺図書助	5.0	65	新宿停車場 郵便局 武井男爵	新宿駅	新宿駅 三越 武蔵野館 新宿高野
2	市谷砂土原町 1丁目	火消役 渡辺図書助 上屋敷	5.0	8	資産家・ 近藤康平邸	近藤邸	宅地
3	新宿3丁目	御側衆 大久保駿河守	5.0	28	市電車庫 他	車庫 他	伊勢丹 第二武蔵野ビル 栄寿司 明治通り他
4	新宿3丁目	後書院番 三宅勝太郎	1.0	5	宅地	宅地	紀伊國屋他
5	新宿3丁目	飯河権五郎	1.0	1	宅地	宅地	中村屋他
6	新宿2丁目	大目付 伊沢美作守	3.2	12	宅地 針葉樹林	宅地 (新宿2丁目 遊廓の一部)	宅地
7	歌舞伎町 1丁目	御手先組 石川将監	0.5	30	大村伯爵邸 (後に峯島家へ)	第五高女 他	新宿コマ劇場他
8	歌舞伎町 1丁目	寄合 久世三四郎広義	5.0	40	大久保避病院 高橋鉄工場 他	大久保病院 他	大久保病院 ハイジア 旧職安 他
9	歌舞伎町 1丁目	寄合 本多対馬守	9.0	27	宅地　畑	宅地 (浅田銀行 他)	ゴールデン街、 東京電力変電所 他
10	富久町	大御番組頭 中沢左京	0.5	5	安保男爵邸	安保邸	小石川工業高校 安保坂
11	新宿6丁目	御書院番 長谷川為次郎	0.5	3	空地、畑	病院	東京医科大学
12	南元町	寄合 永井金三郎	7.0	15	千田男爵邸 鉄道 二葉幼稚園	邸宅地　鉄道	宅地　鉄道
13	新小川町	寄合 久永源兵衛	3.0	12	川田男爵邸	川田邸	江戸川アパート (同潤会・再建)
14	下落合2丁目	寄合 酒井求次郎	5.5	64	近衛邸	相馬子爵邸	おとめ山公園 (安田・三井不動産・ 国・区へ)
15	市谷左内町	御使番 安藤杢之助	4.5	31	東京学院他	宅地	大日本印刷 都営アパート

4-2　新宿区内の主要な旗本屋敷の概要

新宿文化絵図付録地図、昭和4年測量図をもとに作成。
新宿区内に多数ある旗本屋敷のうち、
現在の土地利用からみて関心度の高いものを掲げた。

区内の大名屋敷は広い規模だったといえる。

………主要な旗本屋敷の概要

新宿区内多数の旗本屋敷の内、現在の土地利用からみて関心度の高いものを表4－2に示した。新宿駅、伊勢丹、老舗、ゴールデン街、歌舞伎町などは、旗本屋敷跡地であったことが窺える。

2 明治時代の大名屋敷跡地の変遷

………明治政府の成立と大名の地位

慶応三年一〇月（一八六七年一一月）、幕府から天皇に大政が奉還され、江戸幕府は消滅し、各大名は江戸から国元へ帰らざるをえなくなった。同年一二月に王政復古の大号令が発布され、天皇の統治する明治政府が発足した。政府は次々と改革を行なった。慶応四年七月（一八六八年九月）には江戸を東京と改名し、さらに慶応四年九月（一八六八年一〇月）、元号を慶応から明治とした。明治二年六月、政府は天皇を頂点とする中央集権国家を強化するため、版籍奉還を行なった。旧大名家が支配していた各藩の領地と領民を天皇に返還させたのである。旧大名家は藩主という地位を失ったが、政府は旧大名家を国元の藩知事に任命して、行政上の地位を与えた。なお、徳川家が支配していた天領は、徳川家でなく政府任命の行政官である知事が治めることになった。また、版籍奉還の布達と同日付けで、各大名家は公家と同じ華族の身分を与えられた。なお、華族の爵位等級は明治一七年になって施行された。

明治四年七月、政府は地方統治を中央政府の管轄下の府県に一元化するため、廃藩置県を行なった。旧大名家の藩知事は二年間でなくなり、知事はすべて政府任命の行政官になった。

………大名屋敷などに関する明治政府の方針

慶応四年八月、政府は江戸郭内外の大名・旗本屋敷を原則すべて接収することを布告した。なお、新政府に帰順した旧幕臣の屋敷は除外した。ただし、各大名に対して、郭内に邸宅を一ヶ所、郭外に藩邸一（十万石未満）ないし二（十万石以上）ヶ所の使用許可を与え、さらに、明治三年六月には石高に関係なく、郭内外に、それぞれ一ヶ所とした。なお、徳川家には、江戸に邸宅を持たせず、静岡などへ帰藩させた。また、明治三年一一月には、「五箇条の御誓文」にある官武一途の趣旨から、元大名華族に国元から東京への居住を命じた。徳川宗家についても、一六代家達《いえさと》当主に明治四年七月、静岡から東京へ移住させ、千駄ヶ谷などの元大名屋敷跡地数万坪の土地を与えた。

明治二年一一月、政府は接収し、使用した以外の東京の武家地管理を、国から東京府に移管した。以降、東京府は、新たに国が使用した土地以外は、資金のある実業家や大地主に貸与するほか、入札のうえ、土地を払い下げた。この方針に沿って、例えば、新宿駅周辺の旗本屋敷のうち、新政府の役人となり接収を免れたものを除く大部分は、民間人によって取得されていったのではなかろうか。

明治四年一二月、武家地、寺社地、町屋地、百姓地の差別呼称を廃止し、土地に町名を付した。また、それまで武家地は無税だったが、以降有税とした。明治五年二月、政府は財政難から、土地に徴税する土地改革を行なった。

……大名屋敷の跡地利用

江戸郭内外の大名屋敷は、幕府消滅以降、少人数の留守居役のみが残って管理していたが、荒廃は著しかった。一方、旗本は、抱え主の徳川宗家が江戸から静岡藩へ移転したため、新たな生活の場を得るため、転居せざるをえなかった。江戸の旗本屋敷は主に政府の管理地になった。

新政府は無人に近い武家屋敷を接収して、新政府機関の用地、京都から東京に迎える公家の館などに利用することにした。公家華族は、分家を除く本家で一四三家あり、相当数の武家屋敷跡地が必要であった。

政府は接収した土地を、①皇室関係（皇居・皇族）、②政府の官庁・軍、③華族（公家・元勲・将軍家・大名）、④公園・学校などの公共的用地、⑤官吏・資産家などの用地として利用した。

ここで明治四〇年前後の、新宿区内四十三大名の屋敷の跡地利用について概括すると表4－3の通りである。なお内藤家については、屋敷の過半が新宿御苑であったので、表中では公園に区分し、華族の項には含んでいない。さらに詳しくは表4－4に示した。

転用の具体名として、軍関係は陸軍士官学校・陸軍練兵場など、華族関係は一条公爵・前田侯爵・小笠原伯爵・内藤子爵・二家の松平子爵など、資産家は吉村邸・浜野邸などである。公園などは新宿御苑・新宿駅・淀橋浄水場・専売局淀橋工場など、学校は、早稲田大学・早稲田小学校・愛日小学校などである。また、敷地内に区画街路を設けて、一般宅地分譲した大名屋敷もある。そして、面積的

	屋敷数（ヶ所）	面積（ha）	面積比（%）
軍事施設	10	93	35.5
華族・資産家	20	66	25.2
公園等・公共的施設	7	68	26.0
学校	7	21	8.0
一般宅地	8	14	5.3
計	52	262	100.0

4-3　新宿区内の明治時代における大名屋敷の転用状況

には華族と一般宅地に区分した分を除く公的利用が七〇%になっている。また、華族用地の利用者は、元の藩主が華族になり、そのまま継続利用していたのは酒井家、小笠原家、内藤家、松平家（二家）である。多数は、公家・元勲・元大名のほかの華族が新たに利用した。

3 戦後から現在までの大名屋敷跡地の利用状況

……戦後の政府方針

戦後の政府方針で、大名屋敷跡地利用に関連するものが二つある。一つは昭和二〇（一九四五）年八月一四日、ポツダム宣言受諾により、政府が軍を解体したことである。新宿区内の十ヶ所、約九三ha（全体の約三六%）の軍用地を転用することになった。また二つ目は、昭和二二（一九四七）年五月三日施行の新憲法第一四条で、華族制度が廃止されたことである。新宿区内の華族用地は、内藤家を除き漸次、様々な用途に転用されていった。

……その後の大名屋敷の跡地

明治四〇年時に公共施設、学校に利用されていた用地は、大部分が、そのまま現在まで利用されている。軍の施設十ヶ所のうち、特に市谷の陸軍士官学校用地二六haは、士官学校の座間移転後、大本営陸軍部、陸軍省が置かれ、戦後、米軍に接収され、極東国際軍事裁判（東京裁判）の法廷や米極東軍司令部として使用された。昭和三五年から自衛隊が使用し、平成一二年から防衛庁（現在防衛省）として利用されている。その他は、戦後の住宅難解消のための公営住宅団地、国立病院、学校などの民生充実のための用途に転用された。さらに、戦災復興土地区画整理事業の中で、明治通り、外苑通りなど都内の主要幹線道路用地と一般宅地にも転用された。一方、華族用地二十ケ所は、学校、小公園などに転用されたほか、幹線道路整備と併せて、一般宅地分譲地に転用された。

江戸の大名・旗本屋敷は、明治維新時の政府による接収と、昭和敗戦後の軍解体並びに新憲法施行にともなう華族制度の廃止という二つのターニングポイントを経て、その土地利用が大きく変わった。

この二つの変化点を経て、新宿区内の大名・旗本屋敷は現在、新宿御苑・新宿駅・都庁・区役所・防衛省などの公共用施設に、また、早稲田大学・工学院大学・東京理科大学の大学、小中高の学校に、さらに東京女子医科大学・東京医科大学・慶応大学病院・国立国際医療センターなどの病院に、さらに伊勢丹・旧三越・丸井・小田急・京王・新宿高島屋などの百貨店に、また、武蔵野館・新宿ピカデリー・旧新宿コマ劇場・新宿文化センターなどの劇場として、区内というよりも東京の主要な施設として生き続けている。また。広い屋敷跡地は、戦後の戦災復興事業に関連して、明治通り、靖国通り、外苑東および西通りなど都内の主要幹線道路・小公園整備に寄与した。そして、その事業整備にともない、道路など以外の用地は、公的施設や民間宅地として利用された。

……特色のある大名屋敷

(1) 江戸時代から現在まで同じ大名家が利用している敷地など

新宿区内四十三大名のうち、江戸時代から現在まで同じ元大名家が利用している敷地は、内藤町の元信濃高遠藩主内藤家のみである。また、河田町の元豊前小倉藩主小笠原家の敷地には、昭和二年に竣工した洋館が、小笠原家は居住していないが、現存している。敷地は戦後米軍に接収され、小笠原家は転居し、その後昭和二七年東京都所有となり、現在、都から民間レストランに貸与されている。

また、江戸時代の大名・旗本屋敷の一部が現存しているものとして、内藤家の造園した新宿御苑の「玉藻池」や、現在の荒木町にある宮津藩松平家の「策の池」がある。そして、江戸時代の屋敷そのままの姿ではないが、その面影が偲ばれるものとして、尾張徳川家の戸山公園内の「箱根山」、御三卿清水家と水戸徳川家の屋敷を明治三〇年頃元相馬男爵家が整備した「甘泉園」、元旗本酒井家の屋敷を明治時代に元相馬子爵家が整備した「おとめ山公園」がある。

▼第2章参照

（2）明治四〇年から現在まで、同じ用途に利用されている用地

新宿区内に明治四〇年から現在まで同じ用途に利用されている大名屋敷跡地は、八ヶ所ある。新宿御苑、防衛省（元陸軍士官学校）、愛日・四谷・早稲田小学校、早稲田大学、新宿駅、内藤家である。

（3）大名・華族の名前が現在地名として残っているもの

内藤町（信濃高遠藩主内藤家）、市谷加賀町（前田加賀藩主夫人屋敷のあった所と言われている。『安政三年図』では寄合・中根家などの旗本屋敷になっている）、津の守坂（美濃高須藩松平摂津守家）、安保《あぼ》坂（男爵安保家）。相馬坂（子爵相馬家）などがある。また、大名・華族ではないが、江戸時代の与力・同心の大縄地に由来するものとして、百人町（鉄砲百人組）、二十騎町（御先手組与力二十騎）がある。

土地利用用途		
明　治 明治 40（1907）	昭　和 昭和 4（1929）	現　在 平成 18（2006）
M8 ～陸軍士官学校 中央幼年学校	陸軍士官学校 陸軍士官学校予科	防衛省 警視庁第五機動隊
陸軍戸山学校 陸軍軍楽学校 近衛騎兵連隊	陸軍戸山学校 幼年学校 軍医学校	戸山公園、戸山団地、 国立医療センター、早大、 学習院女大、戸山高
前田邸（侯爵利嗣）、華園小学校	樹林、小学校	区関連施設、道路（明治通り）、 花園万頭他
陸軍振武学校、陸軍経理学校	女子医学校、陸軍経理学校	東京女子医大
一条邸（公爵実輝）	戸田邸	若松地域センター
M22 ～四谷小学校	小学校	H19 ～四谷小学校
内藤邸（子爵）	（内藤邸）	内藤邸
M5 ～農事試験場 M12 ～植物御苑 M39 ～新宿御苑	新宿御苑	S24 ～新宿御苑開放 （面積 58ha）
学習院	叢樹	四谷中学校
徳川義恕邸	徳川邸	東京女子医大
前田邸（侯爵）	前田邸	S33 ～日本テレビ H11 ～都市再生機構
松平邸（伯爵平直）（修徳園）	松平邸	もとまち公園、宗教団体会館
陸軍軽重兵営 道路（市電）、官吏・横幕邸	慶応病院 道路（市電）、宅地	慶応大学病院、四谷郵便局 宗教団体施設
松平邸（子爵義生）、四谷幼稚園、 瓢座、津ノ守坂	松平邸、宅地	宅地、道路（津の守坂・外苑東通）、 策の池（弁財天）、荒木公園
専売局工場、精華女学校、女子学院、女子大学、松平邸樹林	専売局工場、精華女学校、 日本中学、工学院	西口広場、エルタワー、 モード学園、工学院大、郵便局
東京監獄	市谷刑務所	宅地、道路（台町坂）
資産家・吉村甚兵衛邸、宅地	邸宅地、宅地	宅地、保健会館
宅地	宅地	宅地、道路
M23 ～成城学校（宮内省下賜）、 陸軍振武学校	成城中学、在郷軍人本部、 陸軍経理学校	成城中高学校、東京女子医大、 都営アパート
M13 ～愛日小学校	愛日小学校	S31 に RC4F に建て替え
土井邸（子爵）	土井邸	宅地・旧日本興業銀行寮
宅地	宅地	旺文社、宅地
酒井邸（子爵忠通）	酒井邸、墳墓、宅地	牛込第一中学校、矢来公園、宅地
小笠原邸（子爵寿長）	邸宅地	白銀公園、宅地
陸軍練兵場 近衛第四連隊	明治神宮外苑（一部）、 近衛歩兵第四連隊	神宮外苑 （日本青年会館・第二球場の一部）
陸軍練兵場	明治神宮外苑（一部）	神宮外苑（神宮球場・第二球場の一部）
陸軍軽重兵営	慶応病院	慶応大学病院

（参考資料：新宿文化絵図特別付録・昭和 4 年発行地形図）

No.	大名　藩 屋敷総面積	石高 （石）	所在地	面積（㎡）	江　戸 安政 3（1856）
1－1	尾張中納言慶勝 尾張名古屋藩 （中屋敷は千代田区） 計 770,123㎡	619,500	市谷本村町	257,875	上屋敷
1－2			戸山 1・2・3 丁目	449,723	下屋敷
1－3			新宿 5 丁目	24,859	下屋敷
1－4			若松町	25,410	拝領屋敷
1－5			若松町	12,256	拝領屋敷
1－6			飛地多数		尾張殿用地
2	内藤駿河守頼寧　信濃高遠藩 上屋敷は神田小川 下屋敷は恵比寿	3.3 万	内藤町	220,490 余	中屋敷
3－1	松平佐渡守直諒　出雲廣瀬藩 計 55,807㎡余	3 万	四谷 1 丁目	18,629	上屋敷
3－2			河田町	18,589 余	中屋敷
3－3			新宿 6 丁目	18,589	下屋敷
4	永井肥前守尚典　美濃加納藩	3.2 万	南元町	7,590	下屋敷
5	永井若狭守直幹　大和新庄藩	1 万	信濃町	47,876	下屋敷
6－1	松平摂津守義比　美濃高須藩 （尾張家支藩） 計 150,298㎡	3 万	荒木町	70,877	上屋敷
6－2			西新宿 1 丁目	79,421	下屋敷
7	板倉周防守勝静　備中松山藩	5 万	市谷台町	257,875	下屋敷
8－1	水野土佐守忠央　紀伊新宮藩 計 65,178㎡	3.5 万	市谷砂土原町 1 丁目	16,371	上屋敷
8－2			喜久井町	3,366	中屋敷
8－3			原町 3 丁目	45,441	下屋敷
9	小出信濃守英教　丹波園部藩	26,711	北町	16,371	中屋敷
10	遠藤但馬守胤続　近江三上藩 若年寄	1 万	袋町	10,000	下屋敷
11	柳沢民部少輔守光昭　越後黒川藩	1 万	矢来町	17,942	上屋敷
12	酒井修理大夫忠義　若狭小浜藩	102,538	矢来町	推計 143,000	下屋敷
13	中山備後守信寄　常陸松岡藩	2.5 万	白銀町	12,174	上屋敷
14	水野大監察物忠精　出羽山形藩 御奏者番	5 万	霞ヶ丘町	66,000	下屋敷
15	伊東修理大夫祐相　日向飫肥藩	51,080	霞ヶ丘町	18,810	下屋敷
16	本庄安芸守道実　美濃高富藩	1 万	信濃町	7,986	下屋敷

4-4　新宿区内の大名屋敷の変遷　その 1

土地利用用途		
明　治 明治 40（1907）	昭　和 昭和 4（1929）	現　在 平成 18（2006）
陸軍軽重兵営、陸軍練兵場	慶応病院、鉄道、 神宮外苑（一部）	慶応大学病院、鉄道、 神宮外苑（一部）
陸軍練兵場、樹木畑	慶応大学医学部	慶応大学医学部、東電病院
官吏・牛島邸、片岡邸（男爵）	邸宅	宅地、社宅
宅地	宅地	宅地
淀橋浄水場	淀橋浄水場	都庁他
授業場	授業場	新宿中央公園
宅地、郵便局	宅地、郵便局	京王新宿駅、道路
甲武線電車乗降場、宅地	新宿駅、東口駅舎	新宿駅東口、東口広場
高松邸、広葉樹林	宅地（新宿二丁目遊郭）	道路（明治通）、 宅地（新宿二丁目遊郭跡）
濱野邸	分譲地、邸宅	宅地、NTT
本庄邸（子爵宗義）	邸宅	東京女子医大
小笠原邸（伯爵忠忱）	小笠原邸	小笠原邸（S2 竣工・S27 ～都所有） 一部民間社宅
陸軍砲工学校	砲工学校	余丁町小、警視庁第八機動隊
坊城邸（伯爵俊章）	宅地	宅地、日本銀行寮
M33 ～早稲田小 池立神社	小学校	早稲田小（S3 改築）、池立神社、 牛込第二中、早大キャンパス
犬養邸	邸宅地	早大研究開発センター （元早実高等部中等部）
大隈邸（一部） （伯爵重信）、宅地	大隈会館（一部） 小学校	早大、宅地
大隈邸	大隈会館	早大
早大（M15 ～東京専門学校）	早大	早大
東京監獄	市谷刑務所	都立芸術高校（前小石川工業高校）
早大運動場、相馬邸 （男爵永胤）（一部）	早大野球場、相馬邸	早大総合学術センター、甘泉園公園
邸宅地	邸宅地	宅地
水田、空地（一部） （松平邸）	邸宅地 （松平邸・戦後まで居住）	道路（明治通） 戸塚警察署
徳川邸	邸宅地	戸塚公園、宅地
宅地	畑、宅地	道路、宅地
理性寺、墳墓、宅地	宅地	道路（外苑西通）、宅地、 区立四谷庁舎四谷保健センター
男爵相馬邸 （永胤と当主徳川篤守が コロンビア大同期？）	相馬邸	甘泉園公園、水稲荷神社、 公務員宿舎、宅地

No.	大名　藩 屋敷総面積	石高 (石)	所在地	面積（㎡）	江　戸 安政 3（1856）
17	永井遠江守直輝　摂津高槻藩	3.6 万	信濃町・霞ヶ丘町	31,000	下屋敷
18	森川出羽守俊位　下総生実藩	1 万	信濃町	推計 30,000	下屋敷
19	安部摂津守信実　武蔵岡部藩	2.2 万	大京町	9,700	下屋敷
20	柳生対馬守俊胤　大和柳生藩	1 万	四谷 4 丁目	3,630	中屋敷
21	秋元但馬守志朝　上野館林藩	6 万	西新宿 2 丁目	89,186	抱屋敷
22	京極飛騨守高厚　但馬豊岡藩	1.5 万	西新宿 2 丁目	23,252	その他
23	間部下総守詮勝　越前鯖江藩	4 万	西新宿 1 丁目	13,860	下屋敷
24	成瀬隼人正住尾張　犬山藩	3.5 万	西新宿 1 丁目	17,886	下屋敷
25	有馬備後守氏郁　下野吹上藩	1 万	新宿 2 丁目	35,544	下屋敷
26	松平志摩守直温　出雲母里藩	1 万	新宿 5 丁目	7,834	下屋敷
27	松平伯耆守宗秀　丹波宮津藩 御奏者番	7 万	河田町	39,471	下屋敷
28	小笠原左京大夫忠徴　豊前小倉藩	15 万	河田町	32,040	下屋敷
29	朽木近江守綱張　丹波福知山藩	3.2 万	若松町	19,800	下屋敷
30	亀井隠岐守滋監　岩見津和野藩	4.3 万	戸山 1 丁目	27,542	抱屋敷
31	松平三河守慶倫　美作津山藩	10 万	喜久井町、 早稲田南町	33,000	下屋敷
32	徳川刑部卿慶喜　一橋	10 万	早稲田町	10,303	抱屋敷
33	井伊掃部頭直弼　近江彦根藩	35 万	早稲田鶴巻町	62,588	抱屋敷
34	松平隠岐守勝善　伊予松山藩	1 万	戸塚 1 丁目	23,714	抱屋敷
35	松平和泉守乗全　三河西尾藩	6 万	西早稲田 1 丁目	推計 24,000	抱屋敷
36	本多豊前守正寛　駿河田中藩	4 万	富久町	31,677	下屋敷
37	水戸中納言慶篤　常陸水戸藩	35 万	西早稲田 1 丁目	57,595	下屋敷
38	稲垣摂津守　志摩鳥羽藩	3 万	本塩町	4,112	中屋敷
39	松平遠江守忠栄　摂津尼崎藩	4 万	高田馬場 2 丁目	55,308	下屋敷
40	吉川監物経幹　周防岩国藩	6 万	高田馬場 3 丁目	10,480	抱屋敷
41	戸田采女氏正　美濃大垣藩	10 万	喜久井町	3,412	中屋敷
42	田安中納言慶頼　田安家	10 万	四谷 4 丁目	36,234	下屋敷
43	清水御屋敷（当主不在）清水家	10 万	西早稲田 3 丁目	23,100	下屋敷
合計　約 2,620,000㎡余					

4-4　新宿区内の大名屋敷の変遷　その 2

神田川
飯田橋
牛込見附
市ケ谷
市谷見附
四ツ谷
四谷見附
信濃町
1-1
1-4
1-5
2
3-1
3-2
4
5
6-1
7
8-1
8-2
8-3
9
10
11
12
13
14
15
16
17
18
19
20
27
28
29
30
31
32
33
34
35
36
37
38
41
42
43

No. 大名屋敷

No. 主な旗本屋敷

現在の新宿区界

現在の鉄道

朱引

墨引

4-5 新宿区内の大名屋敷の配置図

4 四百年住み続けている内藤家と新宿御苑

……江戸時代の内藤家拝領地の経緯

内藤家は、日本一の繁華街である新宿に四百年前から住んでいる貴重な存在である。

内藤家が広い屋敷を徳川家康から拝領したのは、一五九〇（天正一八）年であった。その時期は、家康が関ヶ原の合戦（一六〇〇年）に勝利し、幕府を開設した時期（一六〇三年）より前である。『新宿の今昔』（芳賀善次郎　紀伊國屋書店　一九七〇）によれば、家康は譜代の家臣内藤清成（二代高遠藩主）に、江戸の西玄関口である国府道（甲州街道）と鎌倉道の交差する方面の土地を与えた。また、譜代の家臣青山幸成（美濃郡上藩青山家初代）に厚木大山道筋の土地を与え、それぞれに、武田、北条の残党に対する警備に当たらせた。

特に当時の甲州街道方面は、灌木で覆われ見通しが悪かった。清成は、潅木を焼き払い、四谷大木戸に、櫓《やぐら》を建てて江戸の西方面を見張った。内藤清成も青山幸成も、二代将軍徳川秀忠の近侍として仕え、家康に重用され、信用されて、その重要な任務を任された。

内藤家が広大な屋敷を家康から拝領した経緯については伝説がある。その伝説によれば、家康は、清成に「お前の馬が一息で回るだけの土地を与えよう」と言った。清成はすぐさま白馬に鞭打って、西は代々木、南は千駄ケ谷、北は大久保、東は四谷にまで及ぶ範囲を回った。馬は広大な土地を一周し、滝のような汗を流して倒れて死んだ。倒れた白馬は、駿馬塚《しゅんめづか》（文化一三年　一八一八　建立）として祀られている。その場所は、新宿御苑の東側の内藤家の鎮守である多武峰《とうのみね》内藤神社の境内にある。

この話が真実であるかどうか、一八代内藤頼誼当主に「新宿学」の講座で伺ったところ、「伝説ですね。土地の拝領の経緯については、『寛政重修諸家譜』(幕府編纂)にも載っていない、多分、後世になって戦国時代の主君と部下の関係を懐かしむ話として伝えられたのではないか」。また、「内藤家が拝領石高に比して、広大な土地を拝領していたことについて、その後、大名の石高に対応した屋敷の規模をきめた制度が出来、その基準の五十倍以上であったが、家康から直接拝領しているということで、制度以前のこととして扱われたからである」とのことであった。

内藤家は、この屋敷を中屋敷として利用していた。上屋敷は現在の神田小川町にあった。また、下屋敷は、現在の恵比寿ガーデンプレイスの所にあった。なお、この広大な中屋敷内には、農場などもあり、下屋敷のような利用もされていたと推察される。

……明治維新以降の内藤家の屋敷と新宿御苑

内藤家の広大な屋敷の規模は、家康から拝領した当初は約二十万坪(約六六ha)と言われている。その後、内藤新宿の宿場用地、百人組与力大縄地などとして幕府に返上し、江戸末期の『安政三年図』を参考にすると、明治維新時は半分以下となっていたと推定される。

内藤家の屋敷の大部分は、明治五年、国へ上地された。その際、屋敷の東側一部に内藤家の邸宅や神社を残すことができた。政府は上地された土地とその周辺の大名・旗本屋敷跡地などを加えて、約五八・三haを、農業振興の役割を目的とした内藤農事試験場とした。

内藤家が江戸時代からの屋敷の一部を残せたのは、その場所に住み続けたいとした内藤家の意向があったのではなかろうか。また同時に、明治政府の跡地利用方針が、当時、跡地を全面利用する軍関連用地でなかったことにもよる。

内藤農事試験場は、役割の一部を駒場（のちの東京大学農学部）に移し、明治一二年、宮内庁所管の新宿植物御苑となった。しかし、その後も御苑内では、果実・野菜の栽培研究や温室でのランなどの栽培を行ない、欧米の園芸輸入や民間への技術普及に力を入れた。そして、ヒマラヤ杉・プラタナス・ユリの木などの外来樹木のわが国の発祥の地ともなった。また、明治三二年、御苑技師（後の御苑長）の福羽逸人《ふくばはやと》によって開発された福羽苺は、天皇への献上品となり、その後の多くの苺品種の基となっている。

また、新宿高野の四代目高野吉太郎社長の話では、新宿高野が開発したマスクメロンは、新宿御苑の農業技術の支援に依ったとのことである。▼第7章参照
明治三五年から三九年にかけて、プラタナス並木のあるフランス式西洋庭園、日本庭園などが築造され、現在の姿になった。

明治三八年、日露戦争勝利を記念して、凱旋将軍の歓迎会が開園式を兼ねて、明治天皇御臨席のもとに行なわれた。この時から新宿植物御苑は、新宿御苑となった。

明治天皇は内藤家の築造した玉藻池のある日本庭園をこよなく愛でられたという話が、今日まで語りつたえられている。内藤頼誼当主によると、三万三〇〇〇石クラスの大名が、各大名を接待するための庭園を築造するようになったのは、世の中が安定した元禄（一六八八〜）以降であり、当時は玉川園と呼んだ日本庭園であった。新宿御苑案内によれば、玉川園は、元禄以降の一七七二（安永元）年、玉川上水の余水を利用して築庭されたと記されている。また、参考までに大名庭園で有名な小石川後楽園は、水戸徳川家初代頼房が、寛永年間（一六二四〜四四）に築造し、二代光圀が改修し、後楽園と

命名したと伝えられている。このことは、頼誼当主の大名庭園の築庭時期についての話を裏付けている。

大正時代にはパレスガーデンとして、観桜会・観菊会も行なわれ、内外の外交官・高官招待のための庭園として利用された。それらのことは、新宿御苑の規模が大きく、かつ、皇居と赤坂御苑・明治神宮を経て地続きともいえるほど近く、加えて各大使館や官庁に近い立地にあったからではなかろうか。

昭和になって、二年には大正天皇の大喪が行なわれた。戦後、昭和二四年、国民公園として一般に公開された。国民公園としては、皇居外苑、京都御所外苑に次ぐ三番目の公園である。

平成元年には、昭和天皇の大喪が行なわれた。新宿御苑は現在も総理大臣主催の桜を観る会、環境大臣主催の菊を観る会が開催され、各界の著名人を招待して行なわれている。

一方、大災害時の避難場所にもなっている。今、災害時の帰宅困難者が問題になっているが、新宿駅に近いこともあり、有効に利用できる空間でもある。

ところで、新宿御苑へ広大な用地を上地した内藤家は、明治・大正・昭和・平成と引き続き同じ場所に住んでいる。住いのほか、鎮守の多武峰内藤神社や菩提寺である太宗寺が地続きにある。

内藤家の近くに住んでいた武英雄は著書『内藤新宿昭和史』（紀伊國屋書店発売　一九九八）のなかで、戦前の内藤家の様子を次のように書いている。

「戦前の内藤邸は六号地（内藤町）の半分を有していた。その土地は貸していたが、戦後の改革で、町民に譲渡した。今でも町内に内藤家の私道が残っている。戦前、（表玄関を入り）、玉砂利の敷かれた道を一五メートル程入ると書院造りの大玄関があり、その玄関の正面に内藤清成の鎧兜具足一式が飾ってあった。昭和一九（一九四四）年七月二二日に『学童疎開を送る夕』を催した折、初めて表玄関から屋敷内に入った。大広間に舞台があり、その上で子供達と記念撮影をした。参加者七〇余名で、内藤頼博夫妻も一緒に写っている。隣組の回覧板を内藤家に届けるときは勝手口があり、そこから入ると、執事の江口氏が受け取り、『ご用は殿様ですか、若殿様ですか』と必ず質ねられた。若殿様は当時学習院初等科の生徒で、頼誼氏の事である」。

頼誼当主の話では、「住まいは、戦前、三階建ての鉄筋コンクリート建てだったが、戦災で家財を含めすべて焼けてしまった。現在の家は戦後建て替えた」とのことであった。

内藤家は江戸初期以来今日まで、新宿に住み続け、その名が内藤町として、まちの歴史に深く刻み込まれている。内藤家なくして今日の新宿はありえないのではなかろうか。

内藤家以外の旧大名家は、同じ場所に住み続けていない。しかし、その跡地は新宿というまちの骨格となる施設として、今日生き続けている。

第5章
江戸を支えた神田上水・玉川上水と新宿

1 江戸初期の飲料水

……家康の入府と日比谷入江の埋め立て

豊臣秀吉は小田原城の北条氏を破り、徳川家康に国替えを命じて、北条氏の領地関八州を与えた。家康は旧領地の三河から家臣や町人を江戸に移したが、当時の江戸は、大勢の人が生活するには適当な土地が不足していたので、遠浅である日比谷入江を埋め立てて土地を造成することになった。日比谷入江は、今の皇居前広場、日比谷公園、新橋、浜松町方面に広がっていた。この日比谷入江の埋め立てには神田山の土砂を使ったが、神田山の切り崩しが行なわれたのは、関ヶ原の戦いの三年後、江戸に幕府が開かれた一六〇三年からである。

江戸に幕府が開かれると大名諸侯は競って江戸に邸宅を構えようとしたが、幕府は大規模な宅地の造成となる日比谷入江の干拓予定地の大半を、諸大名に割り当てた。すなわち、幕府が個々の大名に、埋め立て予定地の範囲を指定し、実際の埋め立て宅地造成は、それぞれの大名に施行させ、その土地を使用させたのである。

ところが、日比谷入江を埋め立てて造成した宅地では、井戸を掘っても井戸水に塩分が混じって飲料に適さない。そこで、江戸に集まった武家、町人に飲料水を供給するために、水道を引くことが急務となった。

……溜池と小石川上水

江戸時代の初期、江戸城の南西部では、赤坂の溜池の水を上水として用いていた。溜池は、赤坂御所（現在の迎賓館）の西側の四谷鮫ヶ橋に集まる谷の水が、赤坂御所内の低地を通って永田町と赤坂の間に流れ込むことで出来ていた。このあたりの住人は、井戸を掘っても水質が悪く、飲料として使用できなかったので、溜池の水を利用したのだが、湧水があったわけではなく雨水がたまったものであった。その後、玉川上水が引かれ、江戸城の南西部にも給水されるようになると、溜池の上水としての役割は終わることになった。溜池そのものは明治年間まで池として存在していたが、たびたびの埋め立てによって失われ、宅地に姿を変えた。現在でも、地下鉄南北線に溜池山王駅としてその名が残っている。

一方、江戸城の東側では、小石川の流れを上水として利用していた。小石川の流れは、後の神田上水とは水源が異なっており、谷を形成する自然条件を考えると、神田山西麓を流れていたと推定されている。この小石川の流れは、現在の水道橋駅の東側の白山通りを流れていたもので、文京区の春日町交差点の東側の小規模な谷が水源であったと思われる。

この小石川上水は樋《とい》などを使わず、素掘の溝に水を流し神田方面に導水して、飲用に供したと考えられている。この工事は家康の江戸城入城に先立って行なわれ、流路も短く、流量も少ないもので、工期もわずか三ヶ月ほどの小規模なものであったとされるが、これが江戸における最初の上水道であった。

………江戸時代の六水道

江戸では、地下水位が浅く良質な地下水が得られる地域、すなわち駿河台や番町の高級旗本の邸宅地においては、井戸を掘って飲料水を得ていたが、それ以外の江戸市中の大部分は、人工的に引かれた水道によって飲料水を得ていた。一六〇〇年代後半、江戸市中に給水していた水道は六水道もあった。すなわち、神田上水、玉川上水、亀有上水、青山上水、三田上水、千川上水の六水道である。このうち、青山上水、三田上水、千川上水は玉川上水からの分水である。

ところが、一七二二年一〇月、神田上水、玉川上水以外の四水道が廃止された。廃止された理由については、はっきりしていない。一説では、将軍吉宗の学問・政治顧問であった室鳩巣《むろきゅうそう》が易学の見地から「江戸に大火が多いのは、水道を地中に引き回した結果だ」として廃止を提言したとされている。ちなみに、玉川上水の竣工が一六五四年とされており、明暦の大火は一六五七年である。

しかし、実際の廃止の理由は、占いなどによるものでなく、水道という都市施設の維持、管理の費用が膨大であり、その負担に耐えられない地区では、水道を止め掘り井戸で自給をさせるしかないということであったと思われる。

2 神田上水と新宿

……神田上水の水源

神田上水の水源は、井の頭池の湧水などである。井の頭池は、現在でも都立井の頭公園の中にあり、公園の約半分の面積を占めている。神田上水が開設された時期は定かではないが、水戸徳川家の祖である頼房が神田上水の水を引き入れて、「回遊式築山泉水庭園」の小石川後楽園を完成させたのが一六二九年とされているので、神田上水の完成もその頃と考えられ、玉川上水より早く開設された江戸初期の本格水道である。

井の頭池を水源とする神田上水は、玉川上水のように人為的に開削した水路ではなく、自然河川の水を上水に利用したものである。下流に向かって行く途中で、善福寺池を水源とする善福寺川を合わせ、中野区と新宿区の区境を流れ、新宿区下落合で妙正寺川と合流するのである。

神田上水が青梅街道と交差する淀橋の上流左岸には水車があった。この水車は寛文年間（一六六一〜七三）に作られたもので、近隣農村の米や麦を挽くものであったが、幕府は一八五三年ペリー来航に合わせて、この淀橋水車に鉄砲の火薬製造を命じた。もともと米麦を挽く水車で、火薬を製造すること自体に無理があり、大変危険な作業であった。この頃、他所の水車で火薬製造中爆発する事故が起きており、淀橋の村民は水車の所有者に移転するよう要請していたが聞き入れられず、ついに一八五四年六月、火薬の爆発が起こった。その惨状は五町も離れた場所でも振動が凄まじく、大空は真っ暗になったという。それ以降、名主など

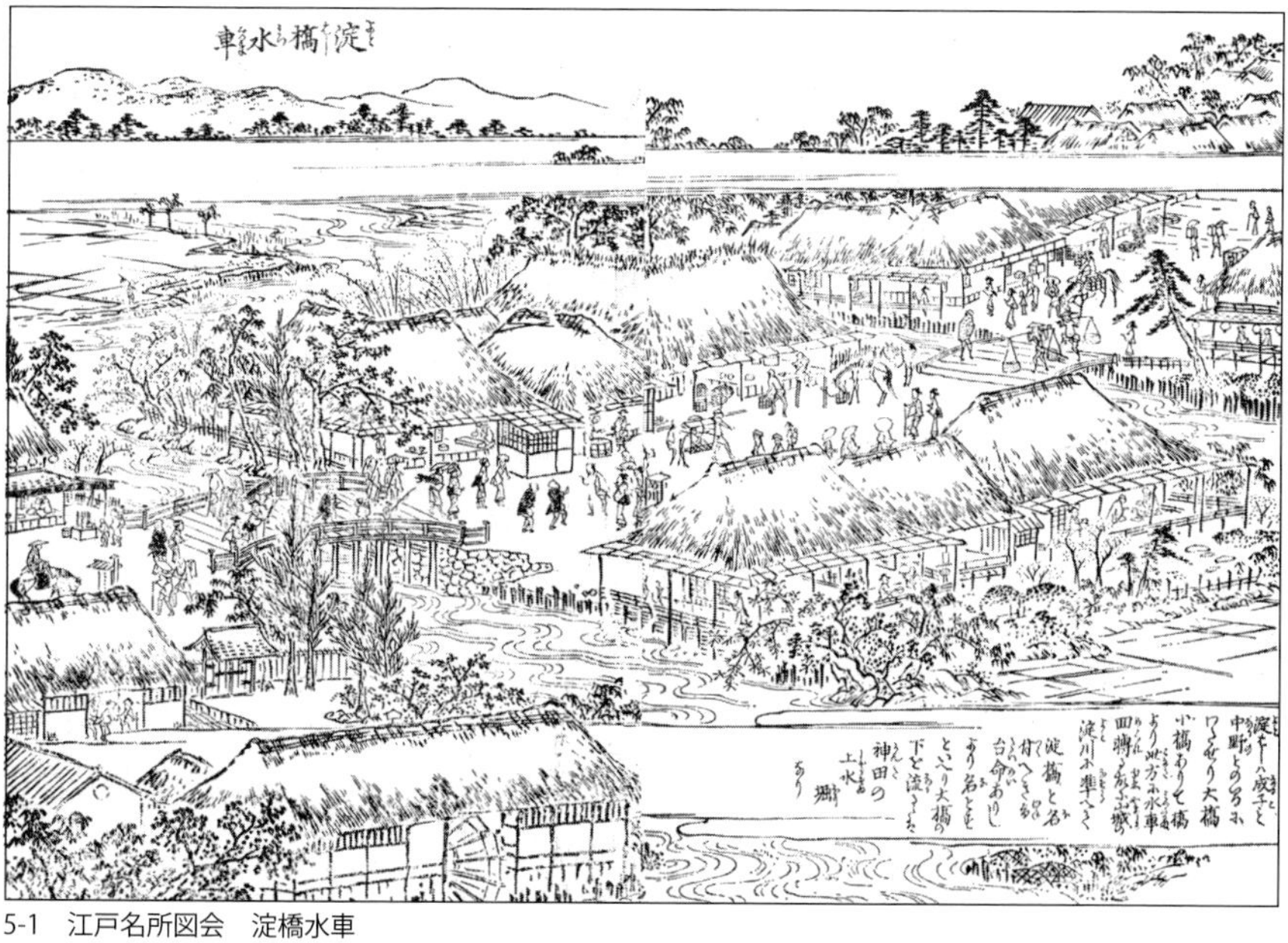

5-1　江戸名所図会　淀橋水車

が町奉行へ訴えて、淀橋水車は火薬製造をやめ、元どおり米麦を挽く水車にもどった。

さらに神田上水は新宿区下落合で妙正寺池を水源とする妙正寺川と合流するが、その地名「落合」は二つの川が落ち合うことに由来している。この辺りはかつて、蛍狩りの名所として知られていた。ここの蛍は大きく強い光を発すると言われ、蛍の名所、京都の宇治や近江の瀬田にも勝り、夜空の星のように乱れ飛んでいたという。『江戸名所図会』にも「落合蛍」として紹介されている。

また、神田川や妙正寺川の川筋には多くの染色工場が立地していた。明治、大正の時代になると、神田紺屋町の染色職人たちは、よりきれいな水を求めて落合に集まってきた。落合の水量が豊富で、美しい流れを湛えていたからである。染色においては、水洗いは欠かせない工程であり、より澄んだ水を必要とするのである。染めの職人とともに、蒸気で布を伸ばす「湯のし屋」といった関連産業の職人たちが移り住み、落合には江戸染色の産業地が形成されていった。最盛期には、三百軒を超える染色業者で栄え、川筋の染工場の職人たちが川のあちこちで水洗いするという風物詩が、一九六〇年代半ばまで続いていた。着物が日常着でなくなり洋装へと移り変わっていく中で、江戸染色も次第に勢いをなくしていった。産地であった落合も例外ではなく、業者は現在では約十社へと減少したが、今なお江戸染色の技法と心を受け継ぎ、伝統を守りつつ新しいチャレンジを続けている。

………関口の大洗堰

神田上水は、現在の神田川と同じ流路を流れ、椿山荘の南側、江戸川公園脇の大滝橋の位置に堰《せき》(ダム)を造って水を堰き止め、ここで取水し江戸市中に配水をしていた。椿山荘のあたりは、現在でも文京区関口と言っているが、神田上水を堰で止めて水位を上昇させ、ここから取水していたために「関口」

という地名が起こったとされる。

関口の大洗堰では、上昇した水を左右に分流し、左側は上水として水戸藩の江戸屋敷（現在の小石川後楽園）方面に流し、右側は余水として川に流した。この大洗堰のあった大滝橋から、飯田橋駅に近い船河原橋までの区間の川を、かつては江戸川と呼んでいた。これにちなんで、現在でも公園、橋、駅などの名称に「江戸川」が残されている。

ちなみに、昭和四〇年に河川法が改正され、井の頭池から柳橋のたもとで隅田川に合流するまでの全区間を神田川と称するようになったが、それ以前は、上流部は神田上水、中流部の大滝橋から船河原橋までを江戸川、下流部船河原橋から柳橋までを神田川と呼んでいた。新宿区北新宿四丁目、JR中央線の北側に「神田上水公園」と呼ばれる公園が現存している。

大洗堰は『江戸名所図会』には「目白下関口大洗堰」として紹介され、堰から落ちる水の流れと音は、俗に「関口のドンドン」と呼ばれ、江戸の名所の一つとなった。

それでは、神田上水の取水堰が、何故この位置に造られたのだろうか。それには二つの理由があったと思われる。

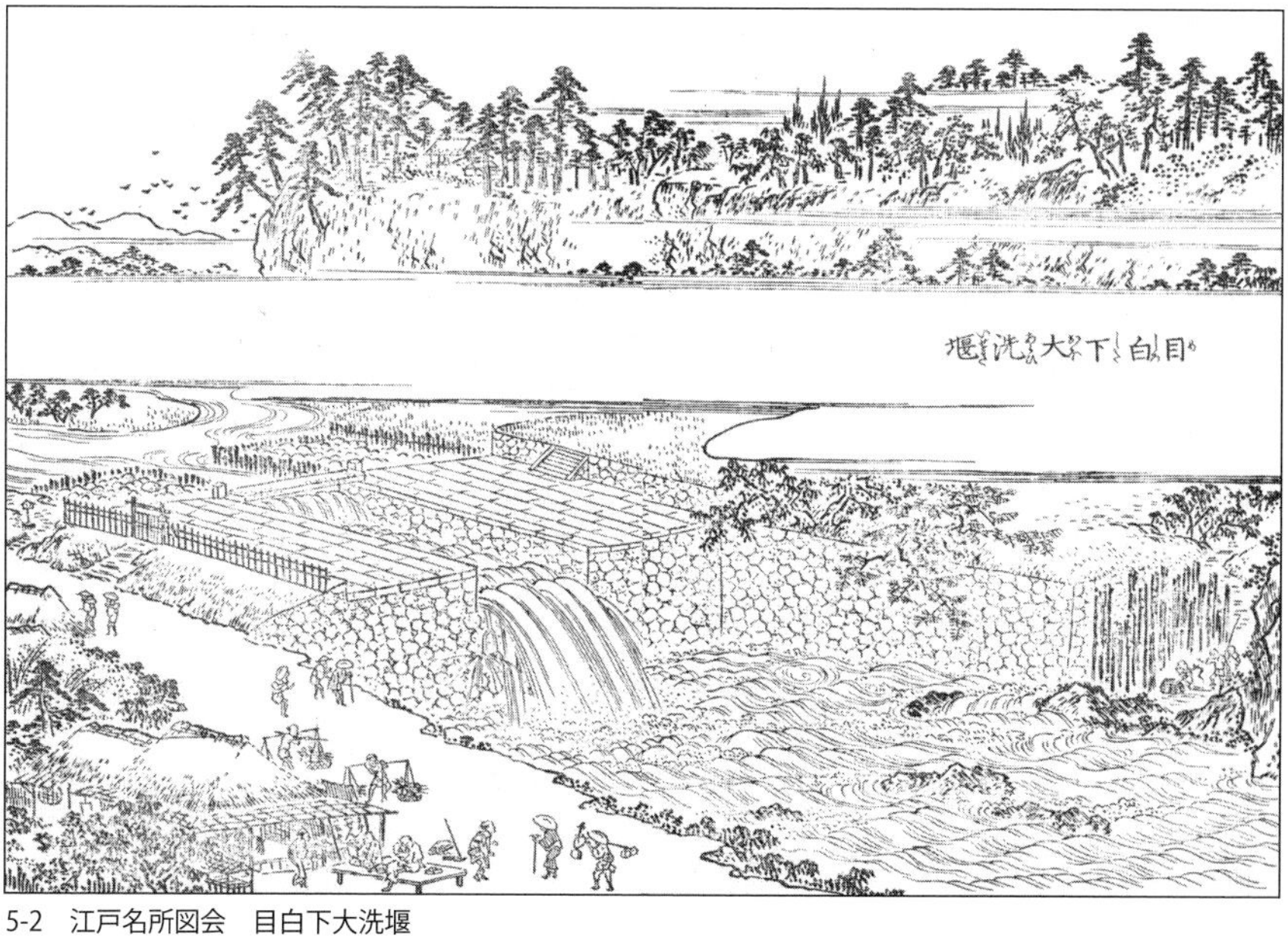

5-2　江戸名所図会　目白下大洗堰

一つは、江戸時代の水道の給水は、現在のようにポンプがないので、人為的に圧力をかけて送水することができない。したがって、江戸市中に円滑に給水するためには、江戸市中よりやや上流で取水した。二つめの理由は、潮の影響である。神田川は現在でも、東京湾が満潮のときは江戸川橋付近まで潮が上がって来る感潮河川で、そのために潮の影響を受けない目白下で取水したのである。

この関口の大洗堰が構築された年代は、はっきりしないが、水戸家の祖・徳川頼房が三代将軍家光から、この土地を与えられ、別邸としたのが一六二九年とされているから、それ以前であろう。

神田上水からの取水は、玉川上水の下流部とともに、淀橋浄水場の完成後、明治三四（一九〇一）年六月に廃止されたが、それにともなって、この堰も供用廃止された。そして、昭和一二（一九三七）年に江戸川の改修の際に、取り壊され、かつて堰があった跡に大滝橋が架けられた。現在は江戸川公園に、わずかに石柱の一部が保存されているのみである。

………神田上水の流路と小石川後楽園

神田上水の水を関口の大洗堰で止め、神田上水左岸より取り入れた水道水は、この堰（大滝橋）から江戸川左岸（北側）に沿って、開渠の水路で、水戸藩の上屋敷内に流れた。当時の水戸藩上屋敷は、現在残されている小石川後楽園の四倍ほどの面積を有しており、東京ドームや後楽園遊園地を含むほどの大きさであった。小石川後楽園は上屋敷の敷地内に神田上水を引いて池水を作り、その周辺に中国、日本の名勝をかたどった回遊式築山泉水庭園として、現在、国指定の特別史跡および特別名勝になっている。これだけの豊富な水を引き入れられたのは、この後楽園の場所が神田上水の流路にあたり、また水戸家が徳川御三家の一つであったから実現できたわけである。

さらに神田上水は、水戸藩上屋敷の真中を西から東に向かって流れ、水戸藩邸の東端部、現在の壱《い》岐《き》坂下から暗渠となり、白山通りを南下して、水道橋の少し下流で神田川を跨ぐ「神田上水万年樋」（当初の水道橋）を経て、駿河台北辺から、神田、日本橋周辺の江戸市街北東部に給水していた。

3 玉川上水と新宿

一方、江戸市街の南西部は溜池の水を引いて給水していたが、溜池周辺のまちが開け人口が増えることにより、量的に不足してきただけでなく、生活汚水が流れこむようになって水質的にも飲料に適さなくなった。このため、新たな上水の確保が必要となった。

……玉川上水の企画

家康は江戸に幕府を開くと、各藩の大名に対し、江戸城下に屋敷を与え、大名に一年ごとに江戸と自領を行き来させ、妻と子を江戸に住まわせたが、当初は大名の自発的な参勤であった。ところが将軍が三代家光になって、一六三五年武家諸法度を改正し、すべての大名に参勤交代を義務づけた。参勤交代は幕府に対する軍役奉仕の意味もあったから、大名は保有兵力である配下の武士を大量に引きつれて江戸に入り、これにともなって多数の商人、職人、その他の町人も江戸に居住したので、江戸の人口は急激に増加した。

こうなると、上水の需要は増えつづけ、それまでの溜池と神田上水の水だけでは対応できなくなって来る。そこで幕府は新たな水供給を得るために、新しい水道を開設する必要に迫られた。こうした中で幕府は、多摩川の水を江戸市中に引いて給水できないかと考えていたのではないか。そして、そのための手法、工法を広く江戸市民に対して公募したのではないかと考えられる。

このような幕府の企画に対して、江戸市民の中から新水道の開設の手法を提案する者が出てきた。江戸芝口の町人、庄右衛門、清右衛門の兄弟（注4）が、多摩川の流水を引き込んで江戸まで導水する具体的流路を、幕府に提案したのである。しかし、この提案は家光の死に直面したために進まず、四代家綱が将軍になってからのちの、一六五三年一月に採用されることになった。

……玉川上水の工事記録

小説『玉川兄弟』（朝日新聞社　一九七四）を書いた杉本苑子氏は、そのあとがきで「史料らしい史料、事件らしい事件がほとんどないのに弱りました。『上水記』が根本史料のように受けとられておりますけれども、施工の時点で書かれたものではなく、だいぶ後代になってから、完成後の上水路の、維持、管理の必要上、担当官の道奉行所で編纂されたため、直接、工事そのものにふれてはいません。開鑿を発議し、許可した閣僚の氏名、玉川家でのちに、トラブルが起こったさい、子孫が提出した書上げが、わずかに類推の手がかりとなる程度ですので、どうゆうやり方で測ったのか掘ったのか、資材集めや人力の確保、その割りふりにしろ発注の方法にしろ、予算の組み方や下げ渡し方にしろ、具体的にはいっさい、不明でした」と書いている。

玉川上水工事を知る手掛かりは、工事竣功後一五〇年も経ってから書かれた『玉川上水記』と『玉川上水起元』である。ただ二つの記録書とも実際の工事関係者から聞き取り調査をしているわけでは

注4　多摩川羽村の百姓という説もある。玉川上水完成後、玉川の姓を与えられた。

ないので、真実が不明な部分が多い。

『玉川上水記』は一七九一年当時、幕府普請奉行上水方が、玉川上水の工事を請負った庄右衛門、清右衛門の子孫に出させた報告に基づいて書いたもので、それによれば、玉川上水の着工は、一六五三年四月で、同年の一一月に竣功し、多摩川の水は四谷大木戸まで通じたとされている。延長四三㎞の水路を工期七ヶ月で完成したことになる。

一方、『玉川上水起元』は一八〇三年、やはり当時の御普請奉行水道方が、地元の下請業者の記録に基づいて書いたものであるが、それによれば玉川兄弟は工事に二回失敗して、着工は一六五三年四月であっても、竣功は翌年の一六五四年六月であったとしており、そうすると工期は一年二ヶ月かかったことになる。

『玉川上水記』は玉川兄弟の子孫が祖先へのおもんばかりもあり、工事が順調に推移したとして報告したのではないか。むしろ『玉川上水起元』の方が下請けの記録に基づいており、その工期を考えても真実に近いのではないかと言われている。

『玉川上水起元』によると、玉川兄弟は、当然のことながら、工事費節減の観点から水路の延長を短くしようと企て、日野の渡しの近くの青柳村あたりから取水しようとしたが、東府中段丘下の土地が低すぎて、水が上手く流れなかったという。おそらく、測量の技術が未熟であったために、地形の状況を充分に把握しきれなかったことによる失敗であったのであろう。

二回目のつまずきは、多摩川の取水口の位置をもっと上流の福生村あたりに定めたのであるが、熊川のところで水が地中に吸い込まれ、流れなくなったことである。ここは、「水喰土」と呼ばれ、のちに「水窪」という地名になった。おそらく、礫層あるいは砂層にあたり、流水を吸い込んでしまったのであろうが、地質調査の技術がないために、地質の把握ができなかったと推測される。

………玉川上水の流路

この二回の失敗を経て、玉川上水工事の発注者である幕府は、老中松平伊豆守信綱の川越藩の家臣で水利に明るい安松金右衛門に、玉川兄弟の企画、設計を見直させ、もっと上流の羽村に取水点を定めて四谷大木戸までの流路とし、玉川兄弟に施工させたという。

玉川上水の取水口は、多摩川の流れがS字形に蛇行しているところで、左岸の羽村の岸にほとんど直角にぶつかるところを取水口にしている。多摩川本流の川幅は約六五〇mあり、ここに蛇籠《じゃかご》や枠を置いて堰を設け、取水口を作り、水を堰き止め、水位を高くして上水路に流し込んでいる。

羽村で取り入れた多摩川の水は、比較的平坦な武蔵野台地を通り、四三㎞の道のりを掘り割って、四谷大木戸に導いたのであるが、その高低差は僅か九二mである。平均勾配は〇・二一%に満たない。そして、この水路の流路の選定が実に巧みで、ちょうど馬の背（地形的に尾根）にあたるところが水路になっているので、多くの分水路により、自然勾配を使って上手く配水し、新田や集落など流域の土地を潤している。上水路の途中からは、野火止、品川、砂川などの大口の用水を含む十数ヶ所の農業用分水（最盛期には三十三分水）が引かれていた。

また一六六七年には、神田上水系の水量不足を補うため、玉川上水の水を神田上水に流す応援分水が始まった。神田上水の水源は、先に見た通り、井の頭池、善福寺池、妙正寺池の湧水であったために、水量は充分ではなく、玉川上水の代々木正春寺橋から神田上水の淀橋に向けて「神田上水助水堀」が掘られたのである。助水堀は、かつてガスタンクのあった、現在の新宿パークタワー脇を通って流れ、新宿中央公園と熊野神社の境付近を伏流となって流れていた。細い流路であったが、いつも大変な速さで流れていた。この助水堀は、淀橋浄水場が出来ると、神田上水そのものの用途が廃止になってしまいその機能を失ったが、淀橋浄水場の余水を神田川に落す水路として、しばらく利用されていた。また、この助水堀は熊野神社の東側を流れていたが、新宿中央公園の北側の段差のあるところで、幅一m、高さ四mの滝となって流れ落ちていた。この滝は熊野神社になぞらえて「熊野の滝」と呼ばれ、『江戸名所図会』にも画かれた。助水堀の跡は、新宿区立「けやき児童遊園」「淀橋児童遊園」として残っていて、現在も見ることができる。

玉川上水は、多摩川の水を羽村堰で取り入れ四谷大木戸に届くまでに、取水量の三分の二ないしは半分程度に減少したと考えられている。玉川上水は四谷大木戸までは開渠《かいきょ》で通水したが、これより先、上水は江戸の市街に入ることになり、武家屋敷や町屋などが多くなるので、暗渠にして石樋や木樋を地中に埋め、これに通水する配水方法をとった。一六五四年六月には、大体の幹線水路工事を完成させ、さらに市街への配水工事を続け、次第に末端地区まで給水が行き届くようになったが、全体の完成までには、少なくとも二～三年あるいはそれ以上の年月を費やしたものと思われ

5-3　江戸名所図会　熊野瀧

る。

玉川上水は、四谷大木戸のところに、上水を管理する水番所と水門を作って給水量の調整をはかり、満水の時は余水を分水して渋谷川に落とし、ごみ類を除去していた。現在でも新宿御苑の東側に隣接して玉川上水の余水を渋谷川へ導く素掘りの水路を見ることができる。新宿御苑前を流れる玉川上水の堤には、元文年間から延亨の頃（一七三六〜四七）まで、桜が植えられていて、江戸っ子の花見の場所の一つになっていた。その様子が広重によって画かれているが、この桜並木は明治維新の時に撤去された。現在、新宿区役所の四谷分庁舎の前は四谷大木戸水番所跡として新宿区の文化財に指定されており、玉川兄弟の功績をたたえる水道碑が建っている。

玉川上水は江戸城をはじめ、四谷、麹町、赤坂の高台や京橋方面にいたる江戸の中央部市街地一帯を給水区域としたが、地下に埋設された石樋、木樋の総延長は八五kmにおよび、当時としては非常に大がかりな水道建設工事であった。この工事の完成により、江戸の水供給は大幅に改善され、上水の供給区域は、山の手台地まで及んだ。このようにして、江戸のまちの給水は、しばらくは玉川上水、神田上水の二系統に依っていたのである。

……江戸城への給水と玉川上水の拡幅

江戸城の本丸、あるいは吹上方面への上水による給水は、玉川上水が完成するまではなされておらず、おそらく井戸の水に依っていたのであろう。

玉川上水が企画された時に、まず必要とされたのが、江戸城への送水であった。江戸城への送水は、四谷大木戸から半蔵門まで、武家、町方とは別の幹線二本によって玉川上水の水を半蔵門のところまで送水し、そこで御濠を伏せ越し（注5）で渡り、一本は本丸へ、もう一本は吹上へ送水された。多摩川の水を羽村で取水し、四谷大木戸まで開渠で導水し、大木戸で三つの幹線系に分けたのであるが、そのうち二本が江戸城への給水に使われたのである。江戸の上水は、まず江戸城や武家屋敷を優先して敷かれた。神田上水の場合でも、まず水戸藩邸に敷かれ、町人の居住地には二次的に給水された。

一六七〇年五月、幕府は玉川上水の給水量を増やすために玉川上水の拡幅工事に着手している。玉川上水の幅は当初約二m程度であったが、それをおおよそ三倍に拡幅して、六・四mにしたのである。このように、玉川上水路を拡幅して流量を増やした理由は、市街地の給水範囲の拡大とともに、大川（隅田川）河口の江戸湊に集まる諸国の廻船への供給水量が、著しく増えたこともあったと思われる。

また、この玉川上水の流路の拡幅と同時に、上水路の両側に幅六・四mの土地を接収し、松や杉の木を植えて、沿岸から不浄な水の流入を防ぐ処置をした。なお、この拡幅に合わせて、玉川上水を管理する幕府の担当部門が、上水奉行から町奉行に代わったが、これは玉川上水の維持、管理の費用を町人にも負わせるための制度改正であった。

……玉川上水の通船

甲州街道の四谷一丁目と府中の間に、乗合馬車が走ったのは明治一三年。新宿から八王子まで甲武鉄道が開通したのが明治二二年である。それ以前、明治三年四月に、羽村から四谷大木戸の間の玉川上水に物資を運ぶための船が通された。

船は羽村方面の農村から四谷大木戸まで、野菜、炭、薪などを運び、四谷大木戸からは塩、魚などを運んだという。四谷大木戸には、荷揚げ場、船置き場、船溜りなどが上水沿いに造られた。

注5　伏せ越し：同じ器の水の水位は同じ高さになるという、サイフォンの原理によるトンネル状の水路のこと。この伏せ越しによって、御濠の下を潜って水を送ることが出来た。

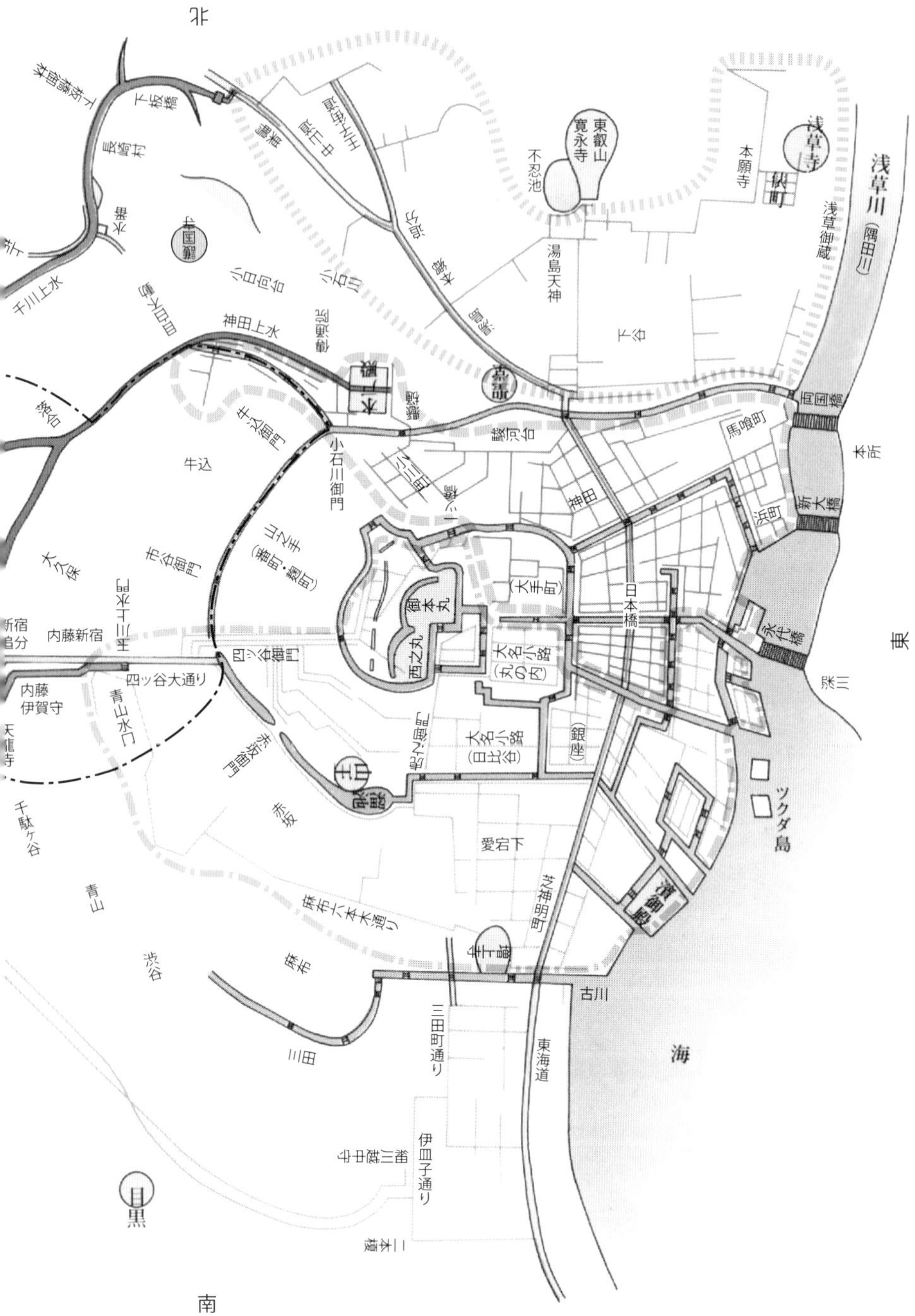
北
南
東
下板橋
長崎村
千川上水
小日向台
神田上水
小石川
本郷
湯島天神
不忍池
東叡山
寛永寺
本願寺
浅草寺
浅草川（隅田川）
浅草御蔵
下谷
両国橋
本所
馬喰町
駿河台
牛込御門
牛込
小石川御門
神田
浜町
新大橋
山之手
（番町・麹町）
市谷御門
大久保
内藤新宿
御本丸
西之丸
（大手町）
日本橋
永代橋
深川
大名小路
（丸の内）
四ッ谷御門
四ッ谷大通り
内藤
伊賀守
青山
赤坂御門
大名小路
（日比谷）
（銀座）
ツクダ島
赤坂
千駄ケ谷
愛宕下
濱御殿
芝神明町
麻布六本木通り
青山
渋谷
麻布
古川
三田
三田町通り
東海道
海
伊皿子通り
目黒

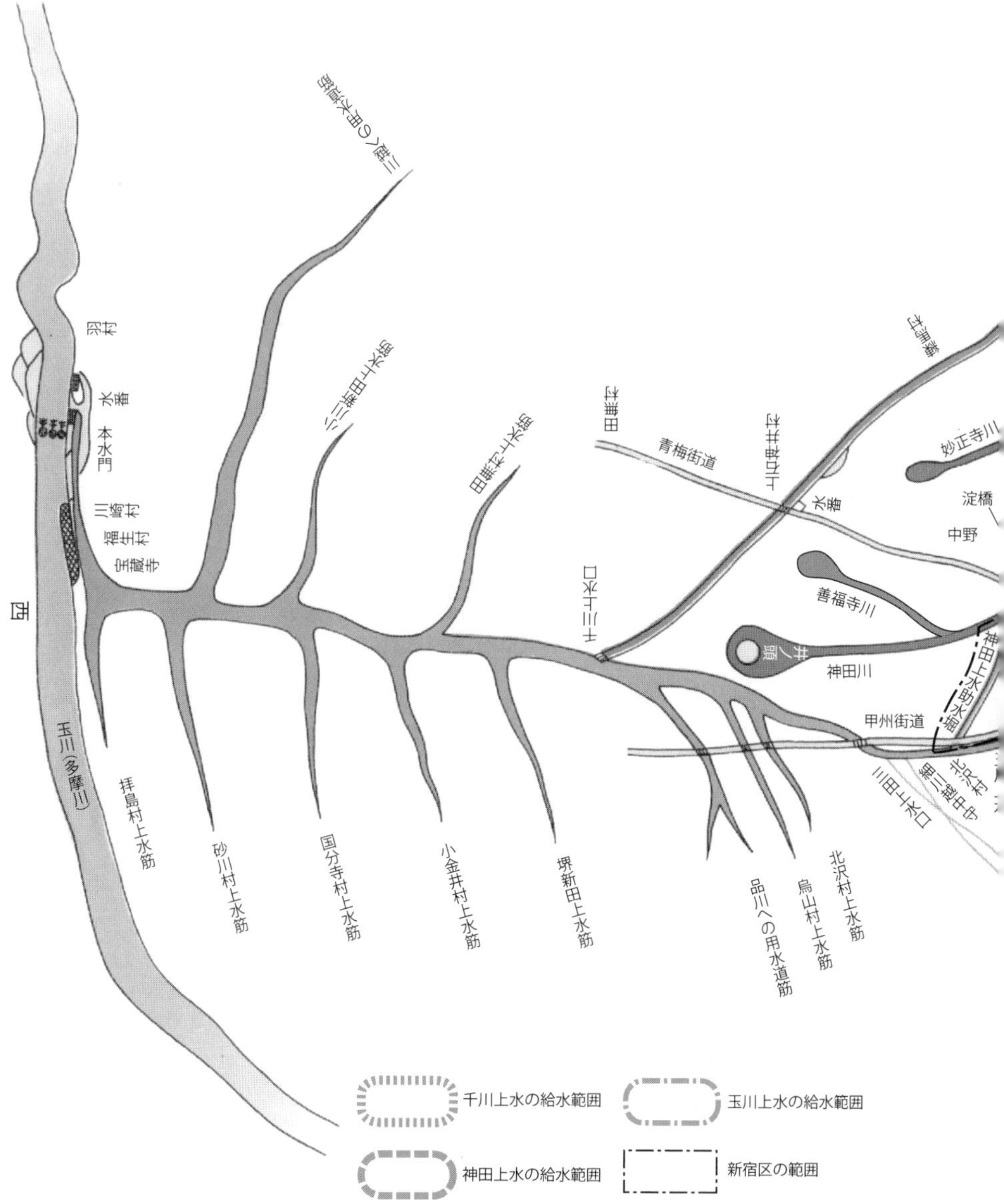

5-4　神田・玉川両上水の給水範囲（『図説　江戸・東京の川と水辺の事典』掲載のものに加筆）

「船の長さは六間、幅五尺とされ、通常五十艘余が往復していた。」(『水道の文化史—江戸の水道・東京の水道』堀越正雄　鹿島出版会　一九八一)とされる。船には便壺も設置されていたが、上水の汚染がひどくなったので、わずか二年余の明治五年五月で廃止された。

4 淀橋浄水場

……水道改良と浄水計画

一八六七(慶応四)年七月、江戸は東京と改まり元号も明治となったが、東京の水道は依然、神田上水と玉川上水の「生」の水に依っていた。

明治一五(一八八二)年に東京でコレラ患者が発生して全国に伝播し、死者が三万人を越した。その四年後の明治一九年にもコレラが大流行し、死者は東京一五区と郡部で一万人近くに達した。このため、明治二一(一八八八)年八月「東京市区改正委員会」が政府に設けられ、上水改良が現下の急務であるとして、外国人技師の参加も得て、改良水道の調査、設計が行なわれた。その結果、浄水工場を設置し(最初は千駄ケ谷村に計画、その後明治二四年二月に淀橋町に変更)玉川上水路による多摩川の水を沈殿、ろ過した後に市内に配水することとした。市内への配水方法は江戸時代以来の木樋や石樋に代えて鉄管を用いることに改めた。

浄水工場の予定地は、玉川上水の流路から少し離れた上水路左岸となる淀橋町地区にあった。そのため近くから玉川上水を分流させることができず、上流の和田掘に分水口を設けて堰堤を築造し、上水の水を浄水場に引き込むため、延長三・六kmの新水路を造ることになった。したがって用地買収は、浄水場の用地ばかりでなく、その水路の用地も必要となり、全部の用地買収を完了し、価格交渉は難航した。しかし、明治二六年四月には、全部の用地買収を完了し、一〇月には、淀橋浄水場予定地で盛大な起工式が挙行された。そして、明治三一（一八九八）年一二月工事は完成し、鉄管の施設工事が進むにつれて、給水区域は広がり、明治三二年一一月、給水区域は東京市内全体に及んだ。

明治三四年六月、玉川、神田両上水から取水し、石樋や木樋で給水されていた江戸以来の給水システムは廃止され、鉄管に通水する改良水道に変わったのである。そして浄水場を持たない神田上水からの取水は、この時点で終わりを告げたのである。

……淀橋浄水場完成後の新宿の玉川上水

多摩川の羽村取水口から玉川上水、淀橋浄水場へという一連の水道施設は、明治、大正、昭和の三代にわたって都心部へ給水を担当する動脈源であったが、羽村取水口から和田掘まで約四〇kmの上水路の部分は、江戸時代の施設をそのまま使用していた。そして和田掘のところで、一つは新水路を通って淀橋浄水場の沈殿地に入り、その他の水は余水吐より旧上水路に流され、旧水路を通って四谷大

5-5　淀橋浄水場（昭和 37 年頃）（新宿歴史博物館蔵）
西側からの航空写真。上方が国鉄（当時）新宿駅と新宿の繁華街

木戸までできて、渋谷川に流されていた。淀橋浄水場が出来るまでの新宿の玉川上水には、水がとうとうと流れ、蛍の名所でもあった。鮎や鮒など川魚も泳いでおり、釣りも楽しめた。子供たちは巡査の目を盗んでは上水に飛び込んでは泳いだりしていた。一方、世の無常を感じた人たちの投身の場所にもなっており、玉川上水に死体が流れ着くこともあった。

明治三二年一二月、淀橋浄水場が完成すると玉川上水の水は、新水路によって浄水場に導かれ、四谷大木戸に流れて来る水は余水のみとなった。上水の水深は一〇㎝程度で、子供たちの良い遊び場になっていたが、大正末期になって川底に大きな土管が設置され、玉川上水は埋められて暗渠となったのである。暗渠化の工事が始まるのは、大正一四年の頃であるが、埋められたあとは、川筋そのままに、新宿御苑に沿って大木戸へ抜ける道路となって現在に至っている。

新宿区役所では「まちの記憶」として、次世代に受け継ぐべき財産である「玉川上水」の流れを偲ぶため、新宿御苑内に、平成二一年度から二三年度にかけて「玉川上水内藤新宿分水散歩道」を整備した。新宿御苑トンネルの湧水を利用し、水路幅一m、水深五～一〇㎝、延長五四〇mの流れで、かつての高遠藩内籐屋敷の北端を流れている。

……大正の地震と新水路の被害

大正一〇（一九二一）年一二月八日に発生した地震によって、盛土の上に構築された、和田掘から淀橋浄水場まで送水するための玉川上水の新水路は、一部が決壊し、三日間にわたって全市が断水するという事態に発展した。また、新水路が決壊したことによって付近一帯が洪水に見舞われた。この頃東京市の水道は、淀橋浄水場一ヶ所しかなかったため、この間、横浜市水道、横須賀の海軍、陸軍自動車隊などから給水の応援を受けて急場をしのいだという。

さらにその二年後、大正一二（一九二三）年九月の関東大震災で、新水路は築堤の崩壊や水路の沈下により一部決壊があり、また全水路にわたって横断亀裂が発生した。このため、淀橋浄水場へ原水を送る新水路は、その機能を失い、ここでもまた淀橋浄水場は大きな打撃を受けた。淀橋浄水場が平常の状態に復したとみられるのは、その年の一二月になってからである。関東大震災による被害からとりあえず復旧したものの、何時また起こるかも知れない地震に備えて、導水の安全を守るための根本的な改造が必要であった。

………大口径導水菅の布設と新水路の廃止

新水路と平行した南側には、近くに甲州街道が通っているが、この拡幅計画があり、東京府は昭和六〜八年の三ヶ年で拡幅事業を予定していた。この道路の拡幅部分を活用して、導水暗渠を埋設し、これで開渠の新水路にかえれば、用地費などの経費も節約できるので、道路拡幅事業と導水菅埋設の同時施工が考えられた。この導水菅には、内径二一〇〇㎜のコンクリート巻鋼管を採用し、延長四七九三ｍの耐震用導水菅とすることが最良の工法であると考えられた。この導水菅埋設工事は道路用地の取得の遅延から、昭和一二年になって竣工し、通水した。

この導水菅工事が完成することによって、盛土の上に作られていた在来の水路は不用となり、盛土を自然地盤まで撤去し、道路として活用することになった。西新宿の東京都第二本庁舎の南側から中野、杉並方面へ向かう幅員九ｍの道路は新水路の跡地に作られたもので、その名も水道道路と呼ばれ、現在でも重要な幹線道路として機能している。

………淀橋浄水場、玉川上水下流部の廃止

昭和四〇（一九六五）年、玉川上水の水を利用する東京最古の淀橋浄水場が廃止された。新宿副都心計画に協力するために、淀橋浄水場の機能は東村山浄水場に移されることとなり、関連工事もすべて完成した昭和四〇年三月三一日に淀橋浄水場は公用廃止され、跡地は東京の副都心を形づくるビジネスセンターとして生まれ変わることとなった。

水道発祥の地である淀橋浄水場は、ここに六十七年間の歴史に幕を閉じることとなったが、同時に、江戸初期からずっと飲用水を供給し続けてきた玉川上水も、そこに流れる水を受け入れる場所を失うこととなった。淀橋浄水場に代って水を受け入れるようになった東村山浄水場には、玉川上水路の途中、砂川地点から新水路で上水の水が導かれるようになったので、砂川地点から下流部分は玉川上水としての目的も失われた。

この淀橋浄水場の廃止により、江戸時代に出来た、西多摩郡羽村から新宿区四谷大木戸まで延長四三㎞の玉川上水は、上流の一部を除いて三百年余の長かった役目を終えたのである。

第6章
鉄道の発達と新宿東口商空間の発展

1 江戸から明治へ

新宿東口商空間は「内藤新宿」と「新宿鉄道駅」という二つの場所、「宿《しゅく》」から生まれ、成長した。一七世紀のはじめにはすでに、古道鎌倉街道（奥州街道）沿いの太宗寺（一五九六年頃創庵、一六二五年創建）の門前に幕府公認の町屋があり「内藤宿」と呼ばれていた。現在の新宿二丁目付近である。

そして一七世紀末の一六九八（元禄一一）年、宿駅制の新しい宿場として、幕府により開設が認められ「内藤新宿」が生まれた。この内藤新宿は次第に江戸の外側に隣接する遊里となっていった。江戸という都市の周縁には街道にそれぞれ、遊里が成立している。街道の一番目の宿は、江戸到着の前祝いや、旅立つ者の送別、そして江戸からの一時の脱出という意味合いから、羽目を外す場所であった。内藤新宿は廃宿となった一時期もあるが、幕末期に向かって次第に茶屋の数が増加した。繁華街、歓楽街としての新宿の基礎は、江戸期の遊里としてのまちの形成に因るところが大きい。

明治一一（一八七八）年には四谷区として東京市の一部となるなど、新宿は徐々に街道宿から東京の一つのまちになっていったが、明治初期においても、江戸期の様子を引き継ぎ、都市近郊の農村もしくは都市周縁の遊里・行楽地という位置づけであった。

新宿四丁目付近は、江戸期から内藤新宿の遊女屋に出入りしていた芸人などが多く住んでいた場所だったが、ここは明治二〇（一八八七）年に警視庁から木賃宿の営業区域とされ、最近までベッドハウス（簡易宿泊所）や旅館の多い一帯となっていた。

甲州街道と青梅街道の交差点に生まれた「内藤新宿」が新宿の繁華街、東口商空間の一つの出発点であったが、いま一つの出発点は、「新宿鉄道駅」の出現である。江戸と明治の大きな違いは、交通運搬手段が牛馬系から蒸気機関に代わったことであった。

明治になると新橋~横浜を皮切りに鉄道が敷設され、鉄道駅が近代都市の核となってゆくが、当初、鉄道は蒸気機関車の出す煙や騒音から都市部では建設ができず、都市の縁辺部にターミナルとしてそれぞれ建設されていった。新宿の場合、鉄道駅は宿場の内藤新宿を避けて、宿の西方のまちはずれに建設された。新宿駅がまちの中心から離れた箇所に建設されたことは、その後、乗降客が増加し、市街地が駅を中心に発達していったことで、賑わいの中心を江戸・明治期の「内藤新宿」の宿場の位置から西へ移動させる結果につながった。

新宿東口商空間は、やがて大量の人々が乗降するターミナル新宿駅に支えられて、大繁華街となってゆく。新宿駅の立地する場所の力によって、東口商空間は明治、大正、昭和、平成と力強く成長し続けている。

2 新宿駅の誕生と明治期の新宿

明治一八(一八八五)年三月、東北線と東海道線を接続するために、図6-1のように東北線の赤羽と東海道線の品川を結び、一部を除き今の山手線のルートに環状に日本鉄道品川線が敷かれた(注6)。この鉄道と青梅街道の交点に駅が開設され、駅名を「内藤新宿」と名付けた。この新宿に初めて設置された鉄道駅の位置は図六―二に見られるように、現在のルミネエストの位置で、角筈村字渡辺土

注6　上野と新橋の間はすでに市街化が進んでいて、用地確保など早期に鉄道を敷くことが難しくなっていた。

手際の畑の中に造られた。駅の北側は青梅街道であり、その北は西方寺（大正一〇年 一九二一 杉並に移転）である。駅の西側は茶畑で、東側は渡辺土手際といい、江戸時代旗本三百俵の渡辺家の下屋敷跡であり、当時は田畑や竹やぶになっていた。また、土手際というのは玉川上水の土手の際という意味である。

駅舎は小さな木造建てで、東側に改札口が一ヶ所という淋しさで、駅前には茶屋があるだけだった。当時は鉄道が出来ると、街道の宿場町は客が奪われる、まちがさびれると言われ、敬遠されていた。このため、この初代「内藤新宿駅」は宿場町であった内藤新宿より三〇〇m以上も西に寄せて造られた。

この駅が開業された頃は、二両編成の列車が一日三往復していたにすぎず、利用客は極めて少なく、駅の乗降客は一日五1人そこそこで、雨の日は誰もいないということもあったという。主な輸送の対象は貨物で、上州の生糸、織物を輸出するために、横浜港に輸送していたのであった。

この頃の新宿のまちは、駅から追分までは、まだ内藤新宿をはずれた場末のまちで、自然のままの広漠とした武蔵野の風景であった。追分から新宿一丁目までの約1㎞の区間の内藤新宿は、まだ江戸時代の名残りをとどめていた。道幅五間半（約一〇m）の甲州街道の両側に、ぽつぽつと商いの店が並

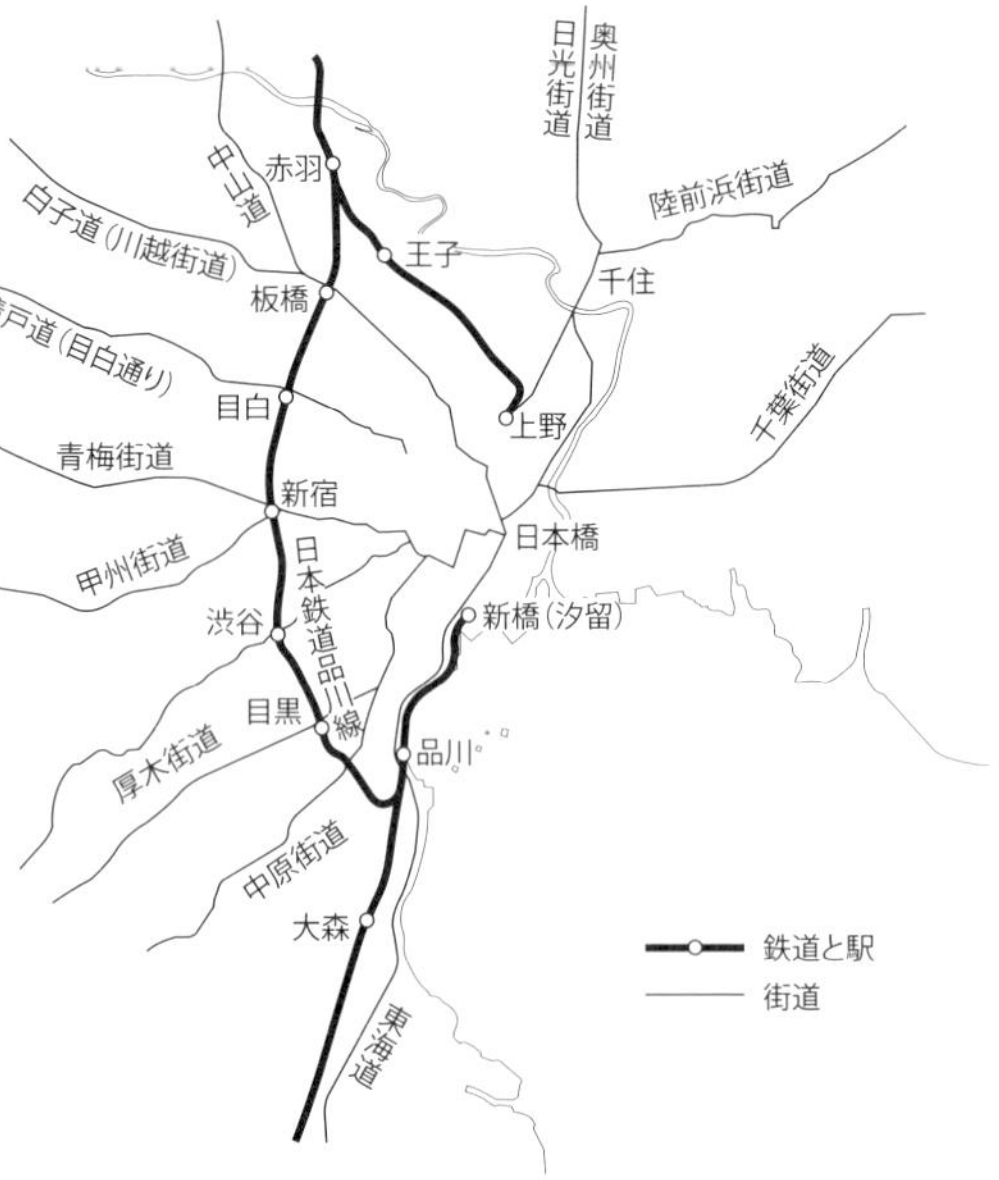

6-1　新宿駅開業当時の鉄道路線と街道

び、その間に五十数軒の妓楼が点在しているまちであった。

……初代新宿駅の移転と二代目新宿駅

明治二二（一八八九）年四月、新宿から立川まで、さらに八月には八王子まで、甲武鉄道が開通した。甲武鉄道の「甲武」とは、甲州と武蔵を結ぶことから付けられた名で、のちに中央線となる。この時の甲武鉄道の駅名は、「新宿」であり、日本鉄道の駅と共同使用で、ホームは日本鉄道ホームの西側に造られた。甲武鉄道の駅名が「新宿」となったのは、その二年前、明治二〇年に日本鉄道が駅名を「内藤新宿」から「新宿」に変えていたからであり、「新宿」という駅名はここにルーツがある。

なお、甲州街道の四谷一丁目と府中のあいだには、明治一三年から乗合馬車が走っていた。甲州街道沿線の住民は街道筋に甲武鉄道が敷かれることに強く反対しており、そこで甲武鉄道は甲州街道と青梅街道を避けて、新宿から東中野までカーブして北に寄り、立川まで武蔵野の中を真直ぐに西に向かって線路を敷いたのである。中間の駅は、中野、武蔵境、国分寺の三駅であった。車輌は七両連結で、一日四往復、新宿〜立川間の所要時間は一時間であった。

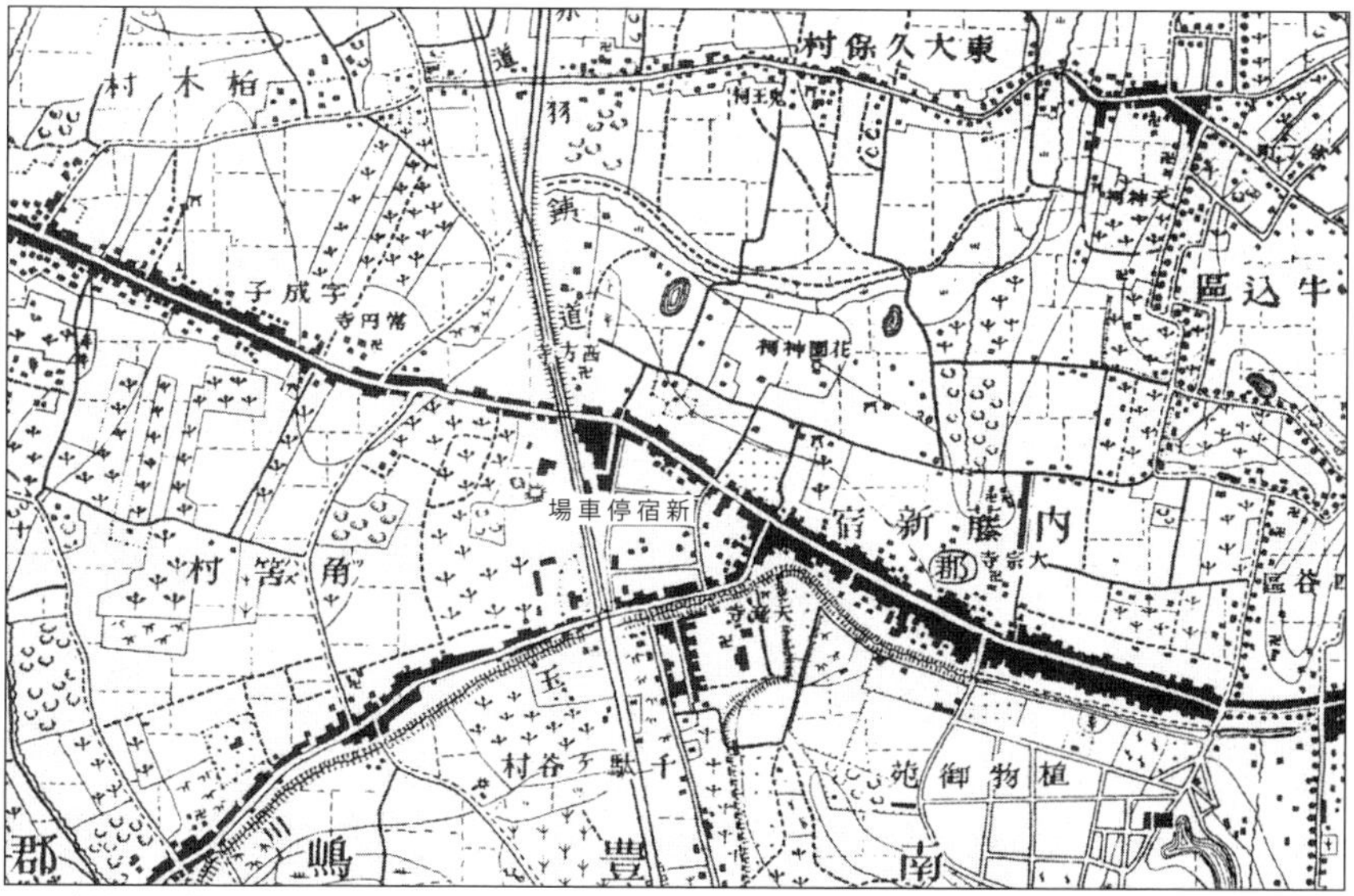

6-2　新宿駅開業の頃の新宿　参謀本部測量局・迅速測図１／２万　内藤新宿　明治13年測量、明治24年修正

明治三〇年代になると、新宿駅の乗降客や貨物が増えてきて、駅前に茶店や飯屋が出店するようになった。駅の東側は、貨物の取扱所で、地方から貨車で運ばれてきた薪炭《しんたん》がここで降ろされる集荷所となり、荷馬車が多く集まって来た。当時、東京のエネルギーを支えていたのは薪と炭であった。栃木、群馬、山梨など薪炭の主要生産地から新宿駅に、毎日のように薪炭を満載した貨車が入ってきていた。青梅街道（現在の新宿通り）には、運送屋、石屋、材木屋、薪炭屋が立地しだし、特に薪炭屋が多く、二十数軒もあった。今の紀伊國屋書店もその頃は薪炭問屋であった。

明治三七年から日本鉄道の複線化工事と甲武鉄道の電車専用線建設工事が始まったが、これにともなって、新宿駅の拡張工事が行なわれた。そして明治三九（一九〇六）年三月には、青梅街道に面して建っていた初代の新宿駅が移転し、新たに甲州街道に面して二代目の新宿駅本屋（注7）が完成した。場所は甲州街道の跨線橋《こせんきょう》の東端北側の部分で、現在の東南口付近である。甲武鉄道のホームは、青梅街道の近くに「新宿青梅街道電車乗降場」と甲州街道の近くに「新宿甲州街道乗降場」の二つのホームが作られ、その間隔は短かったが、列車は両方のホームに停車した。鉄道駅は街道との交点に作るという、当時の理念を映したものであった。

この同じ三月に「鉄道国有法」が公布され、同年一〇月甲武鉄道は国有鉄道第一号として中央線となり、続いて日本鉄道は同年一一月国有鉄道山手線となった。鉄道の国有化は、明治三七年に始まっ

6-3　初代新宿駅（明治中期）　出典：『鉄道と街・新宿駅』（市川健三蔵）

た日露戦争により、物資や人の輸送が国家の重要施策と位置づけられたからである。

新宿駅の本屋が青梅街道側から移転し、二代目の新宿駅本屋が甲州街道側に出来ると、街の様相も変わって来た。甲州街道のまち並みが賑わってきたのである。

甲州街道では、朝は農村から市中へ野菜を運び、夕には下肥を農村に持ち帰る荷車が列をなしたので、踏み切りには木造の跨線橋（葵橋）が架けられた。ただ、一番西側の中央線だけは、道路と鉄道は平面で交差し、踏切が残されていた。

また、青梅街道側でも、現在の地下連絡通路の上に踏切があって、列車が多く運行されていたために、閉じている時間が長く、この頃すでに「開かずの踏切」といわれていた。そこで、明治四一年に踏切の南側に木造の歩道橋が架けられた。この歩道橋は、人がやっとすれ違えるほど狭い幅員であった。

なお、この歩道橋は大正一〇年大ガードの拡幅工事が完成すると撤去された。また、現在の地下連絡通路が出来て「開かずの踏切」が撤去されたのは、小田急線が新宿西口から出て小田原まで開通する昭和二年のことである。葵橋は大正一四年、山手線、中央線を跨ぐコンクリート橋に架け替えられ、昭和三八年にはそれが拡幅された。現在、新宿駅南口の開発計画に基づき、この橋も撤去され、新たな橋の架橋が進められているが、この跨線橋は甲州街道の幅員に合わせて、五〇ｍに広げられることになっている。

………路面電車の開通（明治時代末期）

明治三六（一九〇三）年一二月、都電の前身である東京市街鉄道が四谷見附と追分の間に開通した。

注7　本屋（ほんや・ほんおく）：駅事務所、駅長室などがある駅の主屋。

これは、翌三七年には半蔵門まで延び、すでに開通していた半蔵門〜日比谷の路線とつながった。鉄道馬車が東京を初めて走ったのは明治一五年であったが、その十一年後の明治二六年には、市内の鉄道馬車は路面電車である市街鉄道に変わっていた。

新宿における路面電車の起終点が追分であったということは、新宿一丁目〜追分まで、すなわち「内藤新宿」が当時の繁華街であったことを示すものである。この時点では、新宿駅のターミナル化とか、路面電車と鉄道の接続などは考えられていなかった。新宿駅前はこの時点では、まだ場末であり、侘びしいまちであった。

明治三六年に開通した市街鉄道は、のちに都電一一番線となって、新宿駅前〜四谷見附〜半蔵門〜日比谷公園〜銀座四丁目〜築地〜勝鬨《かちどき》橋〜新佃島のルートとなって地下鉄丸ノ内線が開通するまでの間、新宿と銀座を結ぶ主要な交通手段となった。

また、新宿の市街鉄道の車庫は現在の伊勢丹の西側の広い場所を占めていた。この車庫は、昭和七(一九三二)年から一〇年にかけて、現在では、新宿区の文化センターや都営住宅となっている大久保車庫に移転した。なお、この時点では、まだ明治通りは出来ていなかった。

路面電車が敷かれると、沿道で営業していた人力車夫は大きな打撃をうけた。また、新宿駅周辺の飯屋や飲み屋も大きな打撃を受けた。それまで、新宿に集まっていた馬方たちは、荷馬車を路上に繋いで、ゆうゆうと飲食をしていたが、路面電車が走るようになってからは、荷馬車を路傍に繋ぎおくことは、交通の支障になるので禁止され、その取り締まりが厳しくなったのである。このため飯屋や飲み屋の客が減ってしまったのである。東京で荷馬車と人力車が最も多かったのは、路面電車の開通前の明治三五年頃で、それ以降は減少していった。

また、新宿に路面電車が導入されたことにともなうまちの変化として住宅の急増があげられる。それまでは、街道沿いに繁華街があり、その裏側は畑が主で、住宅はまばらであった。それが、路面電車が通り、市内への交通が至便になったことで、街道の裏側一帯が帯状に宅地化され、住宅が建ち並ぶようになった。

中央線（甲武鉄道）の新宿駅が二つ出来た明治の末期になっても、新宿駅の東側には、めぼしい建物は建っていなかった。駅付近の線路沿いに、薪炭を商う問屋が二十数軒あるだけで、新宿のまちの中心は、甲州街道と青梅街道の分岐点である追分付近であった。映画、呉服、玩具、瀬戸物、お祭りもみんな四谷寄りにあった。要するに、明治末には、ちょっとしたことはみんな、四谷へ行かなければ間に合わなかったのである。現在の新宿東口駅前のアルタのところには中西運送店があって、その西側は山手線の線路脇まで西方寺の墓地が広がっていた。

それでも、明治四〇年頃になると、明治三七年に始まった日露戦争による好景気の影響を受けて、新宿通り周辺に、ぽつぽつと店が開店し始める。三越裏のてんぷらの船橋屋は明治三八年に、中村屋と洋食の早川亭は、明治四〇年に開店している。

明治末年になると、新宿一帯に江戸時代の姿はほとんどみられなくなった。明治時代の新宿は、東京の郊外で、いわば新しい盛り場の基礎を創った時代であった。

3 関東大震災と大正期の新宿

………大正初期の新宿駅周辺

二代目新宿駅本屋が甲州街道に面して出来てから、追分から駅までの甲州街道の沿道には店が並び始めたが、葵橋をわたった中央線の西側の開発は進まず、そこが賑やかになるのは大正一〇年以降である。

大正四（一九一五）年五月、追分交差点の路上を起終点として、京王線が新宿〜調布間に開通し、同年一〇月には府中まで延伸された。府中〜八王子間は大正一四年に、玉南電気鉄道線として開通し、新宿〜八王子が直通になったのは、昭和三年五月である。ちなみに、「京王線」の「京王」は東京の「京」と八王子の「王」をとって付けられた名称である。京王線の始発駅は、昭和二（一九二七）年には、新宿三丁目の京王電鉄本社ビル一階に移り、昭和二〇年の終戦直前に新宿西口に移っている。

中央線はその後、都心方向へも延伸され、明治四一年には昌平橋まで、大正元年には万世橋まで、大正八年に東京駅まで延伸された。これで、中央線と東海道線と山手線が連絡したので、電車は山手線で上野〜目白〜新宿〜品川〜東京、東京から中央線に入り、東京〜四谷〜新宿〜中野〜吉祥寺と運行し、また折り返すという「の」の字型運転が開始された。（図6－4参照）

大正三（一九一四）年に始まった第一次世界大戦による好景気で、東京の市街地化は西側の郊外へ広がり、新宿東口から中野、杉並方面へ「青バス」（注8）が運行されるようになった。

このように、交通基盤が順々に整備されていったが、大正初期、関東大震災までの新宿は、それほ

注8　当時東京市内を運行していた東京乗合自動車の通称。車体を青く塗っていたことで、そう呼ばれた。

ど大きな変化、発展は未だ見られない。この頃の東京の山の手の繁華街といえば、麻布、赤坂、四谷荒木町、神楽坂などであった。

……関東大震災と大正末期の新宿

大正一二（一九二三）年九月に起こった関東大震災は、地盤の悪い東京下町に、家屋の倒壊や火災などによる大きな被害をもたらした。地盤の良い山の手の大部分では、家の倒壊による被災は免れたが、新宿では大きな火災に見舞われた。揚げ物をしていた旭町（現在の新宿四丁目）の豆腐屋から出火し、町内の一部を焼き、玉川上水を越えて新宿二丁目、三丁目を焼きつくした。甲州街道脇の二代目の新宿駅本屋は焼け、新宿駅周辺に立地していた薪炭屋をはじめ、武蔵野館、市電車庫、花園神社など主だった建物はみな焼失し、被災戸数は九百戸にもおよんだ。

しかし、この震災を機に新宿のまちは生まれ変わり、その姿を一変するのである。軟弱地盤の東京下町を避けて、地盤の良い郊外に住む人が多くなり、山手線、中央線、京王線、西武線の沿線には、これを契機に市街地が出来、発展した。

……三代目新宿駅

一方、国鉄の乗客は増え、大正一三（一九二四）年七月から

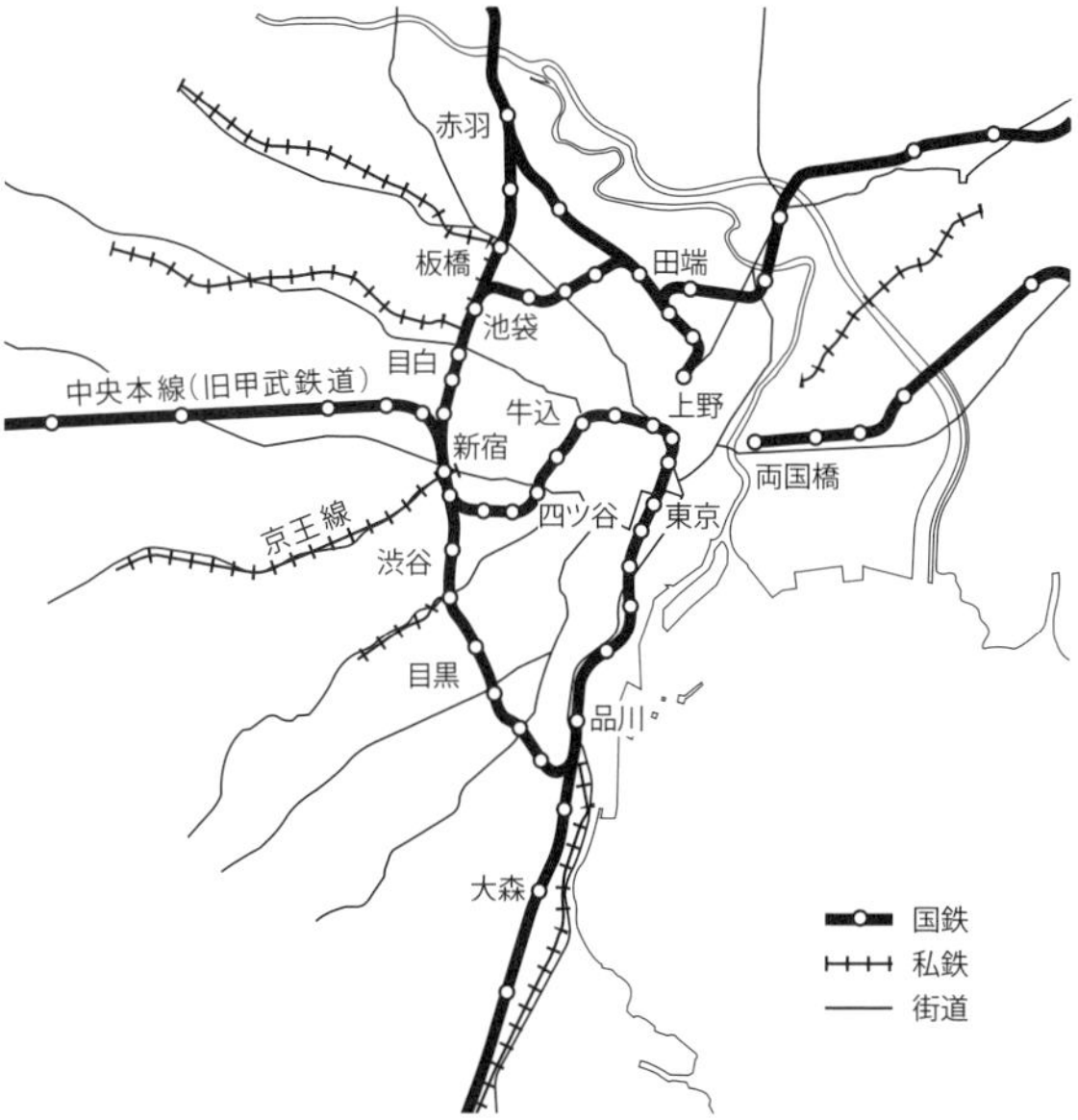

6-4 「の」の字型運転をしていた大正期の鉄道路線

中央線の二つの駅、すなわち甲州街道駅と青梅街道駅は一つにまとめられた。また、山手線は同年九月複線になった。

このため、甲州街道に面していた二代目の新宿駅本屋は廃止され、大正一四年五月、現在のアルタのある場所と新宿通りをはさんで、反対側に三代目の新宿駅本屋が造られ、営業を開始した。

三代目の新宿駅舎は鉄筋コンクリート二階建ての近代的建築物として、その姿を現した。この当時はまだ、青梅街道筋にも、甲州街道筋にも、木造平屋かせいぜい二階建ての商店しか建っていなかった。中村屋でさえ木造二階建てで、間口五間（約九m）の店であった。そこに、唯一の鉄筋コンクリートの建物が建った。それは、まさに威容といっていい風格であった。二階には食堂も備えられていた。

この時点で、明治三九年国有鉄道になって以来、十九年間甲州街道に面していた新宿駅は、再び青梅街道に面することとなり、バスターミナルや市電の発着所と直結されることとなった。

この新駅の設置は、青梅街道沿いの新宿の新しいまちの形成に著しい影響をおよぼした。この駅が出来てから、人の流れが変わり、場末であった現アルタ前から追分までの人の流れが多くなった。新宿駅から出た人は、新宿のまちへ流れていった。そしてまた、駅前の市電に乗りこんで、銀座、築地の方へでかける人も多くなった。

このため、甲州街道への人の流れは激減し、街道筋の商店街はすっかりさびれてしまった。関東大震災で新宿駅周辺は焼失したが、新たに三代目の駅舎が出来、バスや市電のターミナルが出来るにおよんで、新宿のまちは近代化へ向けて大きく動きだしたのであるが、その少し前の大正一〇年頃より新宿のまちに変化のきざしがあった。

この頃すでに中野、杉並方面は開発による宅地化が進み、人口が増加し、青バスが運行されるようになっており、青梅街道の踏切（現在の地下連絡通路の位置にあった）は、交通渋滞で麻痺状態となった。この混雑を解消するため、靖国通りのガードの拡幅工事が、大正一〇年に完成した。ガード（現在の大ガード）は、青梅街道より五〇mほど北にあり、わずかに遠回りになるが、「開かずの踏切」はこれで閉鎖され、見晴らしのよかった歩行者専用の跨線橋も撤去された。ガードは、青梅街道の現アルタ前から国鉄の土手に沿った土地を削り取り道路を低くし、線路の下をくりぬいて造ったものである。このため、この辺一帯にあった西方寺は杉並区堀の内一丁目に移転した。

……都電起終点の変遷

大正三年、第一次世界大戦が始まった年に、都電一三番線の前身の路面電車が紀伊國屋脇の専用軌道を始発駅として万世橋まで開通した。この電車は、現在では新宿区の遊歩道公園となっている専用軌道を通って、新田裏、大久保車庫前、余丁町、若松町、柳町、神楽坂、飯田橋、お茶の水を経て万世橋まで走っていた。

大正一三（一九二四）年になると、それまで、まちはずれで何もなかった現在の新宿駅東口アルタ前に、追分から路面電

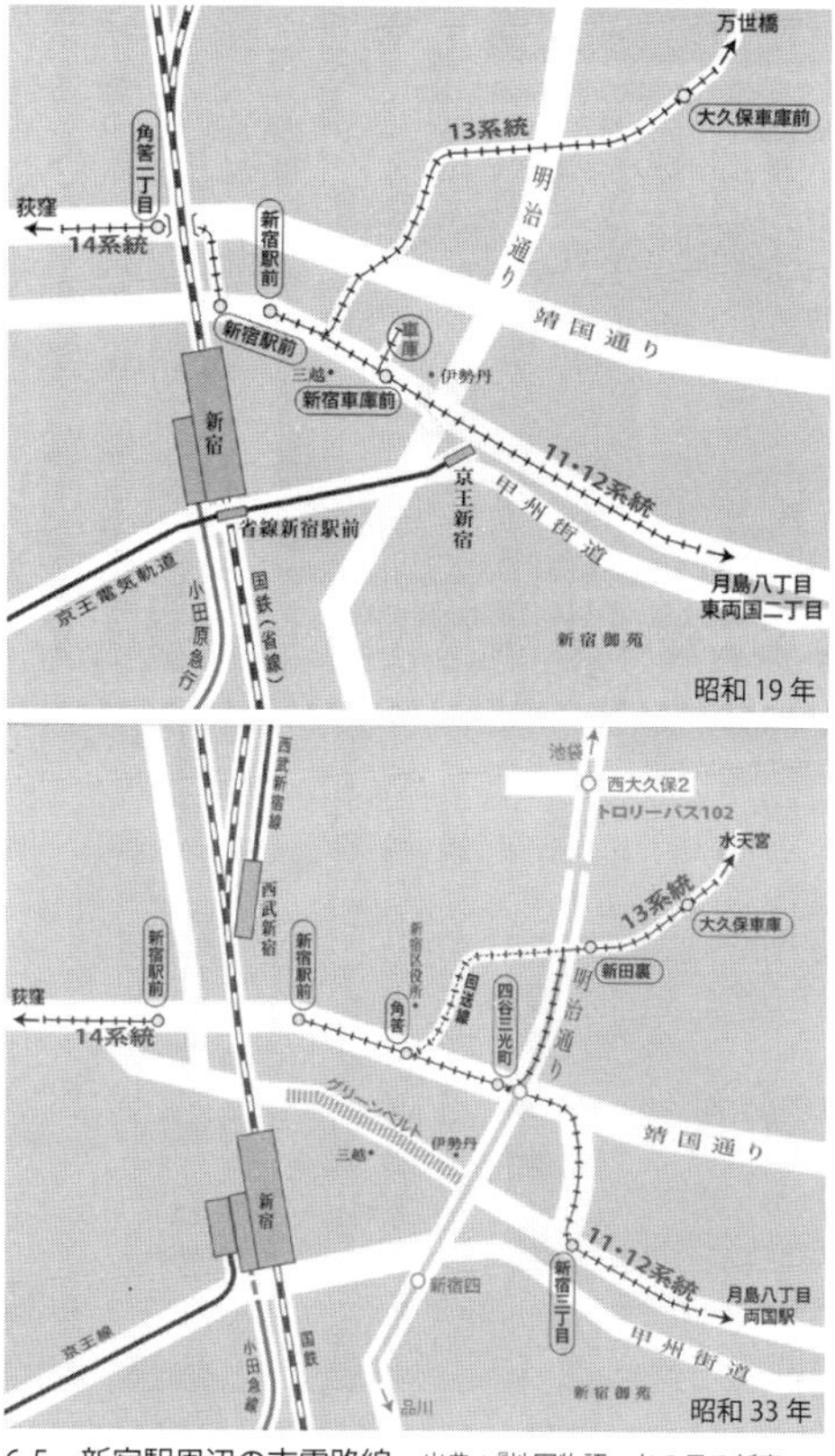

6-5　新宿駅周辺の市電路線　出典：『地図物語　あの日の新宿』

車の起終点が延長され、新宿駅と連絡するようになった。東京市街鉄道は、明治四四年から市電となり、のちには都電となった。昭和二四年からは、交通が混雑する新宿駅前を避けて、戦後に完成した明治通りのバイパス部分を使って、新宿五丁目東交差点から靖国通りへ入る路線に変更され、現在の歌舞伎町交差点付近が都電の起終点(「新宿駅前」停留所)となった。都電一三番線の始発駅も歌舞伎町に移され、昭和三三(一九五八)年四月に、万世橋から秋葉原まで、さらには水天宮まで延長された。

4 ターミナル型繁華街へ ― 昭和前期の新宿のまち

関東大震災による火災で、新宿駅周辺は焼失したが、震災復興の中から新宿のまちは甦って、大発展する。

まず、震災直後の大正一二(一九二三)年一〇月、追分交差点のそばに、三越マーケットが開店した。大正一四年一〇月、三越は現在のアルタの位置にあった中西運送店のビルを借り受けて、追分から移転してきた。これは三代目の新宿駅が、新宿通りの反対側に移転、完成するのを見越してのことであったと思われる。また、三越は、昭和五年に、現在の位置に移転し、もとの駅前の建物は二幸と改名され、食品に特化したデパートとして開業した。二幸とは「海の幸、山の幸の二つの幸がそろっている」という意味で命名された。

大正一五年三月には、現在の伊勢丹のある追分交差点の角に、四谷一丁目にあった布袋屋呉服店が地上六階地下一階の布袋屋百貨店を開業した。大正時代の末、追分と新たに出来た三代目の新宿駅の間の、新宿通りの沿道のまちの更新が一気に進み、震災前と様相を一変させ、近代的な賑やかな商店街に発展していった。

一方、西武の路面電車が青梅街道に敷かれ、大正一一（一九二二）年一二月新宿西口〜荻窪間が開通し、大正末年には大ガードを抜けて、東口まで延伸された。三代目新宿駅の東側には、東京パン、新宿ホテル（新宿最初のホテル）が建ち、ターミナル型繁華街の様相を呈するようになる。このようにして新宿は、交通基盤の整備を背景に、関東大震災ののちに急激に発展し、四谷、神楽坂から来街者を奪い、銀座に次ぐ東京第二の繁華街にのし上がっていくのである。

……郊外私鉄の整備と新宿のまち

関東大震災によって、東京下町から山の手郊外に移り住む人が多くなり、昭和の初期には郊外に延びる私鉄の整備が進んだ。昭和二（一九二七）年四月、小田急線が新宿〜小田原間八二㎞を一気に開業し、昭和四年四月には、江の島線を開通させ、沿線も次第に開発されていく。

昭和二年四月、小田急開通から半月遅れて、西武新宿線が東村山〜下落合間に開通し、翌三年三月に高田馬場まで延伸されたが、歌舞伎町まで来るのは昭和二七（一九五二）年三月になってからである。

昭和二年九月、それまで追分交差点が始発駅であった京王線は、交通渋滞を回避するため、新宿三丁目に五階建ての京王電鉄ビルを建設し、そのビルの一階を始発駅とした。京王ビルは一階が京王電鉄の四谷新宿駅であったが、二階以上は「京王パラダイス」と言われ、松屋デパートになった。これがターミナルデパートの草分けである。京王線が新宿西口から出るようになったのは、終戦直前の昭和二〇年七月からである。昭和二年小田急線が新宿西口に入って来ると、大正一〇年まで国鉄の山手線、中央線の青梅街道踏切のあったところに、東西連絡の地下道が出来た。

この頃になると、昭和の金融恐慌が始まろうとしているにもかかわらず、新宿は交通網の発達とともに、盛り場としての成長を続け、まちも変貌していく。

昭和三年九月には、都バスの車庫が角筈（現在の西武新宿駅付近）に出来た。京王線は玉南電車を合わせて八王子まで直通になった。西武新宿線も高田馬場まで延伸され、武蔵野郊外から人が新宿に流れるようになった。西口に工手学校（現在の工学院大学）が出来て、武蔵野館が三越の所から現位置に移転して開場したのも昭和三年の暮れであった。

交通の発展によって、新宿駅周辺の商店街は繁盛し、新宿二丁目の遊廓も洋風のモダニズムを取りいれて、妓楼五十三軒、娼妓数五百人余と盛んになり、カフェー、バーが三越裏や京王線発着駅の反対側の横丁に広がった。作家林芙美子も二十三歳の頃、ここのカフェーに勤めていたことがあり、カフェー女給の実態を『放浪記』に書いている。

……映画館、劇場、百貨店の集積

大正末期から昭和初期にかけて、新宿駅東口地域は映画館、劇場、百貨店が集積し、近代的盛り場、繁華街が形成された。

映画の武蔵野館は大正八年に地元の商店が共同出資して、現在の三越のと

6-6　武蔵野館（新宿歴史博物館蔵）

6-7　追分交差点付近の映画街（新宿歴史博物館蔵）

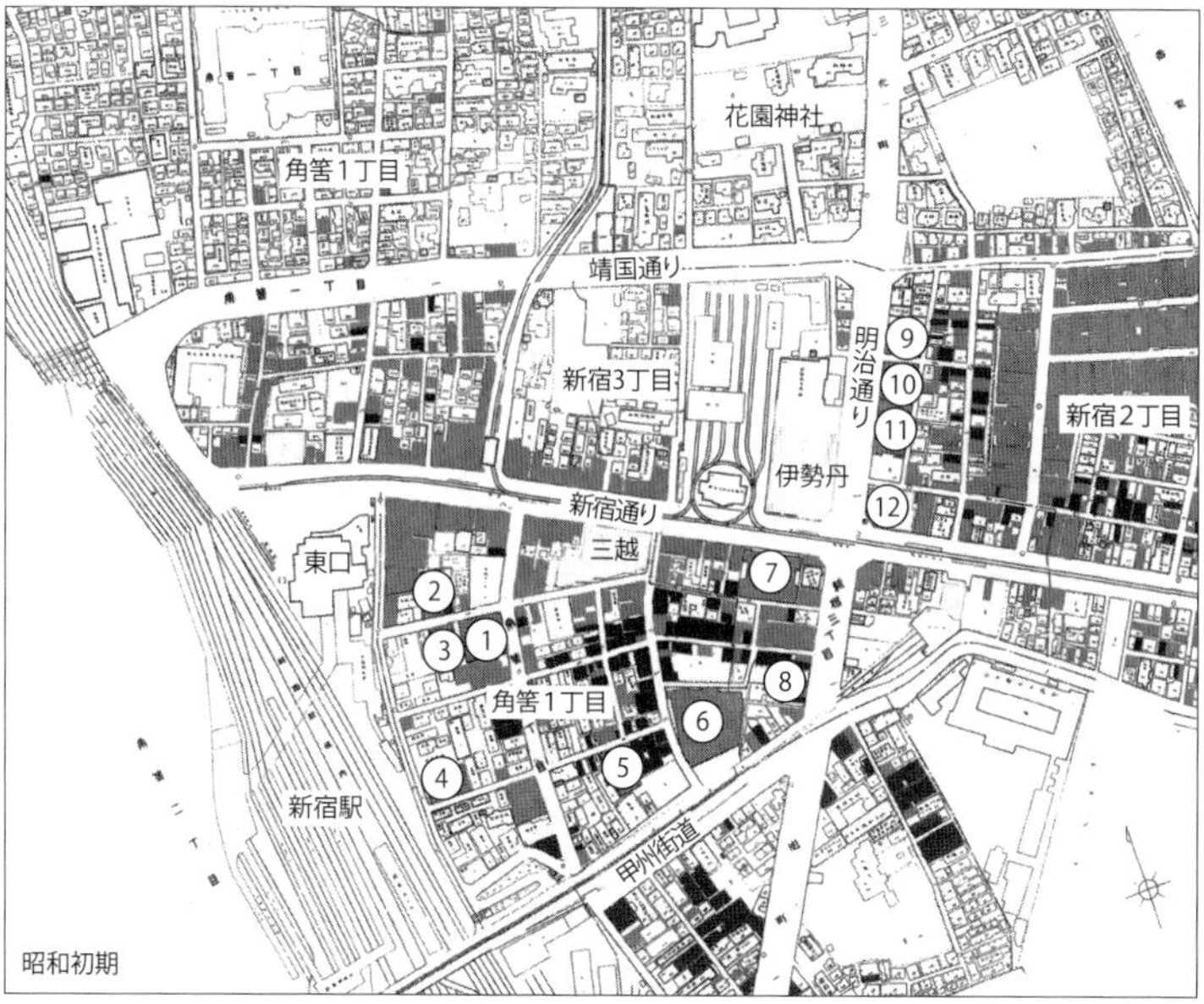

①武蔵野館
②新宿帝国館
③朝日ニュース劇場
④新宿劇場
⑤昭和館
⑥新宿第一劇場
⑦帝都座
⑧新宿太陽座
⑨新宿映画劇場
⑩新宿松竹館
⑪新宿大東京
⑫光音座
⑬新生館（西口）

①武蔵野館
②武蔵野館地下
③新宿松竹座
④新宿国際
⑤国際名画座
⑥新宿ヒカリ座
⑦昭和館
⑧昭和館地下
⑨新星館
⑩新宿日活
⑪日活名画座
⑫新宿東映（新宿東横）
⑬新宿文化
⑭新宿大映
⑮新宿東宝
⑯新宿セントラル
⑰新宿劇場
⑱グランド・オデオン
⑲新宿オデオン
⑳ニュー・オデオン
㉑地球座
㉒新宿名画座
㉓新東地下（所在地不明）
㉔新宿パレス

6-8　昭和初期と昭和 32 年頃の映画館の分布（『新宿区の民俗（3）新宿地区篇』掲載の図版に加筆）

ころに建設したのであったが、昭和三（一九二八）年一二月に、現在の位置に新築移転した。座席一二〇〇の映画館で、徳川夢声の肉声が三階までマイクを使わずに届くという円形天井が売りであった。設計は当時、早稲田大学建築学科の学生、明石信道（のち早稲田大学建築学科教授）の卒業設計案をベースにしたものであった。一二〇〇の客席を覆う円形の大天井をもつ武蔵野館は、無声映画時代の名活弁士、住吉夢岳、山野一郎、徳川夢声たちの声を観客に良く通したことで評判となった。早稲田大学大隈講堂は昭和二年に出来ているが、肉声の通る当時日本一の音響の良い大ホールであり、明石はこれを学習していたのであろう。武蔵野館は洋画封切館であったが、日本の常設映画館で初めてトーキー映画が興業され（昭和四年）、昭和六年には全プログラムをトーキーとした。この時、武蔵野館は、丸の内の帝劇、浅草の大勝館とならぶ新宿の堂々たる映画館となり、新宿に集まる人々、学生、サラリーマン、インテリを惹きつけていった。

映画は時代状況を敏感に反映する。大正から昭和初年代の、戦争の暗い影が見えがくれする時代、新宿駅裏に出現した武蔵野館は暗い世相を打ちくだく楽しみのオアシスであった。

昭和初年代、新宿には映画館が続々と出来ている。新宿劇場（昭和四年）、帝都座（昭和六年）、新宿帝国館（昭和六年）、新宿昭和館（昭和七年）は新宿駅東口に、そしてもう一つのグループは伊勢丹の東側、明治通り沿いに、光音座（三福デパートの五階）、新宿東宝映画館、新宿松竹映画館（大正一三年）、大映映画館、新宿文化ニュース、新宿大東京（昭和一〇年）など、昭和一〇年頃は、新宿は映画のまちとなった。

6-9　ムーラン・ルージュ新宿座のレビュー・ヴァラエティ
出典：『新宿歴史博物館常設展示図録』阿木翁助提供

帝都座は、昭和六年に布袋屋の向かいに、日活の封切館としてオープンしたが、帝都座の五階は新宿唯一のモダンなダンスホールであった。また、地下にはフランス風レストラン、モナミがあり、ここは銀の食器を出すことで有名であったと語り伝えられている。

新宿のムーランルージュは、昭和六（一九三一）年一二月、武蔵野館通りの、今の新宿国際劇場のところに小さな赤い風車をつけて誕生した。本家ムーランルージュは明治二二（一八八九）年、パリはブランシュ広場に造られたフレンチカンカンで有名なショー劇場の名前である。巨大な赤い風車（ムーランルージュ）を屋根に掲げたこの劇場は、世紀末のパリのまちの風俗と芸術を象徴したものであった。大胆に足を上げた踊り子を描いたロートレックのポスターとともに日本にも伝えられていた。浅草に本拠を置く玉木座の支配人だった佐々木千里によって、浅草演劇の新宿への移転を考えて旗揚げ、経営されたものである。

大正から昭和にかけて新宿は中央線や私鉄のターミナルとなり、この沿線には新興住宅、文化住宅街が生まれていた。ただ、下町の浅草と異なって、山の手サラリーマン、インテリ、学生たちは、昭和初期のリベラルな精神と時代状況に重ねて、新宿の劇場に浅草と一味異なった新しい演劇を求めた。ムーランルージュの都会風の風刺喜劇は大当たりとなった。舞台屋根裏の文芸部、齋藤豊吉、小崎政房、阿木翁助などの脚本に、三国周三、左卜全《ひだりぼくぜん》、有島一郎、益田喜頓《きいとん》、水町庸子、踊り子には伏見愛子、古川綾子、望月美恵子、明日待子らが演じ踊って大好評であった。

ムーランルージュは昭和初年代、戦争が近づくと国による統制がなされ、戦時中は座名を「作文座」と改められ松竹の系列に入り、劇場も戦災で焼失した。戦後、いち早く昭和二二（一九四七）年に旧名にもどって再発足するのだが、「ここでは軽演劇よりも重厚な社会劇によって異彩を放ち、創立以来、通算五百回の公演を行ない、これはのちに新宿で小劇場運動が活発になったことと通ずる」（『新宿と芸能』「新宿」における都市機能の集積過程と未来像研究会・安藤信敏―早稲田大学エクステンションセンター　昭和六二年四月）と演劇史家の安藤信敏は書いている。

新宿の盛り場の中核施設として本格的な歌舞伎を上演する歌舞伎座を誘致しようとする動きは、例えば、戦後の歌舞伎町計画にみられるように、根強くあるのだが、これは戦前からのものである。角筈、甲州街道沿いに山の手随一の大劇場、新歌舞伎座が出来たのは昭和四年であった。ただ、歌舞伎は新宿の水に合わないらしく、昭和九年、名前を新宿第一劇場と変え、松竹少女歌劇の本拠地となった。

寄席の末廣亭は明治以来、戦前、戦後、今も新宿三丁目に生きている新宿盛り場の基底、地下水脈につながる江戸芸人の井戸である。末廣亭は明治時代、伊勢丹裏にあったのが、大正一〇年頃、ちょうど追分にあった昔からの遊女街が二丁目に集団移転し一大遊廓となった頃に、これに隣り合わせとなる現在の場所に移った。『新宿の今昔』によればこの間、明治の堀込源太郎の「堀込亭」から大正の末廣亭晴風の「末廣亭」に変わったが、戦後、上野の鈴本、人形町の末廣と並ぶ、貴重な三大寄席の一つとなっていた。

三越は大正一四（一九二五）年に二幸の場所で開店、その後、昭和五（一九三〇）年一〇月、新宿大通りに、地上八階、地下三階のビルで新築開店した。当時のビルは、五、六階建てが普通で、それまでは二幸と京王ビルが五階建て、布袋屋が六階建てであった。当時の三越屋上からの眺望は、新宿随一であった。

▼口絵参照

伊勢丹は昭和八年九月、神田にあった伊勢丹呉服店が、布袋屋の西隣の市電車庫跡の市有地の払い下げを受け、地下二階地上七階のデパートを開業した。将来の発展を期して店舗を建てる有望な場所をねらっていたときに、たまたま都電の車庫の一部が、現在の新宿文化センターと都営住宅になっているところに移ったので、その跡地を買ったのである。伊勢丹は、布袋屋の西隣に間隔をあけないで、くっつけるように建物を建てた。布袋屋と伊勢丹は隣同士で、サービスと価格の面で食うか食われるかの販売合戦を招来した。結局、両者は妥協し、昭和一〇年六月に合併して伊勢丹となった。

▼第7章参照

伊勢丹が進出してきた昭和八年の頃になると、新宿には二幸、三越、布袋屋、三福、松屋と六つのデパートが揃い、山の手一の繁華街となった。

発展する東口商空間を金融面から支える銀行も併走するように新宿大通りに店を構えた。安田銀行新宿支店（大正一二年　現みずほ銀行）、三菱銀行新宿支店（昭和二年　現三菱東京ＵＦＪ銀行）、住友銀行新宿支店（昭和五年　現三井住友銀行）などがある。

明治一八（一八八五）年に、当時賑わっていた宿場町から離れた、閑散とした畑の中に初めて鉄道駅が開設されて以来、鉄道の整備は着々と進められ、山手線、中央線のほか、京王線、小

6-10　昭和7年頃の新宿通り（新宿歴史博物館蔵）

田急線、西武線、路面電車、バスなどが新宿のまちに乗り入れられて来て、新宿は日本有数のターミナル駅となった。

このことによって、関東大震災後の新宿のまちには、デパート、劇場、映画館、レストラン、カフェー、バー、書店、銀行などが立地し、多くの人が新宿を訪れるようになり、大正末から昭和初期にかけて、新宿独自の濃密な盛り場文化を生み出した。

5 戦争と新宿

二〇世紀の前半、日本は戦争に明け暮れた。日露戦争、満州事変、日中戦争、そして第二次世界大戦の影響は日本中に及び、東京にも新宿にも深い傷跡を残した。

新宿東口商空間の南北の主要道路、明治通りが完成したのは昭和九年末であった。この明治通りが開通する頃になると、日本の軍国主義の色も濃くなって、この道路は陸軍の代々木練兵所と陸軍戸山ヶ原射撃場を結ぶ軍事道路の機能をも果たすようになり、昭和一一年の二・二六事件の時は、戦車が轟音を立てて走り、兵士の軍靴の音が高鳴った。昭和一三年五月、国家総動員法が施行され、新宿のまちにもしだいに、戦争の暗い影が重くのしかかってきた。

昭和一六（一九四一）年、太平洋戦争が始まる直前、新宿に働く若者たち、大学で学ぶ学生たちは、赤紙一つで戦争に駆り出された。新宿・明治神宮外苑の練兵場では、学帽をかぶった大学生たちが脛にゲートルを巻いて、祖国のためにと集められ整然と隊列を組んで戦場に向かって行った。銃後の女子学生、女性店員、カフェーの女給も軍需工場に動員された。戦争末期、学童は集団疎開させられた。まちに残った人々は、灯火管制下の家から空襲のサイレンで防空壕に入り、隣組をつくって連帯し、戦時下の東京、新宿に踏みとどまって戦争に耐えた。

東京は昭和一七年から二〇年八月の敗戦まで、百回以上に及ぶ空襲によって壊滅状態に陥った。新宿も昭和二〇年五月の空襲で、新宿二丁目の一部を残して焼失し、見渡す限りの焼け野原、瓦礫のまちとなった。焼け跡に建っている建物といえば、伊勢丹、三越、新宿日活、二幸、新宿駅などの鉄筋コンクリート系建築物の残骸だけであった。

『私の戦争体験記』（新宿区　平成二年八月）の中に、戦争体験、特に戦争末期の東京、新宿大空襲の凄惨な様子が語られている。そこには、B29の大編隊が東京の夜空に現れ、大量の焼夷弾を雨霰の如く容赦なく木造市街地に投下し、まちのあちこちが炎上し火の海となってゆく様子や、食糧難の中での灯火管制下の家と防空壕の生活、大空襲で家が焼け防空壕から飛び出して焼死体の間を逃げてゆく様子、死体がトラックに山積みされて運ばれていく様子などが生々しく綴られてい

6-11　大空襲　牛込上空のB29（毎日新聞社提供）

る。

6　闇市・露店にみる新宿の戦災からの復旧・復興

新宿の復旧に向けた立ち上がりは素早かった。戦災の焼け跡に出現した闇市、露店、仮設市場は、新宿の底力の現れであった。

昭和二〇年八月一五日、敗戦の翌日から新宿駅周辺に闇市が立ち、露店が現れた。生存と最低限の生活に欠かせない食糧、衣料、家庭用雑貨のこまごまとしたあらゆるものが、路上にトタンや風呂敷を敷いて並べられた。干魚、佃煮、飴、下着、履き物、針やカナヅチと、瓦礫の中から拾ってきたようなもの、外地・戦地から復員した兵隊がリュックから取り出した品々もあった。

この混乱の路上販売にただちに仕切をつけて堂々たる闇市を作ったのがテキ屋、関東尾津組・和田組・野原組・安田組の親分たちであった。新宿の闇市は、終戦直後の八月二〇日、関東尾津組によって、新宿街マーケットとして新宿駅東口前の高野フルーツパーラーや中村屋の焼け跡を不法占拠して開店した。この闇市は戦後東京で初の闇市とされている。新宿の闇市はその後、駅東口の野原組マーケット、駅東南口の和田組マーケット、駅西口の安田組マーケットへと広がった。一方、露店も東口の新宿大通り、南口の甲州街道の陸橋、西口の駅前広場で営業を始めた。

ところで、闇市と露店はどう異なるのか。露店は屋台の上での販売、闇市は仮設ではあるが店構えも出来ていて屋台より品物の種類も多い。商売している場所からみると、露店は公道の占拠であり、闇市は焼け跡の公私有地などの不法占拠ということになる。闇市のヤミは、販売している商品の価格が国で定めた公定価格ではなく、ヤミ値であることに由来している。

新宿で最初に闇市を開いた関東尾津組の毎日新聞掲載昭和二〇年九月九日の広告は、非常事態の打開に一石を投じた。広告は「光は新宿街マーケットより」と題し、「生活必需品の大量、適正販売に努力中に付き、その去就に迷う職工及び復員者に職を与え、日用品製造に邁進せんとする工場主を求む」と記載されていた。焼け跡からの立ち上がりに、素早く立ち働いた尾津喜之助の面目躍如たるものがある。

新宿の東口、西口の露店は、昭和二五（一九五〇）年、公道での露店営業が禁止となり転廃業するものもあったが、一部は昭和二六年一二月、伊勢丹わきにあった都電車庫跡地に新宿商業協同組合店舗として二階建ての新宿百貨店サービスセンターを開店した。しかし新宿商業競争の中で、昭和二九年株式会社に切り替えたものの、赤字経営が続き、ついに昭和三〇年、京都の丸物《まるぶつ》デパートに売却し、戦後からの露店業者経営の幕を閉じた。なお、丸物は昭和四〇年、伊勢丹に売却、現在、伊勢丹会館となっている。

尾津組の闇市・竜宮マートは、その後、東口の戦災復興区画整理事業による聚楽の移転、駅前広場建設のため、花園神社わきの新宿三光町地区に移転した。現在の通称新宿ゴールデン街の新宿三光商店街振興組合である。昭和二四年の連合国軍総司令部の指

6-12　新宿駅東口の常設露店（和田組マーケット）
（新宿歴史博物館蔵）

示で新宿二丁目の露店もここに移転し新宿ゴールデン街商業組合となり、ともに新宿ゴールデン街として息づいている。

東口の野原組のマーケットは飲み屋街を形成していた。また東南口の和田組のマーケットは当初露店であったが、昭和二四～二五年頃から飲食店に変わり、のちに青線と呼ばれる売春地帯になった。昭和二七年の朝鮮戦争の頃は、米兵相手に五百人近い娼婦がいたと言われている。野原、和田マーケットは、戦災復興区画整理事業にともなう駅前広場整備などで昭和三五年頃に撤去された。

一方西口では安田朝信組長が、東京都、国鉄、小田急に土地の一時使用貸借の承諾を得てマーケットを開業していた。この安田マーケット内で改札口に近いラッキーストリート側は、昭和三七年地下鉄丸ノ内線出入口の工事関連で撤去された。そして移転先として、マーケット内の一部の土地を営団から賃貸借する方式で地上八階の西口会館ビルを建て、昭和三八年開店した。一方、青梅街道方面のやきとり横丁側も共同ビル化の動きもあったが、歩調が合わず、やきとり横丁その後の名称「思い出横丁」として、今日まで戦後建てられた木造

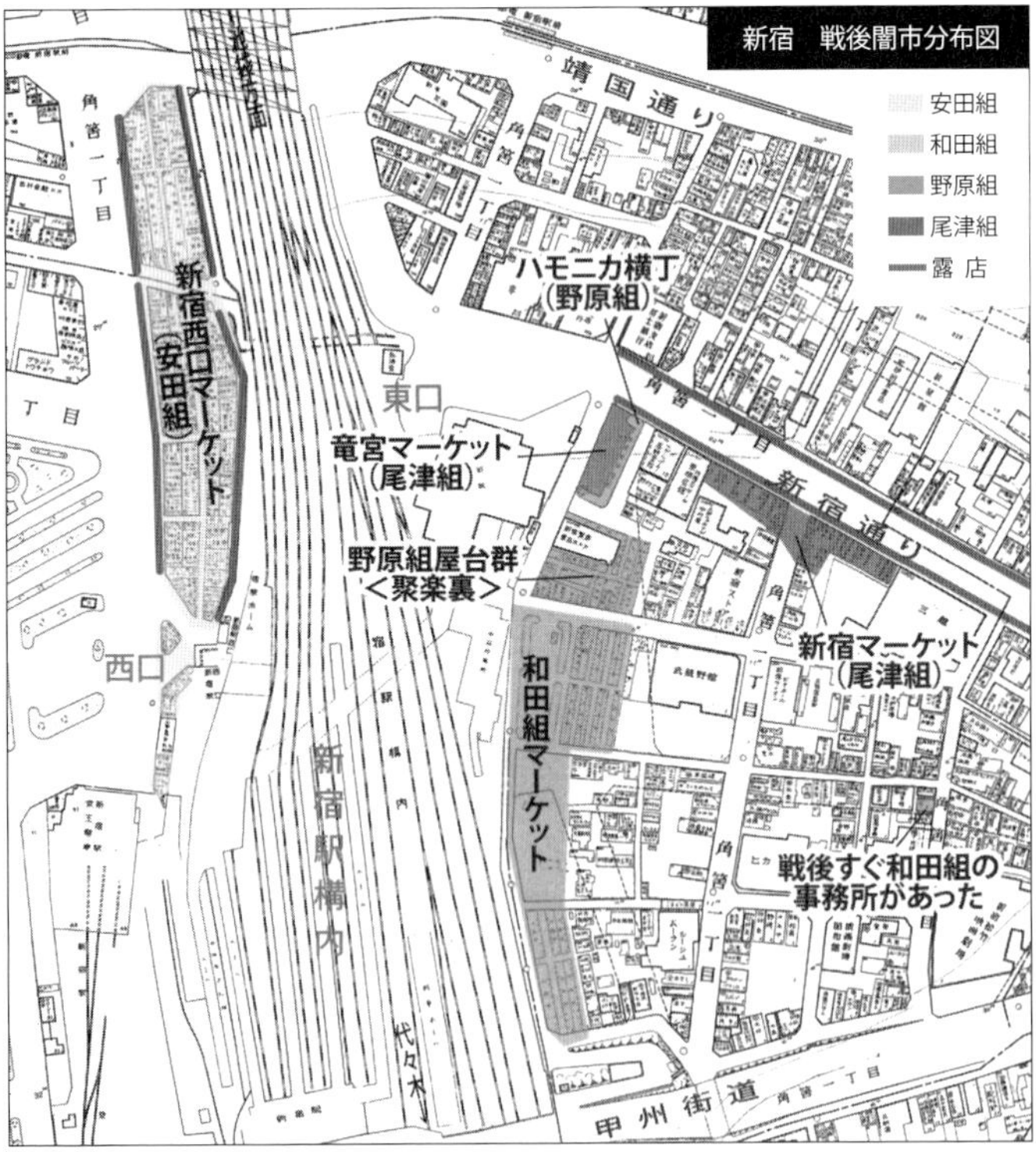

6-13　新宿駅周辺の闇市分布図　出典：『地図物語　あの日の新宿』

二階の建物（一部焼失によりビル化）で存続している。

……焼け跡派の盛り場

戦争に負けた日本が国土の荒廃から立ち上がり、復旧・復興に立ち向かっていったそのエネルギーの源は、日本人の精神、日本を覆っていた昭和一〇年代の軍国主義の重苦しい風潮、悲惨な戦争からの解放感である。新しい時代の始まり、もはや戦争はないという暗雲が晴れた後の青空のような希望が復旧をになう人々の心の中にあった。

死者を弔いつつ、まず生き残ったこと、悲惨な戦争から解放されたことを希望に置き換えて、戦災を逆バネにして人々は復旧に向かった。東京も、新宿も具体的場所において、新しい生活の場、都市づくりを待ったなしに始め、未来をわしづかみにしようと動いていった。

それにしても新宿には戦後、復旧・復興のエネルギーが集中していた。復興モデルとして戦前の輝かしい新宿東口商空間があり、その復元を目指すことで、エネルギーを集中させることができた。新宿のもつ「場所の力」ともいえようか。

まず「人」が集まった。戦地からの引き揚げ者、当時いわゆる「第三国人」と言われていた旧植民地（朝鮮半島、台湾）の人々、再開された大学に戻ってきた学生たち、そして新しい新宿を予感する地方からの若者たちが集まった。

昭和二五年頃の東口地域はいまだ焼け跡が残っていた。そのすき間を無数の小さな店、バー、飲食店、喫茶店、売春の宿が密度高く埋めていった。それらが一つの建物になっていったケースも少なくない。

戦争直後、新宿は焼け跡派の盛り場であった。歌声喫茶や歌声酒場が出来、小さな店々には人々、若い人々が一杯に集まって、飲み、歌い、語り、騒ぎ、殴り合い、愛し合った。戦後はストリップショーも流行った。泰西名画風に額縁に裸の女体を入れた帝都座の「額縁ショー」はなんともユニークであった。ムーランルージュは昭和二六（一九五一）年に閉館し、キャバレーになった。新宿の盛り場は上品な銀座などと異なって、庶民の楽しむ人肌の猥雑な小空間のバイタルな集積体といえよう。

国による戦災東京復興への動きも早かった。

昭和二一（一九四六）年、戦災復興都市計画が決定し、戦災復興土地区画整理事業は、昭和二三（一九四八）年に開始された。これにより新宿駅東口付近、新宿二丁目、歌舞伎町、大久保一丁目、計七八haが対象地区となった。また新宿一、二丁目地区では、道路網と宅地整理、公園の設置、靖国通り、明治通りの建設が昭和五五（一九八〇）年までに行なわれた。

そして歌舞伎町地区の区画整理は組合施行によって昭和二二（一九四七）年に事業化され、昭和三二（一九五七）年に事業が完了した。東口商空間の街路と街区の骨格、枠組みが用意されたのである。

闇市、露店を横目に、被災した東口商店街の商店主たちの立ち上がりも早かった。

戦前の最盛期の商空間を再現しようと、疎開先から家族を呼び戻し、仮設住宅、仮設商店街を開いてまず商売を再開した。復旧・復興へ、戦前からの老舗の店々が底力を見せた。区画された街区に民間の建設が活発化していったのである。

戦後の新宿のまちは、伊勢丹が昭和二八（一九五三）年まで戦勝国アメリカ軍に占拠され、日本人女性をつれたアメリカ兵の闊歩するまちでもあった。

新宿の戦災からの復旧・復興のエネルギーは、戦前の新宿の繁華街の領域を越えて、靖国通りの北側に「歌舞伎町」という新しい繁華街をも生み出した。

……都電始発駅の位置変更と西武線の新宿乗り入れ

昭和二四（一九四九）年八月、占領軍司令部から東京都に対して、交通、衛生、防火、美観に支障となるので、公道から露店を昭和二五年三月末までに撤去するよう指示が出た。これを受けて、東京都は全露店業者に対して、整理通告をした。

大正一三（一九二四）年に追分から二幸前に移されていた都電の始発駅は、新宿通りが繁華になるにつれて交通が混雑するようになり、昭和二四年四月、その緩和のため歌舞伎町の靖国通りに移された。また、紀伊國屋脇の専用軌道を始発駅としていた都電一三番線も同様に始発駅を歌舞伎町に移し、三光町交差点を左折し新田裏を右折、大久保車庫の方向へ向かうルートに変更された（図6－5参照）。

新宿通りの、追分から二幸前までの間の都電が撤去されて、幅員に余裕ができたため、昭和二六年一〇月に幅員二mのグリーンベルトが設けられ、四季の花々や草木が植栽されて、新たに設置された街路灯とともに、新宿の名物の一つとなった。都電の始発駅が靖国通りの歌舞伎町に移っていたこと、昭和二七（一九五二）年三月に、当時都バスの車庫があったこの一帯に高田馬場から西武線が延伸されてきて、西武新宿駅が出来たことが、歌舞伎町の繁栄に大きく貢献した。都電と西武新宿線によって、交通至便になった歌舞伎町には一大劇場・映画街が誕生した。新宿通りの商業集積と歌舞伎町の繁栄が一体となって、新宿駅東口商空間の賑わいをもたらした。昭和三二年頃には二十四もの映画館が出来ていたのである（図6－8参照）。

昭和三四（一九五九）年三月には、地下鉄丸ノ内線が新宿へ乗り入れ、開通した。東京の地下鉄は、昭和二（一九二七）年一二月、上野～浅草間に初めて開通したのであるが、それから三十二年後のことである。地下鉄工事の際に新宿通りのグリーンベルトは撤去され、その後、交通混雑が懸念されて復旧されることはなかった。『君さそうグリーンベルト』という歌謡曲になって、レコードまで売り出されたが、わずか六年の命で消えてしまった。地下鉄丸ノ内線は、昭和三五年には方南町へ、三七年には荻窪まで延伸された。

7 新宿東口商空間の成熟──高度経済成長期

新宿が「若者のまち」としての性格を強めていくのは、昭和三〇年代半ば頃からである。新宿の来街者の主流を占めるようになった若い層の一人当たりの購買力が高まってきた。これは、繁華街における一つの時代の転換期であることを示した。「もはや戦後ではない」という時代背景とヤング志向という要素が重なって、新宿は変貌していく。昭和四〇（一九六五）年国鉄新宿駅の乗降客が日本一となった頃から、それまで最有力の繁華街であった銀座を新宿が逆転したと見られるようになった。それは、経済性の高さをはかる地価（路線価）が、新宿高野の一角が日本一高くなったことでも裏付けされている。この勢いは、昭和四五年頃まで続いており、この時期が新宿全体にとっても、その戦後史を通しても、最も充実し安定した時代であった。

鉄道網の整備と経済の高度成長を背景に、昭和三九（一九六四）年の東京オリンピックの前景気とオリンピック競技場を近くにひかえた有利さで新宿は国際的にも宣伝され、大阪万博が開かれた昭和四五年頃までは、他の繁華街に見られない上昇気運に乗って繁栄を享受し、新宿のまちは一気に近代化の道を歩むことになる。小さいビルは更新され、大型高層のビルに建て替えられ、デパートが拡張合戦を展開、近代建築の並ぶまちとなった。建て替えられた主なものを挙げると、昭和三七（一九六二）年中村屋、三九年駅ビルのルミネエスト新宿（マイ・シティ）、四三年高野ビル、新宿通り北側では、三五年に二幸が増築、三七年には丸井ビルが完成し、三九年には紀伊國屋ビルが竣工した。また、伊勢丹は三五年に本館西側に地上三階、地下三階のパーキングビルを造り、三八年には本館を地上七階、地下三階に増築し、四〇年には北側に増築、四一年には伊勢丹会館を建設した。

伊勢丹と向かい合っている、最近新装なったファサードがモダンな丸井新宿店は、出発において呉服系とも電鉄系とも異なる大型量販店系である。もともと中野駅前に本店を置き、月賦販売で売り出し大きく成長し、新宿に進出した店である。新宿三丁目の丸井の土地の半分は、紀伊國屋と同様、薪炭業を営んでいた大阪屋（喜多）の土地である。

京王線の始発駅が新宿三丁目の京王ビルから、西口に移転したのは終戦直前の昭和二〇（一九四五）年七月であるが、戦後、昭和二四年七月には駅舎が完成した。京王駅のビル化（昭和三九年）とともに、路線も変わり、文化服装学園のところ

6-14　靖国通りに移された都電路線（昭和24年）　出典：『新宿風景』

から甲州街道に沿って走っていた線路を、玉川上水跡の地下に変更し、初台までを地下化した（昭和三八年）。隣の小田急線は、三七年六月に、上下二段式ホームに改良され、駅から三〇〇mはトンネル式で、そこからは掘割で南新宿に出るように改良された。駅舎は小田急百貨店と一体に造られた。西口広場周辺では、昭和三六（一九六一）年に安田生命ビル、工学院大学ビルが完成し、三七年には地下三階、地上八階の東京建物ビルが完成し、小田急百貨店が全館を借り上げた（現小田急ハルク）。また、この年には朝日生命と新宿郵便局が建っている。

6-15　ホリデープロムナード（歩行者天国）で賑わう新宿通り（昭和 45 年）
出典：『新宿高野 100 年史　創業 90 年の歩み　戦後編』

この後も、新宿に関わる交通網の整備にはめざましいものがある。新宿の永年の念願であった埼京線の乗り入れが昭和六一（一九八六）年に実現し、池袋から延伸されてきた。埼京線は平成八年には恵比寿まで、さらに平成一四年には大崎から東京臨海高速鉄道を経由して、臨海副都心と直結した。平成二（一九九〇）年には、新宿と伊豆下田間にスーパー踊り子号の運転が開始され、翌三年には、新宿〜成田間に特急成田エクスプレス（NEX）の運転が開始された。平成一三（二〇〇一）年になると湘南新宿ライナーの運転が始まり、新宿と湘南方面が直結された。

また、地下鉄大江戸線が平成九（一九九七）年に新宿〜練馬間で、平成一二（二〇〇〇）年に全線で開業し、新宿駅周辺で、新宿西口駅、都庁前駅、西新宿五丁目駅、東新宿駅が新たに開設された。平成一八（二〇〇六）年には、ＪＲと東武線との相互乗り入れが実現し、新宿と日光、鬼怒川の間に、特急の運転が開始された。平成二〇（二〇〇八）年には、地下鉄副都心線が開業し、新宿三丁目、すなわち新宿繁栄の原点ともなった追分交差点に駅が開設された。これによって、埼玉や横浜方面から来街者を招き入れることができるようになった。

このように、新宿駅を中心に鉄道網がほかに例を見ないほど整備されたが、鉄道の結節点である新宿駅西口の高速バスターミナルから、京王電鉄バスが中央自動車道を利用して、富士五湖や松本などへ十八路線を運行しており、その他、西東京バス、関東バス、近鉄バス、西日本鉄道バス、山梨交通、川中島バス、富士急行バス各社が日本各地への路線を設定してバスを運行している。

新宿のまちは、四百年前に誕生した内藤新宿が原点となり、様々な変遷を経て今日の繁栄をもたらしたが、明治以降の鉄道の整備によって、後背地から人を呼び寄せ、新宿駅は今や一日の乗降人員が三五〇万人に及ぶ大ターミナル駅となって、新宿を世界都市へと押上げている。

8　東口商空間再創造への動き

人や経済のグローバル化、情報化などの二一世紀の大波が新宿の商空間をも包み込んできている。そして平成二三（二〇一一）年三月の東日本大震災があり、かつ東京直下型大地震が近未来に起こると予想され、改めて新宿についても防災的観点からの対応が求められている。

戦後、六十余年、焼け跡から立ち上がった新宿駅東口商店街も、内容と建物に老朽化が現れてきている。西口のビジネス超高層ビル街、南口の駅上空の人工地盤化による再開発といった動きのなかで、成熟した東口商空間は、どちらかといえば旧態を続けている。

そのすき間に平成二〇年代、時代の流れに乗った新規産業の情報系、電気系、安売り系の店々が入り、まちのかたちや表情を衝撃的に変えつつある。靖国通りの大ガードに面して壁面を大型スクリーンで包んだ家電量販店「ヤマダ電機」が出店したのに続いて、平成二四（二〇一二）年、新宿大通りの老舗中の老舗、地上八階、地下三階の「新宿三越（三越アルコット）」を「ビックカメラ」と「ユニクロ」が借り受け、全く表情を変えてしまった。この歴史的建造物は、全面をすっぽりと白い壁パネルに囲い込まれ、白い箱物、広告板になり、その箱に「ビックロ」と赤く印字された。新宿のゴチャゴチャ雑踏性を箱に取り込んでの新しい商空間の出現である。

新宿に安売りカメラ店が最初に現れたのは西口、十二社の「ヨドバシカメラ」（昭和三五年　一九六〇）である。当時、カメラは高級品であり、これをできるだけ安く売ることを考え、小さなカメラ店を構えたのは長野出身の藤沢昭和（昭和一〇年生まれ）であった。カメラが高級品から大衆向けの安売りの対象になったのは大阪万博の頃からである。「ヨドバシカメラ」は西口での店舗展開から東口駅前に出店し、新宿生まれのカメラ店として次々に全国展開をしている。新宿東口にも情報時代の大波に乗った新人たちが次々に現れ、まちに正負のインパクトを与える時代となった。

「情報化と都市」は都市学の面白い課題である。今や、老若男女、まちを行き交う人々は「ケータイ」を持ち歩いている。いつでも、どこでも、家族・友人、他人とも情報を交信できる「ケータイ」は現代人の必要不可欠の装身具である。まちから電話ボックスが消えたのはつい最近のことである。

新宿に限らず、まちを注意して見ると建物などには空中の電波（情報）を授受・中継するアンテナが付いていることに気付く。大きな建物にはその大掛かりなものがあり、例えば都庁舎の塔屋にはいくつものパラボラアンテナが八方にらみに付けられている。ＮＨＫなどの放送局は、グローバルに繋がる情報受発信の基地であり、そのアンテナとなる東京タワーや東京スカイツリーは、都市の表情を全くつくり変えてしまう。

情報時代にあって、地面廻りの「土地利用」に対して、莫大な電波（情報）が飛び交う「空間利用」が、今後の都市づくり、都市経営の新しい課題となっている。

長いこと東西をつなぐことにバリアとなっていたＪＲ鉄道路線の地下に自由通路が作られることになり、事業が始まったことは関係者の努力によるが、それにしても世界一の乗降客の利用する新宿駅東口の駅前広場はいかにも貧弱である。

近年、地下鉄副都心線が開通（平成二〇年）し、新宿三丁目で地下鉄丸ノ内線とクロスすることによって、東口商店街は地下ターミナルを持つことになり、まちを大きく活気づけることになったが、これを活用して回遊性のある地下商店街を作り、地上の商空間のにぎわいを創出するのも東口のまちづくりの直近の課題である。

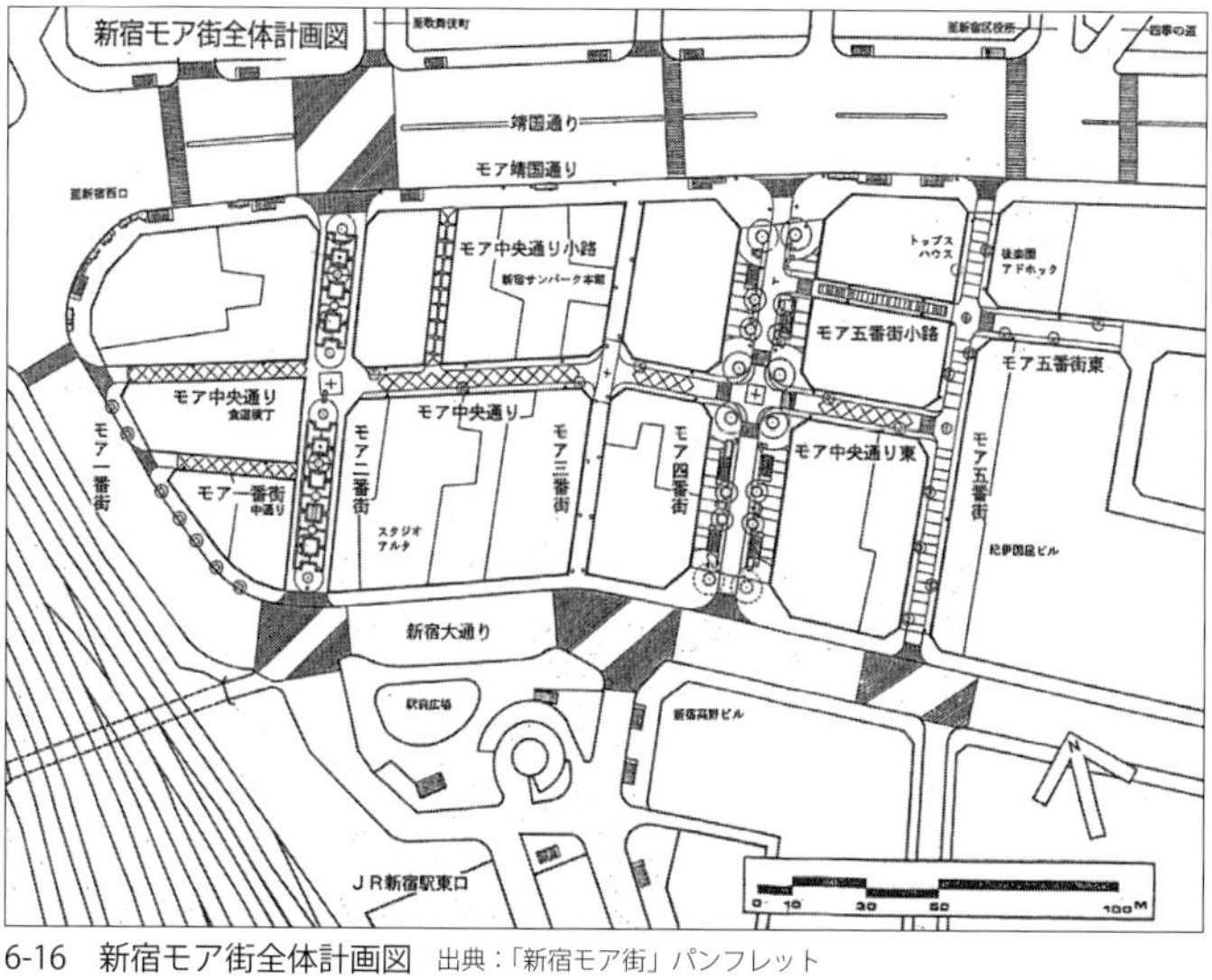

6-16　新宿モア街全体計画図　出典：「新宿モア街」パンフレット

この課題に対応する動きとして、新宿駅前商店街に新宿モア（MOA）街がある。昭和五八（一九八三）年に計画され、平成元（一九八九）年に完成した。「子供から大人までの様々な世代の人々が、楽しく安心して出会う街づくり」、モア＝ＭＯＡ（Mixture Of Ages）をテーマに、新宿駅前商店街振興組合・二世会が中心となり、区を動かし、中路・小路をモール化し、人々に楽しい買廻りの商空間をつくり出した。街路に統一樹、高木のケヤキを植え、石畳で路面を整え、形の良い街路灯、ストリートファニチャーを配してのまちのデザインである。天気の良い日には、路にカフェテリアが設けられ、時に路上一杯にファッションショーが繰り広げられている。

都市の全体的なまちづくりの課題に対して、新宿区は「都市マスタープラン」をつくり二十年後の区や地区の将来像を示しているが、これに呼応して、地元商店街は現実的な対応に迫られ、個々の利害を調整しながら一つにまとまって、当面する課題に対し短期的、中期的取り組みを始めている。▼第10章参照

歴史的経過の中で生まれた新宿大通り、駅前地区、駅東口地区の商店街を、ばらばらなものではなく「東口商空間」として一体的なものとして捉え、これを商店主たちが集まって、エリアマネージメント、都市経営をしようとする野心的な試みが始められている。

6-17　モア四番街のオープンカフェ

………第７章

新宿文化を創った老舗たち

1 中村屋——相馬愛蔵、黒光が育てた新宿サロン文化

新宿駅東口寄りの新宿大通りに、創業百年を超えるパンとインドカリーで有名な中村屋が、昔からの位置に店を構えて、新宿のまちを見守り続けている。パンの中村屋商店は、相馬愛蔵（当時三十二歳）、黒光（当時二十六歳）夫妻が、東大赤門前で、屋号とともにそっくり買い取って明治三四（一九〇一）年に始めたものであった。新世紀、都会の「和」から「洋」への食文化の変化、「パン」に着目し、時代の波に乗って新宿に支店を出したのが明治四〇（一九〇七）年の暮れで、明治四二年に今の場所に移転開店した。

この事情を愛蔵は『一商人として』（岩波書店　一九三八）に書いている。「私は将来の発展の上から市内電車の終点以外に適地はないという断定を下し、新宿終点に目をつけたのである。しかし当時の新宿のみすぼらしさはいまの何処といって較べて見る土地もない位、町はずれの野趣といっても入れば野便所があり、電車は單線で、所々に引き込み線が引かれ、筋向かいの豆腐屋のブリキ板が風にあふられてバタバタと音を立ててゐるなど、こんな荒んだ場末もなかった。でも、それは新宿の外形であって、もうその土地には興隆の気運が眼に見えぬうちに萌《きざ》してゐた」。この「場所の力」を得て、その後、水を得た魚のように大きく自己実現を果たしてゆく相馬愛蔵、黒光夫妻の個人史はそのまま一つの新宿物語である。

愛蔵は信州安曇野出身で東京専門学校（早稲田大学の前身）卒、黒光（本名、良）は仙台出身、明治女学校卒である。

中村屋は（平成二四年現在、全面的に建て替え中であるが）つい先日まで、中層建築の一階はパンや菓子類の売り場、喫茶室、二階以上はレストランであった。三階のサロン風の落ち着いたレストラン・レガルは昔からの常連客が多いように見受けられた。レストランの入口に信州安曇野出身の彫刻家、荻原碌山作の裸婦「女」（明治四三年）があり、黒光をイメージして創られたと言われている。レストランの壁には中村彝《つね》作の油絵、相馬夫妻の長女俊子を画いたふっくらと丸顔の「少女」（大正三年）、ロシアの盲目の詩人「エロシェンコ」の肖像画（大正九年）が掲げられていた。

レガルの売りは香料の効いた骨付き鶏肉の入った「インドカリー」で、これを目当てに来る客が多い。「カレー」と言わずに「カリー」とは、かつて中村屋に匿われていたインドの革命家、ラス・ビハリ・ボースが中村屋に伝授したもので、当時のボースの発音をいまだに使ったものだということである。

パンの中村屋商店の成功は、明治から大正にかけての「食文化」、食に関する生活様式が洋風化する時代背景に重なる。

『中村屋一〇〇年史』（中村屋社史編纂室編　二〇〇三）から節目を拾ってみると、まずパン販売では先発の銀座木村屋のあんパンがあったので、パン・クリームワッフルを創案、これがヒット商品となった。そして大正一二（一九二三）年には大震災の緊急食糧として地震パンを販

7-1　大正末期の中村屋（関東大震災後、毎年９月１日に震災記念販売を行なっていたときの様子）出典：『中村屋一〇〇年史』

売、昭和二年喫茶部を設け、純インド式カリーライス（コーヒー付きで一円）、ボルシチを販売開始する。イースト菌による食パンも普及し、同年、材料入手のために神代村（現在の調布市）に中村牧場を開設している。その後更なる商品開発を進め、昭和六年、日本初のドッグフードを開発し、昭和一〇年には満州の関東軍から注文を受けるに至った。翌昭和一一年に五階建ての新ビルを建設し、昭和一四（一九三九）年末には戦前、最盛期の販売額を上げた。

戦前、中村屋はパンの販売から新商品の開発、さらにレストラン経営、中村屋サロンの文人の支援などにより、一流店への基礎固めがされていった。

中村屋商店の成功は、新宿のこの場所で欧化する日本人の食生活を先取りした点によるが、欧化する新時代の空気を受け止め、芸術運動の一拠点、中村屋サロンを提供したことも少なからず関係がある。

サロンの中心人物は、彫刻家荻原碌山（本名、守衛《もりえ》）で愛蔵と同郷、信州安曇野の人であった。ここに芸術家たち、中村彝、高村光太郎、中原悌二郎、戸張狐雁《とばりこがん》らが集まり、明治から大正にかけての西洋のシュトゥルム・ウント・ドラング（疾風怒濤）の時代を敏感に受け取って、奔放な議論に明け暮れたらしい。碌山は早死したが、その後を受けて、美術家、歌人、書家として高名な會津八一（早稲田大学教授）がサロンの中心になり、都市文化のこの拠点に「年年歳歳花相似たり、歳歳年年人同じからず」と人が集まり、実験的、前衛的演劇活動をも試みている。

大正に入って新宿中村屋は異国人たちの集まる場所でもあった。英国の支配に抵抗したインドの独立運動家、ラス・ビハリ・ボースは日本の官憲に追われていた大正四〜五年、中村屋に匿われた。ボースは黒光の長女俊子と結婚し、一男一女をもうけている。またこの時期、同じくインドの独立運動家、スバス・チャンドラ・ボースをも匿っている。

ロシアからは盲目の詩人、ワシリー・エロシェンコがボルシェヴィキの嫌疑で追われており、大正六～一〇年頃まで中村屋で匿われた。当時、ロシア社会主義賛美の風潮もあり、画家などに人気のあったルパシカ（注9）は一時中村屋のユニフォームとなった。この時、中村屋はボルシチやロシアチョコを売り出している。

また明治四三（一九一〇）年、日韓併合前後の朝鮮からも林圭《イムギョ》、朴順天《パクスンチョン》、黄信徳《ファンシンド》らの女性運動家たちを迎え入れている。

新宿中村屋は商売に重ねて芸術家のサロンとなり、亡命の異国人の宿となり、新しい時代を引き受ける前衛性を持っていた。その中心人物が懐の深い愛蔵であり、共同経営者の黒光であった。

新宿の近代史を女性史に重ねて語る場合、相馬黒光が欠かせない。黒光は仙台、伊達藩の漢学者の家系につながり、型にはまらないキリスト教系明治女学校での文学志望の自由奔放な性格の女性であった。黒光は愛蔵と結婚し一時信州に移るのだが、「田園の倦怠」（自著『黙移』の一節）から逃れて、二十六才の時に、農村ではなく人の集まる都会へ、女性としての自己実現の場所を構えたのである。黒光こそ、新しい時代に向かう明治生まれの優しさと激しさを持った気丈な女性、文学や芸術に時代を読み取り、自己実現、自己表現をした一人の「新宿の女」といえまいか。

余丁町に女子医大を開いた吉岡彌生や、新宿裏の盛り場で女給をしながら『放浪記』を残した女流小説家、林芙美子など、新しい女性にとって都市新宿は自己実現の格好の場でもあった。

愛蔵、黒光夫妻によって明治三四（一九〇一）年、創業された中村屋は、平成一三（二〇〇一）年、創立百年を迎えた。二〇世紀を生き抜いたことになる。中村屋はこの世紀、明治末から大正、昭和前期

注9　ロシア人の着るブラウス風の上着。ゆったりした直線断ちで立衿がつき、衿や袖口に刺繍が施されることが多い。ズボンの上に着用し、腰ひもでしめる。

と新宿の発展とともに成長した。そして、第二次世界大戦中の戦災に遭遇し店を焼失した。しかしこれをもたくましく乗り越えて、新宿本店を昭和三三（一九五八）年に新築し、本格的に店を再開させ、多くの客を惹きつけている。中村屋の商標は昭和一二（一九三七）年に登録され、商標の左下にある天秤が表しているように、会社の利益と客の利益（喜び）が同価値になるような商売を目指しているという。

愛蔵、黒光は、昭和二九（一九五四）年、三〇（一九五五）年と相次いで亡くなったが、株式会社中村屋は新宿大通りのもともとの場所に本店を置き、全国的に支店を配する大きな店に成長した。また、これまでの本店も新しい姿に建て替える計画を進めている。

7-2　中村屋商標ロゴ
出典：『中村屋一〇〇年史』

2 新宿高野―フルーツに着目した高野吉太郎の食文化の革新

『新宿高野一〇〇年史』（新宿高野一〇〇年史編集委員会　一九七五）によると、新宿高野が果実問屋として越後を故郷とする初代高野吉太郎が新宿・角筈（現在の新宿駅ビル地下駐車場入口付近）に店を構えたのは明治一八（一八八五）年、新宿駅が出来るのと同時期であった。

初めの頃は、繭《まゆ》の仲買、古道具屋のわきに果実を置いての出発であったが、明治三三（一九〇〇）年、果実売りの専門店とした。パンの中村屋に対し、果実の高野商店であった。

明治末から大正にかけて、東京は生活スタイルを先端的に洋風化してゆくが、それは食生活にも顕著であった。明治政府は「富国強兵」、「殖産興業」を維新の旗印としたが、農業振興、農業技術の革新も柱の一つであった。洋種の種苗、家畜、養蚕、農機具などについて欧米の知識、技術を積極的に取り入れた。明治五（一八七二）年には、新宿御苑に内藤新宿農事試験場が設けられて、養蚕、製茶、牧畜などの研究がなされている。これが「勧農寮」となり、政府は欧米人の教師を招き、「農事修学場」を設け、農業技術改良にあたらせた。ここでは洋種の果実、蔬菜《そさい》、花などを広範囲に品種改良、移植、栽培した。ここで育種された果樹苗が日本中に配種された。福羽逸人による福羽イチゴは新宿御苑産である。果樹栽培の新時代を迎え、日本の果樹生産は飛躍的に発展し、果物が店頭に並び、明治三〇年代からは庶民も果実を楽しむようになった。

　新宿高野が店を構えた角筈は、新宿駅を中心とした鉄道の拡張、電車線の新設など、商店としてこれ以上の立地はなかった。また近郊の住宅地化、都市化、人口増、特に関東大震災のあった大正一二（一九二三）年以後、当時の中流・上流の人々が山の手に住むようになり、新宿高野は厚い客層に囲まれ、明治の末には既に売上高で東京の三大果実店の一つになっていた。

　高野果実店が、新宿山の手に住居を構える明治の元勲たちに贔屓にされたエピソードが残っている。乃木希典（陸軍大将、学習院院長）夫人静子は、高野に、紅茶の入れ方から、かた結びではなく開いて華やかに結ぶ果物かごのリボンの結び方まで伝授した。

　また、新宿戸塚に早稲田大学を創設した大隈重信は果樹園芸に大いに関心

7-4　大正期の配達風俗
出典：『新宿高野 100 年史 創業 90 年の歩み』戦前編

7-3　大正 2 年当時の高野和洋果物問屋
出典：『新宿高野 100 年史 創業 90 年の歩み』戦前編

があり、大正九年頃、香りの良いマスクメロンの試食会を大隈邸で行なったりした。新宿高野二代目吉太郎は大隈侯爵や前田、山田侯爵らの再三の薦めで、高級果実、マスクメロンを置くことにしたのだが、これが華族などの一部上流社会のみではなく、上、中流家庭の贈答品、見舞品として珍重された。大隈重信は人生一二五才説を称え、「果樹園芸は一二五才の生命の娯楽としてこの上ないと思う」と言ったが、当人はともかく、早稲田大学も新宿高野も新宿にあって、ともに一二五年を生き抜いている。マスクメロンの宣伝販売は水菓子を「フルーツ」に置き換え、果物を大きくイメージアップさせた。

二代目吉太郎は、日本在来のミカンや改良されたリンゴ、ブドウなども産地から仕入れると同時に、輸入果物、パインやバナナ、マンゴーなどを扱うまでになり、フルーツ販売の隆盛時代を築いていった。果物のほかに果実酒、フルーツ缶詰類など、新しい食消費の分野を開拓した。

7-5　高野果実店全景（昭和 12 年）
出典：『新宿高野 100 年史 創業 90 年の歩み』戦後編

新宿高野は大正一五（一九二六）年、店も洋風建築に改築し、タカノフルーツパーラー（果物食堂）を開き、戦前のモダン新宿に一つの花を咲かせた。昭和年代には得意先は都内全域に及び、昭和八（一九三三）年、個人商店を合資会社高野商店に、昭和一二（一九三七）年、地上三階、地下一階の鉄筋コンクリートビルを建て、近代経営の時代に入った。果実専門店として都内デパートに支店を設けるとともに、洋酒、輸入缶詰の販売、レストラン経営を拡充した。

昭和一〇年代に入って戦争の暗雲が日本を覆い出すが、新宿の商店も例外ではなかった。昭和一四（一九三九）年高野商店産業報国会結成、昭和一八（一九四三）年には洋食部を閉鎖し、戦時体制の中、半ば営業停止状況となっていく。

「新宿の町は戦時中のたび重なる空襲に焼野原と化し、本店ビルも外壁がわずかに焼け残っただけでした。この荒涼たる焼野原は昼間は被災者たちが彷徨するだけで、夜間の人影とてありませんでした。ところが終戦からしばらくすると、瓦礫の山は整理され、一大露店街ができ上がりました。そして、この露店街に無数の被災者が蜜にたかるアリのように群がり、さしもの焼野原もたちまち盛り場と化したのです。これが新宿復興の第一歩でした。」（『新宿高野一〇〇年史』）

新宿高野は昭和二四、二五（一九四九、五〇）年にはほぼ戦前の水準に達し、三〇年代にかけて、日本有数の高級果実店としての地位を確立した。

昭和三〇年代の初めは、新宿にとって一つの節目の時期であった。昭和三三（一九五八）年、売春防止法が適用となり江戸以来の遊廓が消えたが、翌三四年には池袋〜四谷間の地下鉄丸ノ内線が新宿駅まで延長し、新宿の商空間を大きく支えることになった。日本全体も昭和三五（一九六〇）年の池田内閣の所得倍増計画、昭和三九（一九六四）年の東京オリンピックがあり、新宿の商空間は新宿駅ビルの建て替えをはじめ、増改築ブームとなった。

昭和四四（一九六九）年新宿高野は、新本社ビル（地上九階、地下三階）「タカノ・フレッシュターミナル」を完成させた。果実、フルーツパーラー、スーパーマーケットに加え、「ファッション」を加えた華やかな開店であった。新宿駅という交通ターミナルに「食」と「衣」のフレッシュターミナルとは、新宿に集まる若者、女性の心を掴んだ発想であった。新宿高野前の路線地価は一時、銀座鳩居堂前を抜いて日本一（昭和五五年　一九八〇）になったほどである。

新宿の商店の老舗の中で高野吉太郎は代々襲名され、現在、四代目である。

3 紀伊國屋書店――田辺茂一の新宿文化論

新宿大通りを挟んで「パン」の中村屋、「フルーツ」の高野の筋向かいに、新宿の老舗、顔ともいえる「本」の紀伊國屋書店が自らの表情を変えつつ新宿のまちの変化を見守り続けている。

現在の紀伊國屋書店の建築（昭和三九年　一九六四　竣工）は、戦前、世界的建築家、フランスのル・コルビジェの下に学んだ前川國男の設計である。新宿大通りに面しているこの敷地は、間口九間（約一六m）、奥行き四十五間（約八二m）のうなぎの寝床のような形状で、正面の外観如何が、建築もまちの表情をも決定してしまう設計条件である。前川案はまず書店の入口を少し後退させ、大通りの歩行者路を柔らかく引き入れたものであった。ここに歩く人々のヒューマンスケールな溜まりの空間が出来て、格好な待ち合わせの場所ともなっている。九階、九層の建物の縦長のファサードは各階に曲線の庇が付けられていて、いかにも大通りの外部空間が建物と響き合っているようだ。「俺の好きなのは書店風景だ」とは前川の残した言葉である。

紀伊國屋書店の創業者田辺茂一は明治三八（一九〇五）年、現在地（豊多摩郡淀橋町角筈）に薪炭問屋の長男として生まれた。田辺家の初代は紀州の人であった。

何故、田辺茂一が新宿で本屋を開くことになったか。『わが町新宿』（サンケイ出版　一九七六）によれば、田辺が本屋を開こうと思ったのは十歳の頃だったという。一九一四年（大正三）に行なわれた大正天皇の即位大典のとき、田辺は父に連れられて日本橋の方に出掛け、芸者の手古舞の行列が通るというので、父親に肩車してもらったが、それでも見えない。丁度近くに赤煉瓦の丸善があり、その二階に昇り窓から行列を見物した。「背後を振り向くと、背を金ピカにした洋書の棚があった。素晴らしかった。感動があった。その感動が、将来、本屋になろうと決心させたのです……」。ともかく「幼いときから根からの本好き」だったのである。

「本」の紀伊國屋は昭和二（一九二七）年、田辺茂一、二十二才の時の創業である。三十八坪、木造二階、階上にギャラリー、番頭一名、女子店員二名、小僧一名での出発であった。紀伊國屋書店はまた当時の文壇の交流サロンでもあった。田辺は中学・高校時代から交流のあった舟橋聖一や、阿部知二、井伏鱒二らと同人雑誌を創り、戦前戦後の小説家たちとの幅広い交流の場を提供した。また昭和前期、田辺は書店を開きつつ美術雑誌『アルト』（昭和三年）を刊行し、今《こん》和次郎、木村荘八ほかが参加している。続いて『文藝都市』（昭和三年）には舟橋聖一、阿部知二ほか参加、雑誌『行動』（昭和八年）、『文学者』（昭和一四年）尾崎士郎、尾崎一雄、室生犀星ほか参加など、次々

7-6　紀伊國屋書店　戦後建設された旧店舗（前川國男設計、昭和 22 年完成）
出典：『株式会社紀伊國屋書店　創業五十年記念誌』

と独自の芸術文化の発信を試みている。

昭和二〇年の戦災で店舗を焼失してしまうが、二年後の昭和二二（一九四七）年、新店舗（一五〇坪）（前川國男設計）を開店、昭和二三（一九四八）年には洋書輸入を開始し、翌年には喫茶室を新設した。そして昭和三九（一九六四）年、現本屋ビルが竣工した。

現在の紀伊國屋書店新宿本店は、建築としても書店の内容としても堂々たる新宿の顔といえるが、四階の「紀伊國屋ホール」がユニークである。座席は四二〇席ほどで、演じる側と観客が一体になれる、ほど良い規模である。昭和四〇年前後はいくつもの新劇、演劇集団が生まれ、演劇人はこの方面から時代状況を映して日本文化に切り込んでいったが、紀伊國屋ホールはその活動拠点の一つとなった。田辺茂一は昭和四一（一九六六）年、「紀伊國屋演劇賞」を創設し、以来毎年、演劇界で活躍する団体と個人に賞を贈り、励まし続けている。

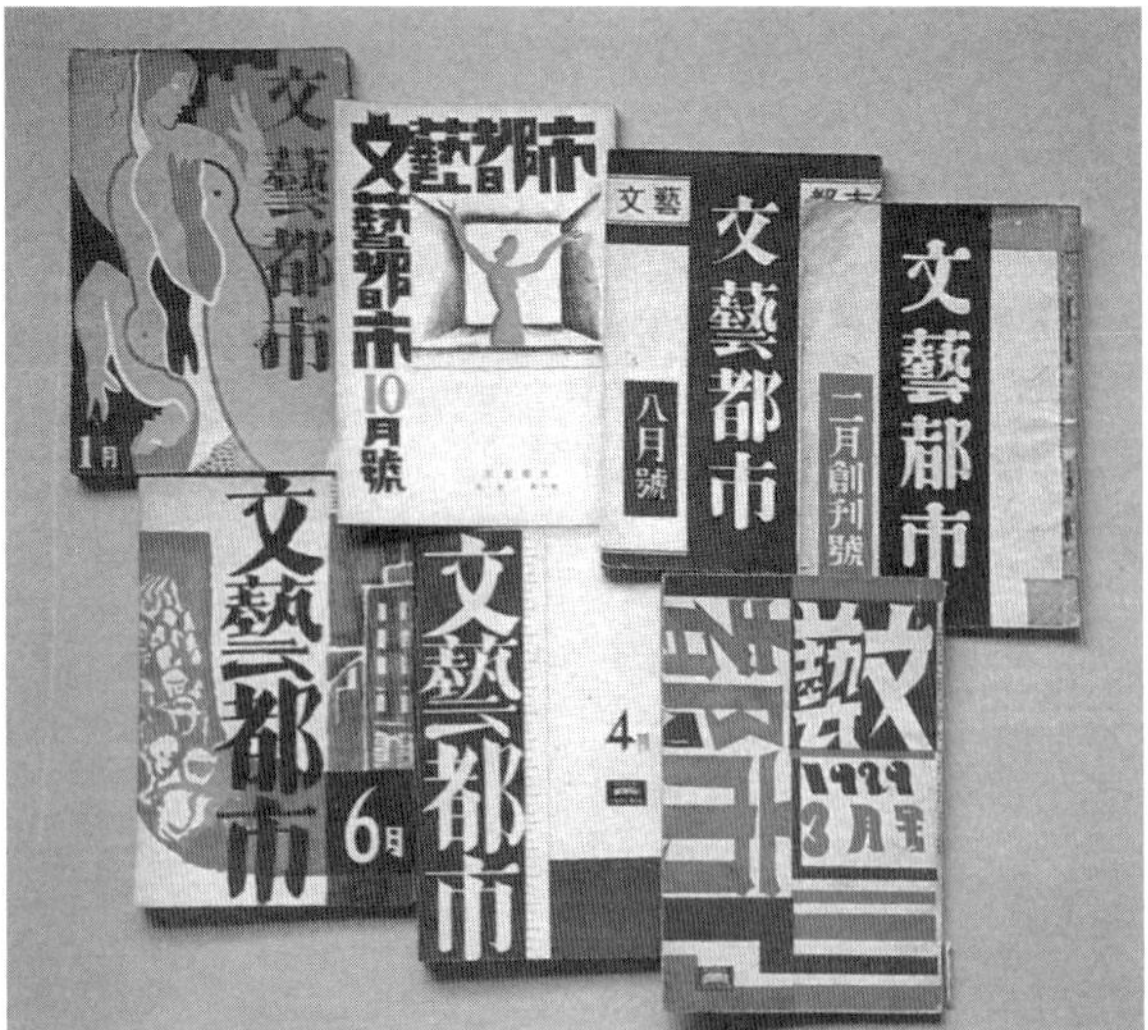

7-7　紀伊國屋書店発行の『文藝都市』（彦根市立図書館船橋聖一記念文庫蔵）

また紀伊國屋書店には、出発当時から建物が代わっても必ず画廊があり、戦前戦後を跨ぐ洋画家、安井曾太郎、佐伯祐三、東郷青児などの絵が展示された。画廊では、画家ではないが考現学者を自称し、新宿などの盛り場、まちの風俗を図入りで統計的に記録した早稲田大学建築学科教授、今和次郎のスケッチ展示もなされていた。

「本」との出会いは人生に少なからず影響する。人によっては「読書は人生」ともいえる。

「パン」の中村屋、「果実」の高野と一味違う「本」の紀伊國屋は芸術文化の新宿の拠点といえよう。上流社会ではない民衆、大衆の集散する新宿文化の形成にあって、希代の粋人田辺茂一がその中心人物として一時代を築いたのであった。

「いつの時代にも、大きい流れがある。その流れに沿うて、素直に流れてゆく。それだけでよろしいのだ。（中略）いろんな人々が集まったほうがいい。僅かの歳月に根をはった伝統に価値はない。それより新宿は、小さな排他性のないところを特色としたい」と田辺は『わが町新宿』で語っている。田辺は人を見、まちを見、新宿のまちづくりにも熱心であった。田辺茂一は数々のエピソードを新宿の歴史に重ねて残し、昭和五六（一九八一）年、七十六才の生涯を閉じた。

田辺茂一の片腕として紀伊國屋書店を支え、日本全国はもとよりアメリカなど海外にまで本の販売網を広げ、年商一二〇〇億円の企業にまで発展させた永年の協力者、松原治元名誉会長は「田辺には志があった。言葉を換えれば文化への限りない敬慕の念があった」と生前語っていた（『新宿を語る』新宿区発行　二〇〇五）。松原治は平成二四（二〇一二）年一月に亡くなったが、松原の社葬は田辺と同じ青山葬儀所であった。

4　柿傳――大人の道草の店

新宿東口駅ビル、ルミネエストに隣接した「安与ビル」も新宿に対して主張をもった建築である。新宿にあって、ネオン一杯のケバケバしい看板もなく、多角形様の立面をもった落ち着いた建物であるが、入口に「柿傳」と灯籠風の案内灯が置かれている。玄関を入ったところの壁に「父、安田与一にこのビルをささぐ、善一　川端康成書」と書かれた篆刻された石版が掲げられている。案内灯も石版の文字も川端康成の書である。

明治二三（一八九〇）年岐阜生まれの安田与一は明治期、新宿でメリヤス問屋、牛鳥割烹、トトヤホテルなどの店を始めた。二代目善一の「新宿物語」は関東大地震以前に始まるが、その当時を語る新宿風景が面白い。

「震災後で、駅舎も木造から鉄筋コンクリートの二階建てに新築され、正面玄関は今のアルタのある北に向いていた。新駅舎は竹矢来で囲まれ、道を隔てたすぐ前には、父の店があった。薪炭問屋の同益さんからそっくり借りた欅普請の立派な店で、『メリヤス問屋、安田商店』を開く。問屋だったから夕方には早くも店をしめ、夕食後には番頭の肩ぐるまで、暗い駅の竹矢来を背に人垣を作っている艶歌師を毎晩のように見に行った。バイオリンの伴奏で歌った唄は、『枯すすき』『籠の鳥』『カチュウシャ可愛や』『へへ、ノンキだネェ』であった。後年の名画『巴里の屋根の下』の艶歌師風景とそっくりだった」。（「駅前で暮らした60年」『新宿駅一〇〇年のあゆみ』日本国有鉄道新宿駅　一九八五）

二代目善一は父、与一の新宿商人としての志を受け継ぎつつ、独特なやり方で新宿の文化活動に熱心であった。雑然とした新宿の中に、日本の伝統的品格を追求していた。善一は紀伊國屋書店の田辺

7-8　柿傳：安与ビルと川端康成の書

茂一とは従兄弟同士、東大哲学科の卒業である。安与ビル建設は、親交のあった川端康成に「大人の道草の店」を作ることを勧められたことがきっかけであったという。なんでも、川端自身、この建物の中で「美の店」と名前まで決め、古道具屋を始めるつもりであったのが、ノーベル賞受賞で身辺多忙となり沙汰やみとなったと、生前の善一が語っていた。そこで、茶事の教室を京都の表千家の全面的協力でつくり、茶と一体の茶懐石の老舗「柿傳」を安与ビルに開業することとなった。安与ビルの古今サロンに文人や哲学者を呼んでは、まちの人々のために時勢に合った講演会のようなものを開いていた。また安与ビルの中には本格的な茶室も設計（谷口吉郎）され、茶の作法教室も開いている。

新宿のまちづくりにも熱心であった。柿傳のある八階の階段室から新宿駅の路線敷がよく見えるが、「夜など黒々としてこの上なくもったいない。駅上空を人工地盤にすべし」といつも話していた。実は、私ども「新宿研究会」の新宿駅人工地盤構想はこれが発端である。

安田眞一、安田商店（安与商事）三代目は、初代、二代の志を引き継いで、安与ビルを拠点にいくつもの文化活動を行なっている。安与ビルの地下空間は、地方作家の茶器、陶磁器の展示ギャラリーである。また、流派を越えた茶の湯の同好会（会長・細川護熙《もりひろ》）は、お茶に関連する講座、茶道夏期大学を開講し、会誌『茶の湯』の発行を続けている。安与ビルの向かい側の大安ビルは大衆向け食堂「くらわんか」と「そばの大庵」

7-9　柿傳店内の茶室「残月」

を経営しているが、時に、駐車場を音楽会場に仕立て、「ボサノバ」ならぬライブ「ソバノバ」を開いて、新人音楽家を育てている。また、まちの美化運動に熱心で、「新宿研究会」の勉強会にも会場を提供してくれている。

5 伊勢丹──新宿からの衣食住の文化、世界への発信

新宿三丁目の角、新宿大通りと明治通りの交差する街角に伊勢丹本店が、存在感のあるアールデコ建築のしっかりとしたボリュームで、繁華街・新宿の昭和からの現代史を体現し、存在し続けている。新宿大通りから百貨店のデコラティブなファサードを注視してみると、立面のほぼ中央あたりに、左右に少し表情が違いかつ、階高が少しずれていることに気がつく。

この場所には明治期、新美濃楼という遊女屋があったのだが、大正七年の警視庁令によりそれが新宿二丁目の遊廓に移った跡に、布袋屋が地上六階、地下一階の呉服のデパートを開業していた（大正一四年 一九二五）。伊勢丹は明治一九（一八八六）年、伊勢の人、小菅丹治が神田旅籠町に伊勢屋丹治呉服店を創業したことに始まるが、昭和五（一九三〇）年、二代目小菅丹治社長が株式会社伊勢丹を設立した。その伊勢丹が新宿に百貨店を出したのは昭和八（一九三三）年で、布袋屋の隣地の都有地を買って建築したものであった。その後、昭和一〇（一九三五）年に布袋屋を買収して、一体の建築物にしたのである。新宿大通り立面のずれはその歴史的証拠である。因みにこの建造物は東京都歴史的建造物に指定されている。

新宿に百貨店が進出したのは三越が最初であり、関東大震災直後、布袋屋の開業した同じ大正一四（一九二五）年に、駅正面の現アルタのある場所に支店を構えた。そして、昭和五（一九三〇）年、新宿大通りの現在の場所に、地上八階、地下三階の当時としては群を抜く堂々たる百貨店、三越新宿店を構えたのである。伊勢丹が新宿に進出したのは昭和八年と後発であったが、大正末から昭和初年にかけてこれだけのデパートが進出し新宿に集まったということは、この商空間が分厚い山の手住宅地域の新しい消費者に取り囲まれたことをも意味する。

新宿駅周辺にはその後も百貨店が結集してゆくが、それは新宿がようやく都市へと変貌することの証明であった。この中で伊勢丹は新宿に根を張り、群を抜いて老舗百貨店の存在感を示している。三越の場合は、本店は日本橋三越であり、その出生からして和服、高級イメージであり、顧客は上流階層である。これに対して伊勢丹の場合は、山の手住宅地の中流階層であった。商圏は戦前でも荻窪、吉祥寺まで広がっていた。伊勢丹はこのサラリーマン層と家族を意識した店づくりを展開し、不動の地位を保った。

伊勢丹は戦前、戦後と日本を代表する百貨店に成長するが、第二次大戦の東京空襲で、新宿一帯が戦災に遭い焦土となる中で、

7-11　伊勢丹屋上にある
創業者小菅丹治の胸像

7-10　新宿追分交差点に面して建つ伊勢丹

被災を免れた数少ない建築物であった。そのことにより、昭和二〇～二八年の間、三階以上がアメリカ進駐軍に占拠されることになり、戦後の新宿にはジャズが流れ、少なからずジープとアメリカ兵のまちとなった。

戦前の多くの百貨店がそうであるが、三越も伊勢丹も呉服店、衣食住のうちの「衣」の販売からの出発であった。やがて都市市民の生活必需品、衣、食、住（家具、食品ほか）全般を扱うようになった。百貨店は都市市民の旺盛な購買力に支えられて発展してきた。流行最先端の品揃えのあるデパートでの買い物は市民の楽しみであり、三越や伊勢丹の買い物袋にはささやかな幸福感も入っているようだ。

百貨店の盛衰は立地に依るところが大きい。新宿の場合は、戦後、巨大ターミナル新宿駅に人口の大きな流れが生じ、電鉄系百貨店である小田急百貨店（昭和三七年　一九六二）、京王百貨店（昭和三九年　一九六四）が出現している。この系列にＪＲ東日本の関与するルミネエストも入る。追分・新宿三丁目に立地する伊勢丹本店は立地上の優位性は依然として高い。地下鉄丸ノ内線に加えて平成二〇（二〇〇八）年、地下鉄副都心線駅がこれに交叉し、この地下ターミナル駅がデパートに直結したからである。デパートの地下階「デパ地下」食品街は、いつも勤め帰りのサラリーマンも交じって混み合っている。

新宿は東京でも日本でも有数の繁華街に違いないが、個々の商店、百貨店といえども、スピードの速い時代の変化を追い掛けつつ、不断に工夫を加えて新しい展開に努力を重ねていることが読みとれる。伊勢丹においても「男の新館（メンズ館）」の増設、大量生産、大量消費時代にあって「人それぞれのライフスタイル、生活の質」に合わせた豊かな品揃え、気配りの行き届いた売り場、内部空間の雰囲気づくりなどについて、絶え間ない努力が重ねられている。伊勢丹は今や三越と経営統合し、日本に限らず中国や欧米に支店を置き、日本的文化、肌理の細やかさ、心配りの入った商品を世界大に販売している。

6 商空間の要石《かなめいし》――新宿老舗めぐり

新宿のまちは新しいものを絶えず受け容れてきた。繁華な商店街は入れ替わりが激しい場所である。客単価の高い店舗へと商店主の変わり身も早い。最近の新規参入者たち、全国展開のチェーン飲食店、安売りの物販店、パチンコ、カラオケ店が、新宿大通りを占拠しつつある。家電、情報系の商業資本は大通りの旧百貨店を丸ごと借り上げて営業を始めている。新規参入者によってまちの表情は一変し、建物に派手な看板を付けるだけでなく、建物の壁面全体を動画で包んで広告宣伝のスクリーンとしている。

このような現在の商空間において、要所に店を張って、三代、四代と百年続いている老舗たちは、まちの要石である。新宿の老舗が新しい時代の動きに適応しつつ、今も代を重ねて続いているのは頼もしい。新宿の東口商空間において三代続き、江戸、明治、大正、昭和一桁創業で、現在までほぼ同じ場所で商いを続けている店を老舗として数えると、激しい経済の変動の中で消えていった老舗も少なくない中、その数は三十ほどにもなる。

この老舗群像の一つひとつに焦点をあてて巡り訪ねるならば、中村屋や新宿高野、紀伊國屋書店、柿傳、伊勢丹に劣らず、顔の見える商人道が息づく老舗の、新宿という場所に対する限りない愛着を

	概要	現所在地
	新宿駅東口あたりで一膳飯屋として開業。明治 15（1882） 年に佃煮店「小倉屋」となる。駅前広場拡張に伴い大正 11(1922) 年に現在地に移転。昭和 6（1931） 年にカメラ店となる。	新宿 3-23
	最初は成子坂で海産問屋を開業、その後、新宿 3 丁目で薪炭問屋を経営。戦後は現在のマルイ本店の場所で酒類他を販売していた。	新宿 4-2
	明治初期に現在地で焼き芋やわらじを扱う店を開店。日本そば屋を経て、約 60 年ほど前から天ぷら店を営業。	新宿 3-28
	明治初年から新宿に住み、薪炭問屋を経て昭和 2（1927）年に書店を開業。創業時は材木問屋だったという話もある。	新宿 3-17
	果実店として創業。大正 10（1921） 年から現在地で営業。	新宿 3-26
	薬局として開業し、現在に至る。	新宿 3-17
	鳥卵販売商として創業。大正 10 年に洋食店、大正 14（1925） 年に洋品店となる。昭和 51（1976） 年からはブティック。	新宿 3-23
	明治 34(1901) 年に相馬愛蔵・黒光が本郷の東大前にパン・和菓子店を出店。6 年後に新宿に出店。	新宿 3-26
	当初から現在地で唐物屋（洋品店） を開業。戦後、紳士用品専門店となる。現在はビル経営業の傍ら、新盛堂鞄店を経営。	新宿 3-29
	メリヤス販売業として創業。大正 15（1926） 年に牛鳥割烹となる。昭和 44(1969) 年、柿傳となる。	新宿 3-37
	洋品店として開業。現在は貸ビル業で、婦人服店舗などに貸している。	新宿 3-17
	飲食店として開店し、現在に至る。	新宿 3-35
	一色酒店として創業、現在は酒類卸業。	新宿 2-3
	畳材料販売業として創業。昭和 6（1931） 年、カーテン・家具販売業となる。	新宿 1-15
	呉服店として創業し、現在も変わっていない。	新宿 2-5
	追分交番角に三越マーケットを開店。翌年に新宿デパート(三越追分分店)となる。大正 14(1925) 年に新宿駅前（現在の新宿アルタの場所） に移転。昭和 5（1930） 年に現在地で新宿店開店。平成 17（2005） 年に閉店。建物は新宿三越アルコットを経て、平成 24(2012） 年にビックロとなる。	新宿 3-29
	天ぷら屋として開業。	新宿 3-31
	大工道具店を開業。現在も大工道具、電動工具他を扱っている。	新宿 2-3
	玩具店として創業。昭和初期に靴とたばこ店となり、昭和 24（1949） 年に靴販売業となる。	新宿 3-24
	毛糸手芸品店として開業。	新宿 3-23
	1834(天保 5） 年金沢で石川屋本舗として創業。明治 39（1906） 年に東京・青山へ進出。その後、現在地に移転・営業。	新宿 5-16
	明治 33(1900) 年長崎でカステラ屋を創業。大正 11(1922) 年に上野に出店し東京文明堂を設立。昭和 8（1933） 年に文明堂新宿店開店。平成 22（2010） 年に文明堂東京となる。	新宿 1-17
	明治 19（1886） 年に神田旅籠町で、伊勢屋丹治呉服店として創業。 布袋屋に隣接する形で現在地に百貨店を建設出店。昭和 10（1935） 年に布袋屋と合併。	新宿 3-14
	飲食店として開店	新宿 3-34
	酒・飲食店として開店。	新宿 3-28
	明治 18（1885） 年に御徒町で額縁店として創業。戦前に現在地に移転して世界堂と改称し、画材を扱い現在に至る。	新宿 3-1
	農作物の種と袋を扱う店として創業。昭和 22（1947） 年に現在地で菓子店を始める。江戸〜明治中頃まで追分にあっただんご屋の商品を再現。	新宿 3-1

掲載した老舗は、江戸期から昭和戦前期までに新宿 1 〜 5 丁目で開業し、約 70 年以上にわたり同種の業種を経営しているもの（筆者による調査の範囲内）。

知ることができよう。

店名	新宿への出店年（時期）
アルプス堂	天保 10（1839）
大阪屋酒店	文久年間（1861 － 64）
船橋屋	明治初期
紀伊國屋書店	明治初期
新宿高野	明治 18（1885）
盛成堂薬局	明治 33（1900）
都里一・MELBA	明治 35（1902）
中村屋	明治 40（1907）
新盛堂鞄店	明治 40（1907）
安与商事・柿傳	明治期
オノ・ロペ	大正 10（1921）
石の家	大正 10（1921）
一色	大正 10（1921）
木原商店	大正 11（1922）
甲州屋呉服店	大正 12（1923）
旧三越新宿店	大正 12（1923）
綱八	大正 13（1924）
大江山金物店	大正 14（1925）
アオキ	大正期
オカダヤ	昭和 2（1927）
花園万頭	昭和 5（1930）
文明堂東京	昭和 8（1933）
伊勢丹新宿本店	昭和 8（1933）
千草	昭和 9（1934）
新宿ライオン	昭和 14（1939）
世界堂	昭和 15（1940）
追分だんご本舗	昭和 18（1943）

7-12　新宿の老舗

第8章

新宿のエスニックな歓楽街、歌舞伎町界隈

1 歌舞伎町の地霊

現在、「歌舞伎町」と言われている一帯は、もともと淀橋台地を下る低地、窪地、湿地であった。明治の末まで旧長崎藩主大村家の別邸のあったところで、雑木林のある鴨猟をするための場所（鴨場）であった。ここに大きな沼があり、この沼から「蟹川」が東の低地を伝って戸塚にある早稲田大学の大隈庭園まで流れていた。この沼をはじめ、この一帯の低地は淀橋浄水場の建設のために出た大量の残土で埋められたが、その沼のほとりに弁財天が祀られていた。「弁財天は水を司る神で、妙音天、美音天と称せられた文化神、信仰すれば知恵が授かり芸術に長ずる。さらに財宝が授かる霊験のある処から才の字が財の字に替わり弁財天と言われるようになった。歌舞伎町弁財天は当町及び近隣の守護神として永遠に崇め奉らんとする次第である」とは、歌舞伎町建設の立役者となった鈴木喜兵衛の建之の謹書である。当時のこの地区の大地主であった尾張屋銀行頭取・峯島茂兵衛がこの弁財天を現在の場所に移して祀った。

昭和二〇（一九四五）年の空襲により本堂が焼失し、弁財天の厨子は、一時笹塚のアパートへ避難の後、峯島家に安置されていたが、昭和二一年、鈴木の立ち上げた復興協力会が祭神の仮殿を造ってこれを移した。現在の歌舞伎町弁財天は昭和三八（一九六三）年に再建されたものである。歌舞伎町付近には花園神社、稲荷鬼王神社、太宗寺、成覚寺と地霊を感じさせる社寺がある。

現在の歌舞伎町は、以前、角筈一丁目と呼ばれていたが、戦前まで新宿通りの北側、国鉄線路敷に隣接する東側の裏町であり、小住宅と商店が混在した場末の町であった。大きな建物として特に府立第五高等女学校が目立ったが、ほかに東京乗合自動車会社、北に伝染病隔離所の避病院（後の大久保病院）がありというものであった。特に外から人の来る盛り場というわけではなく、商店といっても米屋、豆腐屋、乾物屋、下駄屋、そして質屋といったものであった。

2 歌舞伎町計画

歌舞伎町（角筈）地区は、戦後まで木造家屋の密集した住宅と商店の混合の裏町であったが、昭和二〇（一九四五）年五月の大空襲により一部を除き壊滅的な打撃を受けた。歌舞伎町に限らずこの時の東京大空襲は多数の死者を出し、東京を廃墟とした。敗戦直後の政府は、衣食住の再建、廃墟と化した都市の再建を目指し、戦災復興計画を策定し、これを推し進めようとしたが、戦後の混乱期、華々しい帝都復興の計画案をつくっても、本体の事業は遅々として進むことはなかった。

この状況の中で、角筈地区（のちに歌舞伎町）の戦災復興計画とその事業は見事なものであった。

当時、この角筈地区の町会長であった鈴木喜兵衛は、戦後間髪を入れずに戦中に書きためていた一つの計画案を地元に示し、地元を説き、地区住民をまとめて新しいまちづくりに情熱的に取り組んでいった。

8-1　歌舞伎町計画の範囲

この間の経緯については、早稲田大学の戸沼幸市研究室、榊原渉、李東毓らの詳細な研究報告「戦後の都市発展からみた新宿歌舞伎町における復興計画の影響に関する研究」（榊原渉・李東毓・戸沼幸市「日本建築学会論文報告集Vol・五六二　一九九五」）があるが、歌舞伎町計画の大筋は次のようなものであった。

……歌舞伎町地区の復興計画の内容および事業経緯

復興計画の内容は「都バス車庫裏、国鉄山手線を背にして、ワ冠型に東向きに芸能施設をなし、その東南一帯に職能区分した商店街の建設を行なう」という、土地利用計画構想であった。

……復興協力会の設立

終戦を迎えると鈴木は、借地権の問題に短期間で見通しをつけ、地主や東京都建設局都市計画課課長・石川栄耀の賛同を得て、復興協力会第一次総会（昭和二〇年　一九四五　一〇月）を開催した。総会では、計画復興により「道義的繁華街」を建設するという、同会設立の趣旨などが明らかにされ、同会規約および鈴木を会長とする役員案などを可決した。第二次総会（同年一二月）では、確認不能な借地権の金銭処理を行ない、復興計画を達成するためにすべての借地権者が借地権その他付随する権利を放棄し、鈴木をはじめとする役員に一任することとなり、借地権の一本化に成功した。

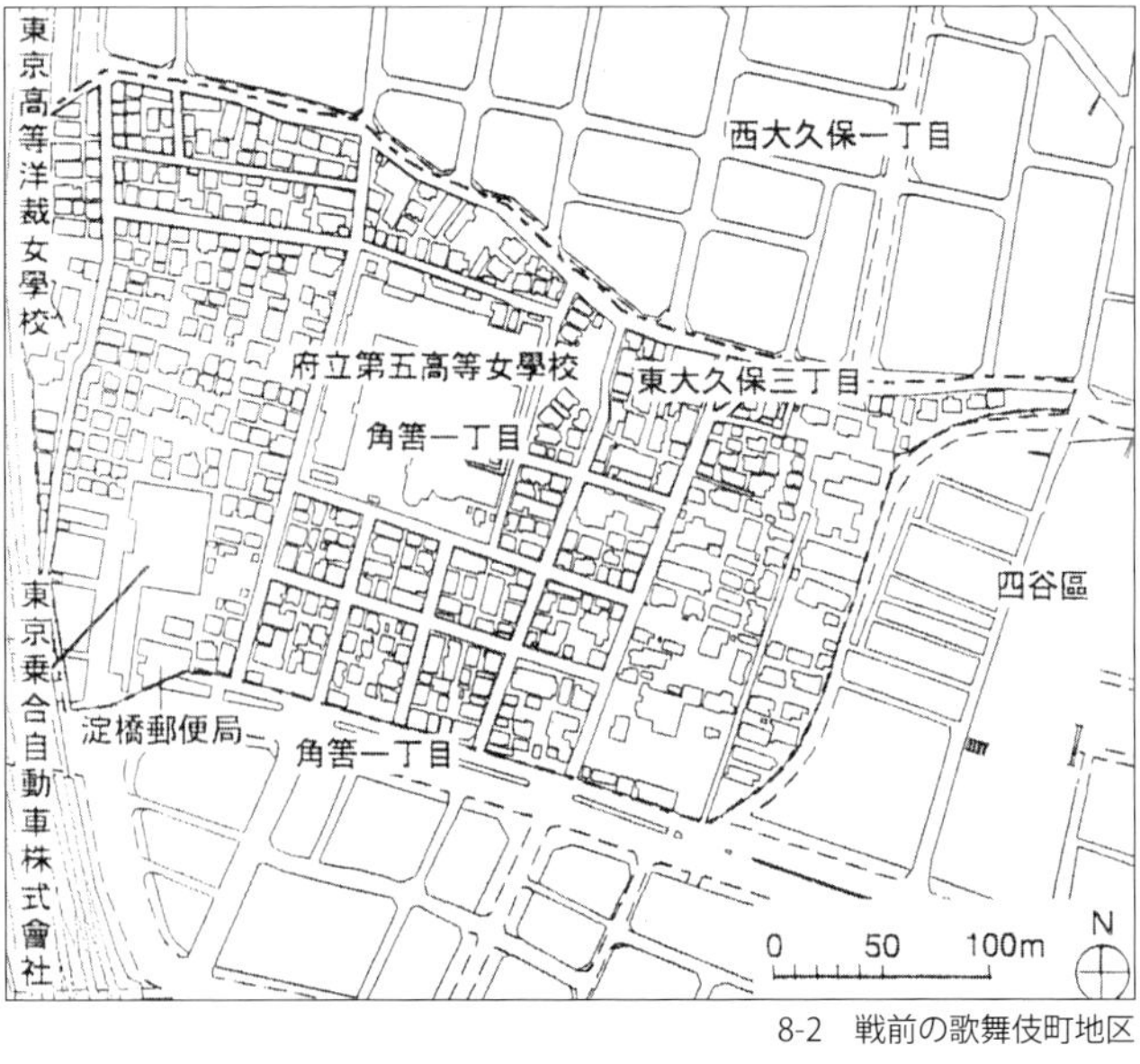

8-2　戦前の歌舞伎町地区

まちづくりのコンセプトとなった「道義的繁華街」については、復興協力会第一次総会での鈴木喜兵衛会長の挨拶で以下のように述べられている。「道義的繁華街とは何ぞやと申ますと（中略）物を売るにもお客様のきもちになつて商売する、私は之れを道義商道と思い此の道義商道に基く繁華街を皆様と共に建設致し度いのであります」。

……復興計画の公表

「戦時物件停止令」が解除されると、劇場・映画館の建設が可能になり、企業家の協力を得て芸能施設の建設が決定された。石川も鈴木の案を修正し復興計画を完成させ、昭和二一（一九四六）年五月に公表した。

【復興計画要旨】

▼大劇場・二（歌舞伎劇場「菊座」・小山内薫記念劇場「自由劇場」）、映画館・四（全線座・ビジョン座・鶴鳴館・地球座）、お子様劇場・一、演芸場・一（河鹿座）、大総合娯楽館・一、大ソシアルダンスホール・一、大宴会場、ホテル、公衆浴場を一堂に会した興行街を中心に、周辺に不燃化店舗併用住宅が立ち並ぶ商店街を計画する。

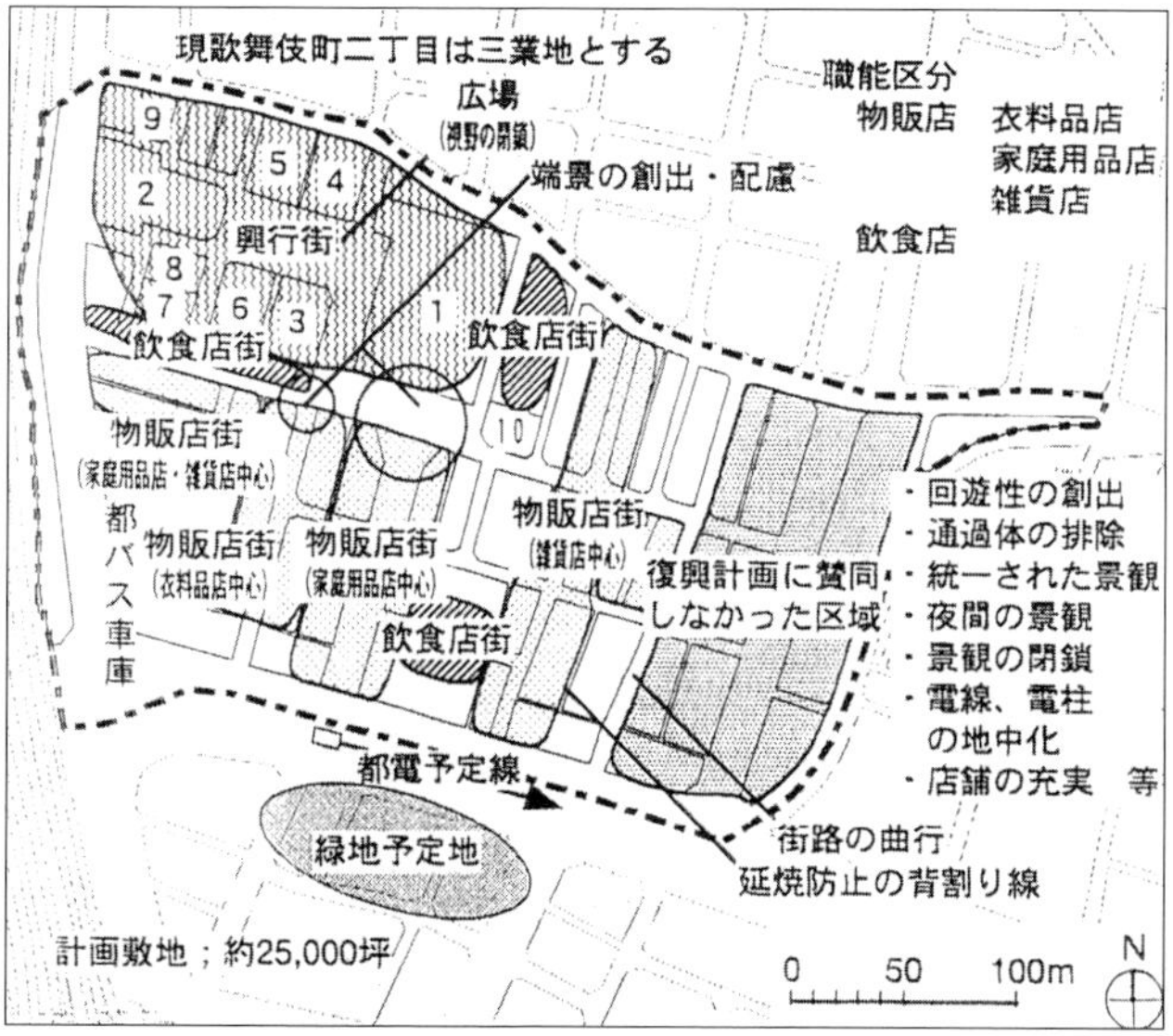

1 菊座
2 自由劇場
3 全線座
4 ビジョン座
5 鶴鳴館
6 地球座
7 お子様劇場
8 河鹿座
9 大総合娯楽館
10 大ソシアルダンスホール

共同建築	1号型	2号型	3号型
間口	2間	2.5間	3間
奥行	4.5間	5間	5間
面積	9坪	12.5坪	15坪

8-3　歌舞伎町復興計画図（1946年5月公表）

▼芸能広場を中心に諸芸能施設用地を配置するブロック割を行ない、それ以外は奥行五間（約九ｍ）あるいは七間（約一二・七ｍ）の建築敷地を想定した画地と四尺（約一・二ｍ）の通路を背割り線状に配置した街区ブロックを計画する。

▼商店街は南北に走る縦の通りを物販店街、その通りと交差する横の通りを飲食店街とする。

▼商店街の敷地のコマ割りは、一区画三十坪（約九九㎡）とし、戦前、借地権を所有していた人たちに均等配分する。

▼建築資材について、個人的に購入見込みの立たない者には、長屋式の共同建築を建てて入居させる。

なお、東京戦災復興の法定計画である「東京戦災復興都市計画」に先立ち、東京都計画局都市計画課は「帝都再建方策」をはじめとした様々な試案を発表している。その中で、新宿は銀座や浅草とともに消費歓楽街として整備していくものとされていた。

また、当時の東京都全体の人口に対する全芸能施設数および観客収容人数の割合は、終戦前と比して約七割であり、芸能施設が不足していた。したがって交通利便性の良好な歌舞伎町地区に、芸能施設を中心とした商店街を計画することは、都の方針・実状などと一致していたのである。

8-4　復興計画後の歌舞伎町地区（1960年）

……商店街の建設

組立家屋の配給停止や金融緊急措置により計画は難航した。そこで、復興協力会の延長として株式会社を組織して、資材配給などの優先便宜を受けるために法的根拠のある団体とすることが決定され、鈴木を社長とする復興協力会社が設立された。そして昭和二二（一九四七）年には最初の商店街が形成され、昭和二七（一九五二）年にはすべての共同建築が完成した。

土地の交換分合登記・精算の業務については、任意の団体である復興協力会はその権限を持っていないため、昭和二二年一一月に鈴木を組合長とする新宿第一復興土地区劃整理組合が設立された。

……興業街の建設

一方興業街の建設は、労働者確保の問題や臨時建築等制限規則のため、地球座以外の施設の建設が頓挫してしまう。そこで、昭和二五（一九五〇）年四～六月に歌舞伎町地区をメイン会場とした「東京都文化産業博覧会」を開催し、建築制限をすり抜け、将来映画館や劇場に転用可能な施設の建設に成功した。

8-5　新宿コマ劇場（コマ劇場前 1959 年頃）（新宿歴史博物館蔵）

……復興計画の完了

昭和三一（一九五六）年の新宿コマ・スタジアム（新宿コマ劇場）の完成により復興計画は、町名の由来ともなった歌舞伎劇場「菊座」をはじめとする諸施設の建設は頓挫したものの、約十年かかり、ようやく一応の完成を見ることとなった。

歌舞伎町まちづくりは大地主・峯島茂兵衛ほかの地権者はじめ地元民の協力によるものであるが、リーダーとなった鈴木喜兵衛の力によるところが大であった。戦前の鈴木は、食品製造販売業の経営主であり、地元町会長を勤めていた。都市計画に関しての専門家でもない鈴木の、復興計画におけるハード面の具体的な着想力は、英米両大使館に勤務していた頃（明治四〇～大正一一年　一九〇七～一九二二）、一般の人が目にすることのなかったイギリスやアメリカの新しい都市計画やまちの様子に触れたことに起因していると考えられる。当時は「シティビューティフル運動」や「ゾーニングの思想」が盛んに論議されており、これらに強い影響を受けたと思われる。

また復興計画は、単なる区画整理によるハード面の整備に止まらず、その後のまちの運営をはじめとするソフト面にも多大な配慮がなされている。これは、経営者として成功を収めていた鈴木の豊富な知識と経験が反映されたものであった。復興計画は、鈴木の中で温められ続けた理想の実現を目指したものであった。

復興計画を官の側から支えた石川栄耀は、当時東京都建設局都市計画課課長として、都の戦災復興を担当していた。石川は、戦前から熱心に都市における盛り場の重要性を強調しており、盛り場の研究を行なっていた。近世以来の歴史を紐解いて日本における盛り場の変遷を明らかにし、さらには現状の詳細調査から日本の盛り場について様々な分析を加え、独自の「盛り場計画」を展開していた。そこには、今日の性風俗産業に代表される享楽的機能の必要性も述べられていた。「歌舞伎町」の命名者も石川である。石川はのちに早稲田大学土木学科で「都市計画」を講じたが、よく教材に歌舞伎町を取り上げ、昼だけではなく、このまちの夜も学生に学ばせていた。

歌舞伎町の空間計画の特徴は、噴水のあるヒューマンスケールな広場を中央にとって、その周りを劇場街が取り囲むというものであった。また通常の格子型の街区割に加えて、T字型の街路を配し、まちに迷路性を与え、来街者の回遊行動をうながし、ふところの深いまちを演出している。

復興事業の成功は、鈴木によるまず明確な計画コンセプト、計画案があり、大地主・峯島の土地提供があり、大勢の地権者の借地権の一本化で早期に土地問題を解決したことによる。これにより、土地利用者、居住者によるまちづくりが可能となったのである。

戦災から立ち上がった歌舞伎町は誕生以来半世紀を経て、地人相関の一つの都市形成史を持ったといえるが、その都市形成史は仔細にみると五つの時期に分けられる。

……第一期（昭和二〇〜三一年　一九四五〜五六）

第一期は復興計画公表から復興計画の一応の完了までの初動期である。

復興計画によりまず土地区画整理事業が行なわれ、土地利用計画に基づく興行街・商店街が形成された。これを概観すると、北西端の広場と、東西・南北に直交する整然とした街路（幅員は四〜一八m）が完成されている。

タイプ化された長屋式の共同建築による低層の店舗併用住宅が大部分を占めており、比較的細かい敷地割りで、規則正しく立ち並んでいる。映画館を除きほとんどが木造二階建てであり、大きなボリュームを持つ建物は少ない。

電線・電柱の地中化は、興行街ではかなり進んでいたが、商店街では完全ではなかった。しかし、長期的な視野で地中化を図るための基盤整備はなされていた。

土地利用構成比は、小売店が三一%で最も多く、次いで事務所二三%、映画館一八%となっており、性風俗店は存在していない。小売店は職能区分により計画配置されている。

全体的な傾向としては、中央に大きな小売店のゾーンが形成され、現セントラルロード入口付近には小売店（衣料品店・家庭用品店）が集積し、その奥には小売店（雑貨店）や飲食店が集積し、地区の最奥部には映画館が集積するといったゾーニングがなされている。また比較的広い道路に面して小売店が、狭い道路に面しては飲食店が集積した。

この間「歌舞伎町」に町名変更（昭和二三年　一九四八）、東京都文化産業博覧会（昭和二五年　一九五〇）、台湾人林以文の地球座の完成、名曲喫茶、歌声喫茶の登場等、若者文化が芽吹き始めた。

………第二期（昭和三二〜四七年　一九五七〜七二）

新宿コマ劇場の完成した昭和三一（一九五六）年頃から、新宿一の盛り場となった歌舞伎町には、多くの若者が集まるようになり、いわゆる「じゅく文化」の一翼を担うほどになった。同時に一九六〇年代に入ると高度経済成長により、地価が高騰し始め、急激にまちの様相が変化し始めた。

この時期に、個人がそれぞれに家を建てる余裕が出てきたため、多くの共同建築の建て替えが進み、敷地割りにも若干の変化がみられ、まちの様態は大きく変わった。しかしながら、映画館で一部中層建物がみられるものの、依然として低層建物がほとんどであった。

土地利用構成比は、映画館が二四％で最も多く、次いで飲食店一八％、小売店・飲酒店一六％となっている。全体的な傾向としては、小売店が飲食店・飲酒店へと変化し、映画業界に陰りが見え始めたことにより風俗型の娯楽施設が出来始め、飲酒店・飲食店のみが入るソーシャルビルの草分けが区役所通りに生まれている。それらが点在化しながら次第にゾーンを形成していった。

売春防止法が施行適用されたのは昭和三三年四月一日であった。

……第三期（昭和四八～五九年　一九七三～八四）

まちのビル化の傾向が年々高まった。昭和四八（一九七三）年九月には、歌舞伎町前面の靖国通り地下にショッピング街「サブナード」が完成し、歌舞伎町の商圏は拡大された。昭和五〇年代になると、暴力団の影響が際立つようになり、昭和五五（一九八〇）年末頃からは、先端風俗産業の急膨張に呻吟するようになった。

靖国通りをはじめとする旧芙蓉通り・旧歌舞伎町花道通り・区役所通りなどの周辺道路沿いや、セントラルロード沿いに高層建物が建てられ始め、内部にも中層建物が増加した。建物の敷地割りが定着し、現在とほぼ同じ状態となっている。歌舞伎町地区のハード面の大きな変化がみられるのはこの時期までである。

土地利用構成比は、娯楽施設が増加傾向にあり、小売店が減少傾向を示した。先端風俗産業、秘密賭博が急増、ポルノビルが出現し始める。

全体的な傾向としては、第二期の点在化したゾーンがそれぞれ発達・定着し、中央に大きな飲食店のゾーンが形成され、セントラルロード入口付近には飲食店が集積し、その奥には娯楽施設が集積し、地区の最奥部には映画館や飲酒店が集積するといったゾーンパターンが定着した。

サブナード開業に続いて西武新宿駅ビル・プリンスホテル開業（昭和五二年　一九七七）、町名が「歌舞伎町」から「歌舞伎町一丁目」に変更。これは隣接北側地区を歌舞伎町二丁目としたことによる。

歌舞伎町は変わり身の早い繁華街である。繁華街から歓楽街へ、人間の生々しい欲望を刺激する性風俗の最前線として、第三期は次々と趣向を変えて客を引き寄せた。ポルノビデオ店、ギャンブル店、カラオケ、パチンコ店と、客単価の高い商売に場所を譲るようになっていった。欲望の経済学、資本主義がはびこり、道義的商業が少なからず衰退したという見方もできよう。在来の営業主、商店主も地元を離れ、貸しビル業に転向している例が多くなった。

……第四期（昭和六〇～平成八年　一九八五～九六）

昭和六〇（一九八五）年二月の新風俗営業法施行により、先端風俗産業の深夜一二時以降の営業は停止されたが、逆に営業形態はどぎつく、あくどくなった。また、不法就労や殺人など、外国人関連の事件・犯罪が急激に増加した。

全体的な傾向としては、比較的まとまった形でゾーンが形成されているが、大きく東西で分割され

8-6　歌舞伎町一番街

ており、性風俗が明確なゾーンを形成し始めるのは、この時期からである。

………現在（平成九年～　一九九七～）

現在は、風俗産業の氾濫、賃借関係の錯綜、犯罪の多発といった問題に危機感を抱く歌舞伎町商店街振興組合により、復興計画のコンセプトである「道義的繁華街」に立ち返り、まちづくりを見直していこうという動きが盛んに見られるようになっている。

靖国通りをはじめとする周辺道路沿いや、セントラルロード沿いの高層化、内部の中層化が進む。街路に関しては、復興計画完了時から全く変化がみられない。既にすべての街路が四m以上であったために、その後拡幅されることも新たに計画されることもなく現在に至っている。

全体的な傾向としては、性風俗が娯楽施設の内部に進出していたり、相互に混在したゾーン形成がなされている。多岐に渡る店舗が入り組むように集積しているが、西側半分に娯楽施設が、東側半分に飲酒店が集中しており、性風俗店が点在している。映画館は各種娯楽施設との複合化が進んでいる。

平成一二（二〇〇〇）年、歌舞伎町の治安悪化が激しく、これに対して区、都、国を挙げての急速な一斉の取り締まりを行なったために、風俗系建物に空屋が多量に発生しており、これをどうするかが大きな問題となっている。

成熟から爛熟、内部崩壊が起こり、平成一三（二〇〇一）年九月一日、ギャンブル系、性風俗系を含む多数の店がぎっしりと詰まったこのまちの典型的雑居ビルに火災が起こり、四十四人死亡の大きな事故が起きている。

歌舞伎町は戦後、まちの性質を商店街から繁華街へ、繁華街から歓楽街へと変えてきた。復興計画によって商店街が形成された第一期は、文化的機能・商業的機能が中心であったが、第二期に入ると、外食的機能・社交的機能が登場し始め、商店街としての性質から、繁華街への性質へと転化を始めるようになる。第三期には繁華街としての性質が確立されるが、同時に歓楽街としての性質も帯びるようになる。第四期には余暇的・享楽的機能が中心となり、歓楽街としての性質を確立する。そして再び新たな転換期を迎えつつある。

3 歌舞伎町の光と陰

鈴木喜兵衛たちが復興計画の目標とした「道義的繁華街」とは戦後の新東京の家族連れが楽しめる文化的アミューズメントセンターであった。

焼け跡の東京に生まれた歌舞伎町の歌声喫茶やスケート場、ダンスホールでは若い男女が出会い、戦争が終わって抜けるような青空を感じて、自由の気分を味わった。

東京六大学野球早慶戦の終わった日の夜、ワセダの学生も歌舞伎町に集まって夜通し飲んで歌った。なかには中心広場の池に裸になって飛び込む者もいたが、まちの人々は若者や学生に寛容であった。映画館、劇場もおおいに繁盛した。初の天然色映画だったロシアの『石の花』も公開され、多くの新鮮な洋画・邦画が上映され、映画街として大変賑わった。

舞台全体がコマのように廻る新宿コマ劇場は大衆演劇、演歌のメッカとなり、ここを目当てに地方からもバスを仕立てて人々が集まった。ここを初舞台として巣立っていった演歌歌手も少なくない。

戦後を歌い続けた美空ひばりは新宿コマ劇場を東京での主舞台とした。一九五〇～六〇年代、歌舞伎町は「道義的繁華街」を実現していった。

と同時に、歌舞伎町は東京の巨大な赤ちょうちん街にもなっていった。高度経済成長期に向かっていった時代、歌舞伎町は東京の猛烈企業戦士の癒しの場、赤いオアシスであった。

巨大都市東京の西側に住むサラリーマンは新宿駅を仲介地点とし、郊外住宅地から都心の仕事場へ、日々一時間余、場合によっては二時間もかけて通勤した。しかも朝のラッシュアワーは殺人的で、身動きができないほどのすし詰めの中、知らない他人との密着に心身を消耗させながらも、まるで電子時計のような正確さで職場に到達するのであった。そして彼らは、都心の職場で一日八時間以上、時には夜中まで家族のために、いくらかは自分のために残業し、くたくたになるまで働いた。高密、過密なコンクリートの巨大都市東京で生き抜くのは全く容易なことではない。家族の住む郊外住宅地に帰り着くために、帰路にまた一時間も二時間も電車に乗らなければならない。サラリーマンは、時に家族から疎外されている。せめて赤ちょうちんで一杯やらずには、家にたどりつくエネルギーが出てこないのである。一人で立ち寄るのは

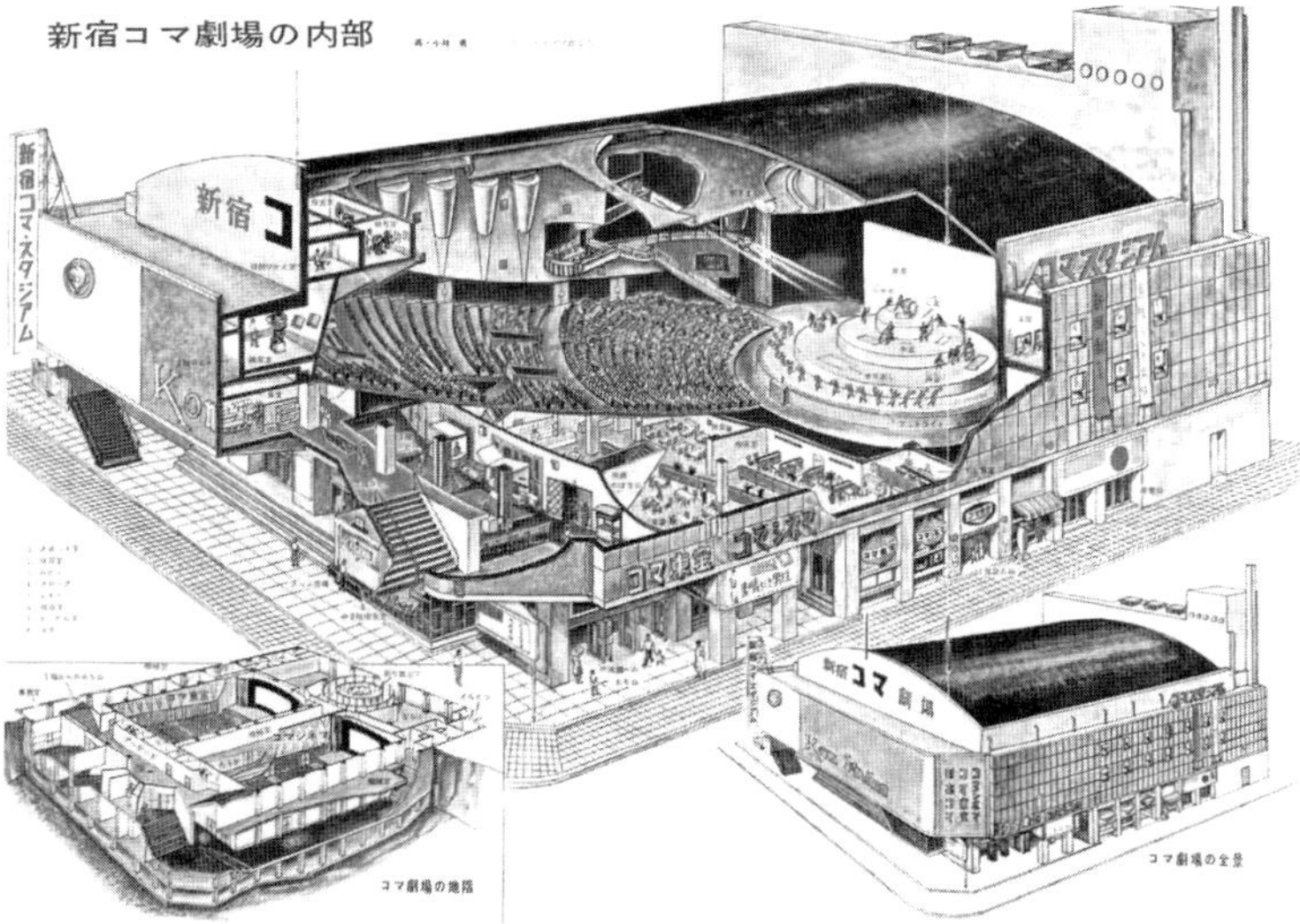

8-7　新宿コマ劇場の内部　出典：『地図物語 あの日の新宿』（『コマ劇場記念パンフレット』より）

もちろんよし、二人連れ、グループでもよし、歌舞伎町の赤ちょうちん、雑居ビルの中の兎小屋はサラリーマンに、一息つくやすらぎの小空間を提供してくれた。巨大都市の赤いオアシス、歌舞伎町は最盛期、このようなサラリーマンを一日に六十万人も飲み込んでいた。酒場で歌うカラオケの効用もなかなかのものであった。自分の隠れ家、癒しの空間、都会の盛り場として一九七〇～八〇年代に歌舞伎町は客を一杯集め、おおいに盛り上がった。盛り場は住宅地と職場の中間に発生し、成長する。

歌舞伎町の東端、花園神社の裏に面した一角に「ゴールデン街」と呼ばれている狭い路地に、木造三階建ての飲屋街が今も息づいている。戦後そのまま、時を止めてそっくり残った木造建築歴史遺産である。ゴールデン街の一軒の飲み屋の建坪は三坪か四・五坪で、五、六人も客が入れば店は一杯になる。この小空間の二階、三階は、かつて青線と呼ばれていた特飲・売春部屋であった。

この小空間から戦後、幾人もの小説家が生まれた。安酒をあおって、熱い議論が夜を徹して交わされ、まさに文化創造の現場であった。ここには、新聞・雑誌記者、プロデューサーも集まって来る。将棋指しも大学教授も学生も職人も、社長も小説家も裸の人間たちである。ママさんたちには女優もいて多彩である。地べたのある小空間こそ、心が落ち着くヒューマンスケールな、憩いの場所に違いない。

8-8　ゴールデン街
出典：新宿三光商店街振興組合ゴールデン街パンフレット（森山大道撮影）

ゴールデン街を含めて歌舞伎町は少々の危険をともないながらも全体として安全な異界で、夜の大都会の盛り場として輝いた時期である。

歌舞伎町は立地上、はじめから風俗、性産業のにおいを持っていた。昭和三三（一九五八）年の売春防止法適用以後、新宿二丁目の赤線から少なからず女性たちが歌舞伎町に入り込んで働いた経緯がある。性の売買が禁じられ、男女交際は自由恋愛が原則となった。歌舞伎町周辺には入口を目隠ししたラブホテル、連れ込み旅館が林立した。歌舞伎町のビルには個室風俗、デリヘル、ノーパン喫茶、ノーパンしゃぶしゃぶ、ノゾキ店など、ぎりぎりの風俗が雑居ビルに詰め込まれた。ここに暴力団が絡み出すことになって、歌舞伎町は世紀末、ずるずると危険地域になっていったのである。

バブル期の一九八〇年代後半から歌舞伎町に陰の部分、闇の部分が広がっていった。暴力団に絡んで治安が著しく低下し、ほんの四〇〇m×五〇〇mほどのこの地区に、暴力団事務所二百ヶ所、組員二千名を数えた。加えて外国人、特に不法入国の外国人が増え、日本人との間にしばしばトラブルを起こした。多種多様な性風俗店がまちの前面に出て、まちは爛熟の様相を呈した。

平成一三（二〇〇一）年九月の雑居ビル火災の前後の時期、歌舞伎町は防災、防犯上、最悪の状況を迎えていたのである。新宿という場所に、世界で有数の大人の盛り場として一時代を築いた歌舞伎町であったが、客足が遠ざかりつつあった。鈴木喜兵衛たちの目指した「道義的繁華街」とは何かを、改めて問い直すべき時期が来ていた。

4 多国籍混住の大久保界隈

新宿には現在（平成二四年）、一一九ヶ国からの外国人居住者が三二〇〇〇人余おり、新宿の居住人口三十二万人の一割を越えている。外国人居住者の新宿における分布は全区に及んでいるが、特に大久保から百人町、北新宿に集住、密住している。歌舞伎町を挟んで、職安通りから北側の大久保一、二丁目は韓国（朝鮮）系の人々の住む、コリアンタウン化しており、隣接する百人町は中国・台湾系のチャイナタウンの様相を呈している。韓国系の人々は、戦前、戦後を通じてこの地域に居住していたが、一九九〇年代、特にその後半に、急速な外国人の流入が起こり、多国籍な混住の様相を増し、自立したエスニックタウンとしてまとまった地域になった。

大久保エスニックタウンは当初、新宿の国際的盛り場、歌舞伎町勤めのホステスなど、従業員のベッドタウンとして生まれた。やがて日本が高度経済成長によりGNP世界第二位となったバブル期、日本マネーに引き寄せられて、世界中、特にアジアから大量の労働者がやってきた。東京の盛り場新宿歌舞伎町は、日本人女性を追い出す勢いで、ホステス、飲食店従業員など、韓国、中国、台湾、ベトナム、フィリピン等、大勢のアジアの女性の働く場となった。観光客として、あるいは短期ビザを利用して来日し、バブル期、ポストバブル期を通して、底辺の女性労働市場を席巻していった。バブル期、歌舞伎町を取り巻くラブホテル街には、アジア系女性に混じって白人系の売春婦も立ち並んだ。そして家賃の安い木賃アパートの多い場末的雰囲気をもつこの地域は、彼女らの格好のベッドタウンとなっていった。一つの部屋に幾人もが住んで、夜の盛り場勤めをすることになった。

大久保がエスニックタウンとして成熟していく経緯が面白い。「住」の次は「食」と「衣・雑貨」である。まちに各国料理の飲食店、食材屋が出来、美容院（ホステスのため）と一通りの生活用品買い廻りの店が生まれる。需要と供給の経済原則が働き、住む人々のためのまちとなるわけである。借りた店舗で商売する人から、自ら所有する土地、建物で商売する人々も生まれた。大久保界隈は多国籍の人々の住む生活圏としての構えが一九九〇年代後半から二〇〇〇年にかけて整っていった。低層の木賃住宅がコンクリート系の高層マンションに代わっても、そのマンションごと垂直にエスニック化していっている。住民も大勢になり、国際結婚をし、子供も生まれると、地域の保育園や小学校もインターナショナルスクールとなる。

日本の東京の一角に生まれた、独特な景観を持つエスニックタウン、コリアンタウンは、今や日本人の観光名所にもなっている。JR新大久保駅、大久保駅の低いガード下を東西に通っている大久保通りのまち並みには、ハングル、漢字、アラビア文字、日本語（カナ・ひらがな）の看板が渾然一体となって溢れかえっている。地域がまるごと韓国人で占めら

8-9　外国人居住者分布図（各国の勢力図）
『オオクボ　都市の力　ー多文化空間のダイナミズムー』を参考にして作成

れ、まるでソウルの盛り場、明洞《ミョンドン》と錯覚を覚えさせるほどの朝鮮のまちである。平成一四（二〇〇二）年のサッカーワールドカップ日本・韓国の共同開催や、日本人女性を魅了した「冬ソナ（冬のソナタ）」の韓流ブームも、コリアンタウン化に勢いをつけたようだ。

戦前の大久保は、緑濃い住宅地であり、政治家、軍人、貴族、学者などが住んだ文化村であった。大久保一帯は、江戸時代には農村であり、江戸に近接した地区に、寺院、下級武士の屋敷が設けられていた。ここに現在の百人町の由来となる徳川幕府鉄砲百人組が配置され、独特な細長い短冊形街区に住んでいた。大久保は江戸時代からツツジの里として有名であったが、これは鉄砲百人組の武士たちの副業から始まったと記録されている。新大久保駅の隣の街区には、願い事を百発百中かなえるとされる皆中稲荷神社があるが、この付近では今も五月になるとツツジが咲いている。

その大久保通りに直交した短冊形の敷地は現在もそのままに残っており、短冊街区の中にさらに小さな敷地、軒を並べた小空間は、小さな元手で始められるスモールビジネスで賑やかになり、コンバージョンを繰り返し、まとまったエスニックタウン、コリアンタウンとして存在感を示し、混住の生活と生活空間を再生産し続けている。大久保のまちは、移民が小さな元手の小さな商売から始めるのに好都合な場所柄であるともいえよう。

グローバル化の中で、国境を越えた移動は二一世紀ますます強まると思われるが、他国への移住の際にまず当面するのは言葉の問題である。大久保界隈には日本語学校も少なくない。また日本人がボランティア的に日本語を教えたりしている。そして困った時に頼れる人、精神的拠り所が必要である。この点で、大久保にはキリスト教会などの宗教施設があり、大きな役割を果たしている。大久保通りの目抜きにあるキリスト教の東京中央教会や、淀橋教会は、今や地区を越えて多くの信者を集めている。ほかにアジア仏教系の小寺院・教会や、マンションの一室を改装したモスクなどが、日本への移住民のコミュニティケアのコアになっている。

5 多文化共生のグローカルタウン新宿

エスニックタウンとして、グローバル時代の一つの見本のように出現した大久保は、ここに集まる人々を通して、出身地の地域性を新宿の一角に再現して見せている。二一世紀の日本にはいくつもの地域でグローカル（グローバル＋ローカル）タウンが生まれてゆくと思われるが、この事態の背景には世界の人口増減の動向が深く係わっていよう。なにしろ、日本は少子高齢化をともなって劇的な人口減少期に入っており、今世紀半ば過ぎには、一億人を割り込むという予測がなされている。一方、発展途上アジア諸国は依然として人口増加地域であり、日本への移住希望が増す状況にある。日本が国家として、これにどのように対処するかは、二一世紀の国のかたちを考えてゆく上で大本のところにある問題である。

新宿区の場合、住民の一割が外国人となった。そしていろいろなレベルで新宿や東京の生活に溶け込み、地域の維持に貢献している。この間、日本人と移住者の間には生活の作法を巡って様々なトラブルがあったが、ようやく一定の了解が生まれ、共存状態に達している。これはこれからの日本の居住のあり方を示しているに違いない。新宿というまちは、グローバルネットワークの中で、世界から流れ込むモノ、金、情報の渦の中にまるごと入っている。そして少なからずのモノ、金、情報を新宿発で送り出している。人に関しても、ビジネスや観光で、新宿に往来する人々が多いというだけでなく、新宿への移住、混住が常態化している状況に入ったと考えられる。かつて新宿のまちが、日本の地方出身者によってつくられてきた移住レベルが、アジア規模までに拡大した事態といっても良いであろう。新宿のまちの人的構成は、日本人が全国各地からここに集まったように、中国人も韓国人もひとくくりに見るのではなく、国の枠を離れ、台湾人、広東人、上海人、東北《トンペイ》人、ソウルの人、プサンの人という図で見るべきであろう。

二一世紀の国のあり方は、国境を越える人間の移動行動によって、劇的に変わることが予見される。この点で、グローカルタウン新宿は固有の大地に芽吹き続ける、まさに前衛都市である。

……………第9章

西新宿超高層都市計画

—日本初の超高層ビル街の誕生

1 超高層ビル群の出現

西新宿に超高層ビル群が出現したのは、昭和四六（一九七一）年の京王プラザホテル本館（四十七階・高さ一七〇m）開業以降である。その後、オフィス棟の住友・三井・安田（現在の損保ジャパン）・野村ビルなど、高さ二〇〇mを超える超高層ビルが次々と建設された。さらに平成の時代には都庁も移転してきて、いまや、西新宿はグローバル化、情報化のビジネスの最先端の空間になっている。この超高層建築群が出現した背景には、どんな事情があったのであろうか。

戦後、経済の高度成長に支えられ、東京圏では、人口集中と都心部への業務機能の過度な集中が進んだ。そして、郊外から都心部へ通勤するサラリーマンの通勤地獄と、都心部道路の渋滞を解消することが強く求められていた。そこで国は、東京圏において、周辺都市八王子・大宮・千葉などの拡充による人口分散と、副都心新宿などの整備による業務機能の分散を図る計画をたてた。そして、東京都は西新宿で、建物の超高層化と自動車交通の立体化により都市の空間を有効利用できる、副都心整備を目指した。

一方、昭和四〇年代は、超高層の構造技術の確立や、大正八（一九一九）年以来定められ昭和二六年施行の建築基準法においても継承された、建物の最高高さ百尺（約三一m）制限の撤廃、超高層建物の建設を可能にする特定街区制度などの法律制度が改善されつつあった。

ここで強調していえば、超高層ビル街を実現することができたのは、このような建設技術や法律制度の熟成もさることながら、なんといっても、副都心を建設しうる利用可能な広大な土地があったからである。

まず、その辺りを歴史的に遡ってみると、超高層ビル群の用地は、明治時代に建設された淀橋浄水場の跡地であった。さらに広大な浄水場用地が確保できたのは、元大名の広い下屋敷跡地と農地を提供した農民の協力があったからである。この経緯を辿り、超高層ビル群が出現するまでの、西新宿地域の歴史的な土地利用の変遷に触れておきたい。

西新宿の地理的範囲は、南側を甲州街道、北側を青梅街道、東側を新宿駅、西側を十二社通りに囲まれた地域とする。それは副都心計画区域でもあり、現在の西新宿一・二・六丁目と三丁目の半分の区域に相当する。面積は約一〇〇haである。

2 江戸、東京の近郊農村

現在の西新宿地域は江戸時代、江戸という都市の外縁部であった。そして、江戸五街道の一つである甲州街道の最初の宿場である内藤新宿に近く、当時農村であった角筈村と柏木村にあたる。区域の約八五%が角筈村であり、一五%が柏木村である。

当時の土地利用は、大名・旗本屋敷・御用地（幕府用地）の武家地が二五%、寺社・町屋地が合わせて五%、百姓地が七〇%である。これは、江戸郭内の武家地約七〇%、寺社地一五%、町屋地一五%、百姓地〇%と比較すると、この地域が江戸郭内に近接した農村地域であったことを物語っている。

百姓地は江戸住民の野菜、穀物の供給地であった。特に四谷生まれの「四谷うり」は生産名人がいて有名であったと言われている。

また、町屋地は『新宿文化絵図』付録地図によれば、安政三年時には青梅街道沿い約一㎞にわたり、業種は主に米穀商などである。米穀商は神田川を利用して寛文年間（一六六一年～）に設置された水車を利用して、精米・製粉を行なっていた。そして、扱う生産物は区域内のみならず、青梅街道沿いの近隣農村からも集積した。また、それらの米穀店は消費地の江戸郭内への荷受問屋として、郭内の商店に米穀を販売していたのである。

一方、武家地はどんな利用をされていたであろうか。前出の地図によれば大名屋敷は五家あった。屋敷は下屋敷と抱屋敷（幕府からの拝領によらず大名が自ら取得）として利用していた。また、大名旗本のみならず、将軍家においても、八代将軍吉宗（一七一六～四五）から一一代家斉（一七八七～一八三七）まで、鷹狩の休息所として、神田川に架かっていた淀橋際の場所が使われていた。それに関連して、内藤頼誼当主の話では「内藤家は、将軍の鷹狩の事前準備として、二年前から、地域の人々に小動物の狩りをしないように監視していた」とのことであった。

……熊野神社と行楽地・十二社池

西新宿の西端、青梅街道沿いに熊野神社（一四〇三年建立）がある。熊野神社の氏子は旧角筈村の区域の人々で、現在もその範囲は受け継がれ、西新宿と新宿駅東口方面の一部・歌舞伎町の範囲である。秋の例大祭のとき、東口広場に祭壇が設けられ、氏子の歩道沿いにしめ縄が張りめぐらされる。そのしめ縄が、新宿大通りの旧三越方面で急に消えてしまうのに戸惑う人も多い。筋向かいの伊勢丹から東北方向の旧内藤新宿町は、花園神社（一六四八年建立）の氏子である。両氏子は、現在、新宿大通商店街振興組合を設立しているが、神社の祭りは、江戸時代からの流れを受けついで別々に行なっている。一つの商店街にも歴史的経緯が組み込まれているのが興味深い。また、熊野神社内には大きな滝があり、隣接して十二社池があった。十二社池は、目黒不動、掘切菖蒲園、亀戸天神、不忍池などとともに、江戸有数の行楽地であり、歌川広重の『名所江戸百景』にも画かれている。

3 東京圏の物流と人の結節点・新宿駅裏のまち

西新宿地域は、明治中期から末期にかけて、江戸時代の近郊農村から大きく変貌して準工業的なまちになった。

明治一八（一八八五）年新宿駅が開設された。その後、同三一年淀橋浄水場、同四三年専売局煙草工場、同三五年六桜社（写真材料）工場、同四五年東京ガスのガスタンクと、工業系施設が次々に立地した。このような工業系施設が立地できたのは、物資と人の大量輸送を可能にした鉄道駅の開設や玉川上水・神田川の利水に加えて、なんといっても、各施設が必要とする広大な用地確保が容易であったからである。また、後述するように私立学校も立地した。そして、それら施設の周辺農地は施設の立地にともなう道路整備によって住宅地化が進んだ。なお、昭和二（一九二七）年、小田急新宿駅が開設され、甲州口と同時に西新宿に青梅口が設けられた。

一方、新宿駅東口方面は、江戸時代からの盛り場内藤新宿に繋がる商業系のまちとして発展し昭和初期には山の手一の繁華街となった。このような新宿駅東口方面の繁華街と比較して、西口方面は、華やかな商業系ではない工業系・教育系のまち、いわゆる駅裏のまちとして市街地が形成されていったのである。

……土地の所有・利用の変遷

現在の新宿駅西口辺に位置していた元尾張犬山藩主成瀬家約二haの用地は、明治時代に岩倉具視公爵用地となった。岩倉公爵は華竜園という庭園を築造したが、この庭園は大正天皇が東宮の頃、しばしば訪ねるほどの名園であった。その後、明治三〇

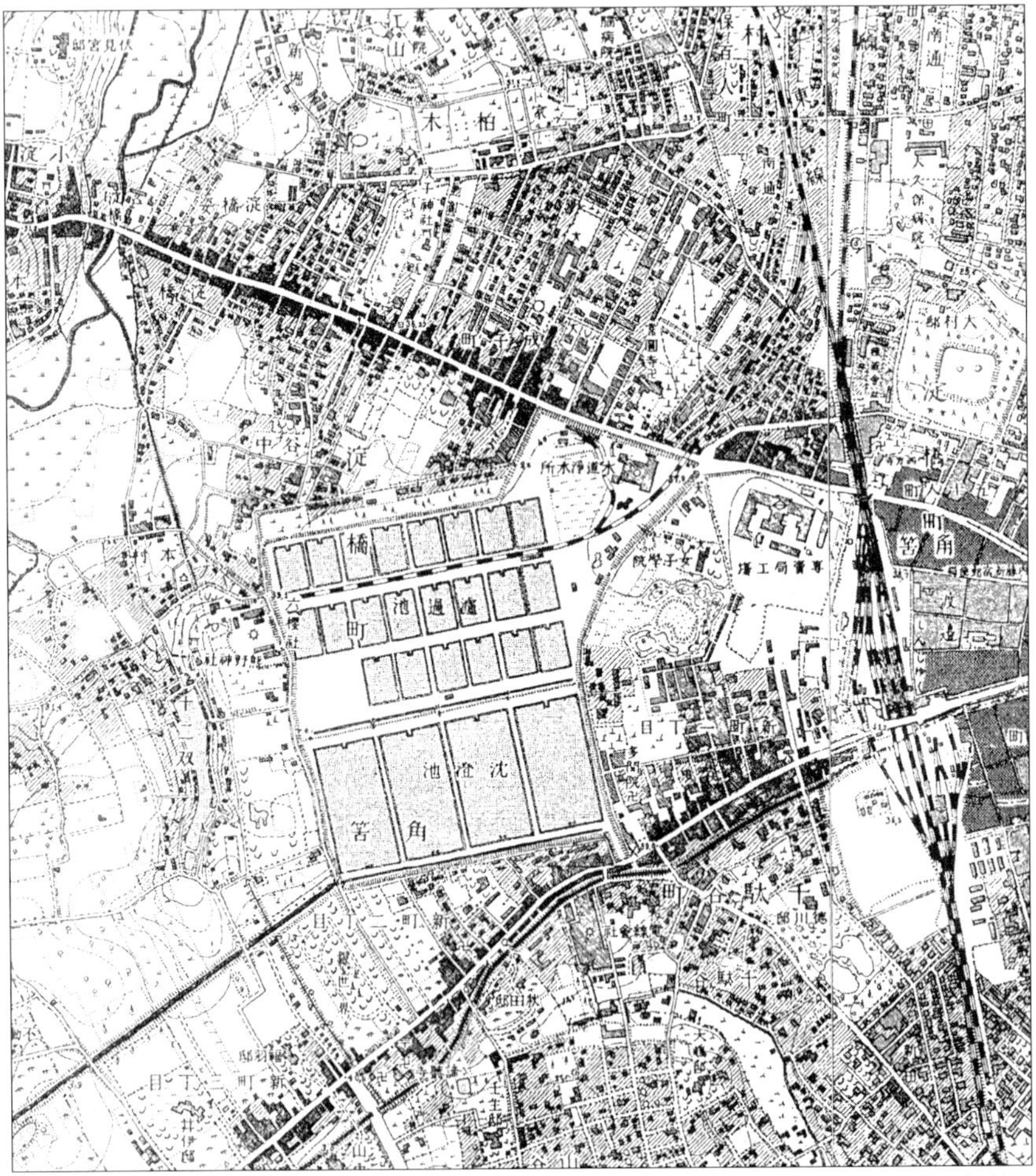

9-1　明治末期の新宿西口界隈（国土地理院1万分の1地形図　四谷・中野（明治42年測図・明治43年発行））

（一八九七）年新宿駅拡張のため鉄道用地になった。また、隣地の元美濃高須藩主松平家約八haの用地は、政府が使用を認めた郭外の邸宅地と思われる。その用地は、明治時代になり、一部分が引き続き子爵松平家邸宅地のほか各学校や専売局淀橋工場の用地として利用されている。その他の武家地は、明治初期、政府方針で主要輸出産業を支えるため、茶・桑畑として利用されていた。明治二三年から淀橋浄水場の用地買収が始められ、大部分がその用地となったほか、一部は当時の実業家の邸宅地になった。

また、百姓地は祖先伝来の野菜・甘諸《かんしょ》の畑や、水田などに利用されていた。浄水場用地に買収されると併行的に道路の整備もされた。明治三七〜八年の日露戦争後は、驚くほど市街化が進み、新築の家がいたる所に建てられた。そのため地価も上がり、新築の家に貸す土地の地代も値上がりした。百姓たちは穀物や野菜づくりをするよりも、新築される家の地代で生活する地主へと変わっていった。

景勝地である十二社池の周辺は、明治時代になって、東京有数の花街となった。大正時代には花柳界の風情が強まり、昭和初期、さらに急速な花柳街化が進み、最盛期の昭和一〇年代には、待合や芸者置屋が合わせて約六十軒あったと言われている。その後、昭和一七年に十二社通りの整備で池の半分が埋め立てられ、十二社花街は衰退の方向に向かった。

9-2　十二社弁天池（昭和６年頃）（新宿歴史博物館蔵）

………明治の学校教育のさきがけとなった西新宿の私立学校群

明治中期から大正にかけて、新宿駅に近接して多くの私立学校が開校した。その背景には、学校が必要とする広い敷地を提供した元大名松平家の理解と協力があったことが大きかったのではないだろうか。

最初のきっかけは、明治一六（一八八三）年、新潟から地主だった夫の遺産をもって上京したキリスト教徒の加藤とし子などによった女子独立学校の開校である。同校は「精神ありて資金乏しき女子を教へて独立自修の途を立てさす」を目標に設立された。明治三一（一八九八）年に精華学園と改名した。また、明治二七年には、築地にあったキリスト教系女子学院の療養施設として衛生園が開設された。その土地は、松平家から在日本プレスビテリアン宣教師社団に渡り、同社団から女子学院が借地したものである。さらに、大正五（一九一六）年、麹町にあった日本中学校が、松平家から用地を取得し開校した。同校は前身が明治一八年神田に設立された東京英語学校であり、美術学校入学前、横山大観が学んでいたことは有名な話である。明治二五年に日本中学校へと改称していた。校風は自由闊達を建学の精神とする学校であり、吉田茂も明治一八年に学んでいる。昭和一一年には世田谷区に移転し、校名も日本学園と改名している。なお、世田谷区へ移転した後の土地は朝日生命を経て、平成二一年、再び学校用地として、東京モード学園となっている。その他、大正七年には北米のキリスト教系団体の援助をえて、東京女子大学が精華学園から借地して開校し、大正一三年、現在地の杉並区に移転している。また、大正一二年の関東大震災後、築地から工学院が日本中学校の校舎を借用して移転してきた。昭和三年には、松平家から用地を取得し、自前の校舎で開校した。

新宿の学校は、女子独立学校が呼び水となって、大名屋敷の跡地を利用して、都心から新宿へ、そして、郊外へという大きな東京の都市形成の流れの中で動いていった。

……専売局淀橋工場の跡地の整備

専売局淀橋工場は昭和一一（一九三六）年東品川へ移転した。その跡地約四haを含む六haの区域について、昭和一一年から一三年の間、新宿駅広場建設敷地土地区画整理事業が行なわれ、西口広場や街路と商業地が整備された。この事業に先行し、跡地と青梅街道の間約一haでは、角筈第一土地区画整理事業（換地処分昭和一五年）が行なわれていた。そしてこれら両事業の完成によって、青梅街道と西口広場が結ばれ、周辺から西口への自動車交通が一層改善された。

4 駅裏のまちから副都心へと胎動するまち

……戦後の西新宿の市街地状況

昭和二〇（一九四五）年五月の空襲で西新宿は焼け野原となった。西口駅前では、精華学園の焼けた校舎のみが立っていた。また、この空襲で、京王線は起点を追分から新宿西口に移した。これにより、西口に国鉄、小田急、京王の改札口が設けられることになり、バスターミナルとともに西口の繁栄の一助ともなった。

昭和二〇年八月、戦後すぐに新宿駅周辺は、露店・闇市で埋められた。その店舗数は約二千店と言われている。西口方面の改札口から青梅街道までの間には、安田組の管理する安田マーケット（二八〇店）が開業していた。▼第6章参照

一方、焼け跡の宅地には漸次建物が建築された。昭和三〇年頃の西口方面の写真を見ると、新宿駅と浄水場の間には、工学院、新宿郵便局、精華学園のほかに四〜六階建ての銀行などの商業ビルが数棟あるだけで、ほか大部分は二階建ての商店・住宅と若干の空地および広い日本中学校跡地となっている。

……新宿駅西側付近地区の戦災復興土地区画整理事業とまちの商業ビル化

新宿駅西口と淀橋浄水場の間約二九haの区域、現在の西新宿一丁目と青梅街道を越えた七丁目区域は、昭和二三年から四三年にかけて、戦災復興土地区画整理事業で整備された。この事業で事業前には、区域の二〇%が公共用地だったものが、事業後四一%となり、道路幅員が広くなった。また、同事業によって、駅前広場二・四haが整備されたほか、現在の明治安田生命新宿ビルなどの宅地も整備された。

また、新宿駅周辺では、同事業が駅東側付近、新宿二丁目、歌舞伎町、大久保一丁目の計七八haの区域についても行なわれた。

さらに、昭和二五年バスターミナル広場が完成した。バス利用者

9-3　昭和30年頃の新宿駅西口周辺（新宿歴史資料博物館蔵）

も小田急・京王の乗降客とともに国鉄（当時）新宿駅西口を利用した。商業ビルも、三六年安田生命、三七年小田急百貨店（現在の小田急ハルク）、三八年朝日生命、三九年京王百貨店、四二年小田急百貨店（現在の駅ビル）と次々と開業した。なお、ヨドバシカメラは四一年西口裏通りに十坪の用地を取得し、昭和四八年には移転し、現在地で開業した。このようにして、新宿駅西口から浄水場までの間は、高層商業ビル街として整備され始めた。

5 新宿副都心、超高層ビル街の誕生

………副都心計画の経緯

新宿駅西口地域は、東口地域が日本一の繁華街になるにつれて、浄水場を取り巻くように商業ビル化が進んだ。地元関係者は地域の発展のため、昭和二八年頃から浄水場の移転促進運動を展開した。昭和二九（一九五四）年九月、新宿区議会議長などによって「淀橋浄水場移転に関する請願」が都議会へ提出され、昭和三一年九月に請願が採択された。

一方、昭和三三年、国の首都圏整備基本計画は次のことを定めた。①既成市街地への人口集中抑制と広域分散を図る。②新宿、渋谷、池袋の三地区を再開発して、副都心地区を整備する。③新宿については、淀橋浄水場及びその周辺地区に、業務施設及び住宅を導入して副都心としての機能を強化する。

そして、東京都は浄水場を含む九六haについて、新宿副都心整備計画を立てた。

その計画を、当時の東京都山田正男都市計画局長は「平面的都市計画から離脱し、立体的都市計画へ移行する第一歩である」と位置づけた。その意味は、よく例えられるのだが、マッチ箱を横倒し（平面的）にするより、縦（立体的）に立てた方が同じ容積でも、周りの空間が生み出せる。そのように建物を超高層化することにより、都市に空間と緑をもたらすことを目指した。また、道路・駅前広場については、急増していた自動車交通の対応が求められていた。西新宿には、国鉄、小田急、京王、やがて地下鉄が乗り入れ、交通量の集中が予想された。これに対処すべく、地上と地下の二層の広場と地下駐車場を計画し、世界でも類のない立体的な駅前広場を計画した。

……副都心整備事業

昭和三五（一九六〇）年六月、東京都は新宿副都心を整備するため、財団法人新宿副都心建設公社を設立した。同公社は、東京都が定めた浄水場を含む副都心計画区域九六haのうち、約五六ha（浄水場の大部分三三haを含む）の区域について、特許事業者（注10）として都市計画事業を行なった。また同公社は事業完了の昭和四三年六月解散されている。なお、当時の就業計画人口は五万五〇〇〇人、居住計画人口は五九〇〇人であった。平成一七年の国勢調査によれば、計画区域内の昼間人口（就業者・学生等）は一七万六〇〇〇人、夜間人口は三六〇〇人となっている。

ところで、公社の施行した副都心事業は、日本初の立体広場（二・四ha）、広幅員街路（三〇m・二五ha）、中央公園（九・五ha・地下に五万トンの配水池・東京電力変電所）、宅地（一八・五ha）の整備である。そして、建物は宅地取得者が、敷地の一定割合の公開空地《くうち》を確保することにより、法定容積率の割り増しや、道路からの建物への斜線制限が緩和される特定街区方式によって建てられた。

注10　都市計画事業施行に当たり都道府県知事の認可受け、特別に事業権能を与えられた事業者

そして、何よりも今日の超高層ビル街が形成できた重要な要因は、宅地処分にあたり、公社が宅地取得者に、利用計画のガイドラインを示したことである。

それは、①一街区約一・五haは建築敷地として分割しない。②建築物の高層部分の建ぺい率は一〇分の五以下とする。③建築物の外壁等は前面道路から五乃至一〇m後退させ、緑地または空地を設ける。④建物の用途は事務所、店舗、ホテル等の業務施設とする。⑤汚水は中水道を利用し、室内空気調整は地域暖冷房方式によるなどであった。

………新宿副都心と都心・他の副都心との比較

新宿副都心は副都心として東京都心一点集中を抑制したであろうか。平成二〇年、東京都の「都市開発諸制度活用方針」や平成一八年の「東京の土地利用」を参考にし、表9-4を作成した。同方針の新宿拠点地区は副都心の範囲より広い新宿三・代々木二・千駄ヶ谷五丁目を含んだ約二六八haになっている。一方、都心地区は丸の内・大手町・銀座・新橋・霞ヶ関等の五四四haとなっている。その範囲で試算してみると、事務所の延べ床面積は都心地区の一二九七haに対し新宿地区は四八三haとなっていて、約三七%に相当している。一方、同じ副都心の渋谷は一四%、池袋は九%である。この数字から新宿は副都心の役割を果たしたといえる。また、密度の観点から検討

地区		都心 丸の内・日本橋・銀座・新橋・霞が関・永田町	新宿 西新宿・新宿三丁目・代々木・千駄ヶ谷	渋谷 渋谷・道玄坂・宇田川町・円山町	池袋 池袋・東池袋・西池袋・南池袋
面積	宅地	297	151	97	72
	道路	204	88	47	51
	公園	21	11	2	4
	その他	22	18	6	6
	計	**544**	**268**	**152**	**133**
延べ床面積	事務所	1,297	483	186	111
	商業	98	110	60	122
	宿泊・遊興	89	132	39	43
	住宅系	44	97	94	67
	官公庁・集合住宅他	294	126	41	64
	計	**1,822**	**948**	**420**	**407**

9-4　東京都区部拠点エリアの面積比較（単位 ha）　『東京の土地利用』（平成18年東京都区部、東京都発行）をもとに作成

すると、各拠点の宅地面積に対する事務所延べ床面積割合は、都心四三七%、新宿三二〇%、渋谷一九二%、池袋一五四%となっていて、副都心地区での新宿の比率の高さが窺える。

超高層街区のスケール比較

西新宿の街区は一五〇m×一〇〇mである。この街区を東口の商店街と比較すると図9-5のとおりであり、街区の大きさのちがいが分かる。それは、江戸時代の比較的規模の小さい旗本屋敷や内藤新宿の町屋地を下敷きとして長い年月をかけて発展してきた東口のまちの区画と、副都心建設を目指し超高層建築群を想定した西口の計画的な区画とのちがいを物語っている。

西新宿街区計画者の中嶋猛夫は、街区の大きさ策定について、その背景を「当時、再開発にスーパーブロック方式が流行していた。丸の内の三菱街区を参考にし、丸の内の囲み型の高層建物より搭状高層の建物を想定し、当初、丸の内のブロック二つ分を一つのブロックとして計画した。しかし、当時の事務所床面積への年間投資額などの経済面も検討し、宅地が買いやすい規模を考慮し、少し小さめのブロックにした」と「新宿学」の講義で述べている。丸の内は、明治二七年、三菱がロンドンのロンバード街を参考にして計画したと言われている、一丁（一〇九m）角の中層赤煉瓦建物の街区であった。

超高層の定義と地震

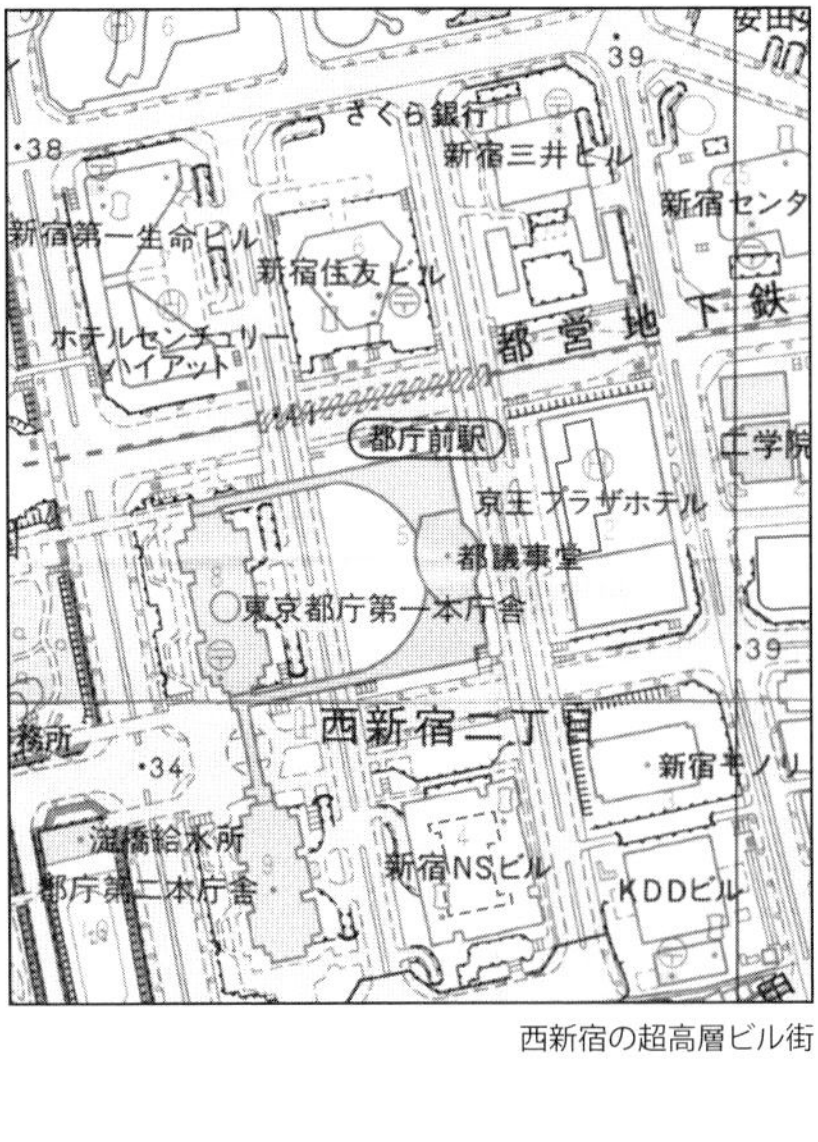

西新宿の超高層ビル街

9-5　西新宿・新宿東口・丸の内の街区の同縮尺でのスケール比較

超高層とは何階以上をいうのであろうか。建築界では、建築基準法（施行令第八一条）で、高さ六〇mを超える特定建築物の構造計算方法について、建設大臣（当時）の認定を取得する必要があると定めていることから、六〇m以上の建物をさしている。西新宿の事務所ビルの場合は十五階以上、集合住宅二十階以上ということになる。なお、西新宿の事務所棟の地下四階部分は、地下約二七mで硬い地盤の東京礫層に達する。建物は、杭を用いず直接地盤にのせる直接基礎方式で建築している。

日本初の超高層は、昭和四三年竣工した霞が関ビルで、建物高さ一五六m、地上三十六階である。霞が関ビルの構造は、武藤清博士などによって研究されてきた柔構造手法によるものである。柔構造手法は、地震力を五重塔の心柱のように吸収し、柳に風のように受けながす方式である。この手法が確立されるまで、長い間、地震国日本では、地震の力で建物がゆれ動きにくくするため、建物を堅固にする剛構造手法がとられてきた。しかし、昭和三〇年代には、都心部の事務所需要が増大し、土地利用更新と高度利用が求められた。建築界では、剛構造手法では十五階（約五〇m）程度が限界であり、それ以上の高さでは、柔構造手法が適切であるとされてきた。霞が関ビルの誕生は時代の要請に応えたものであり、

丸の内（1988年）

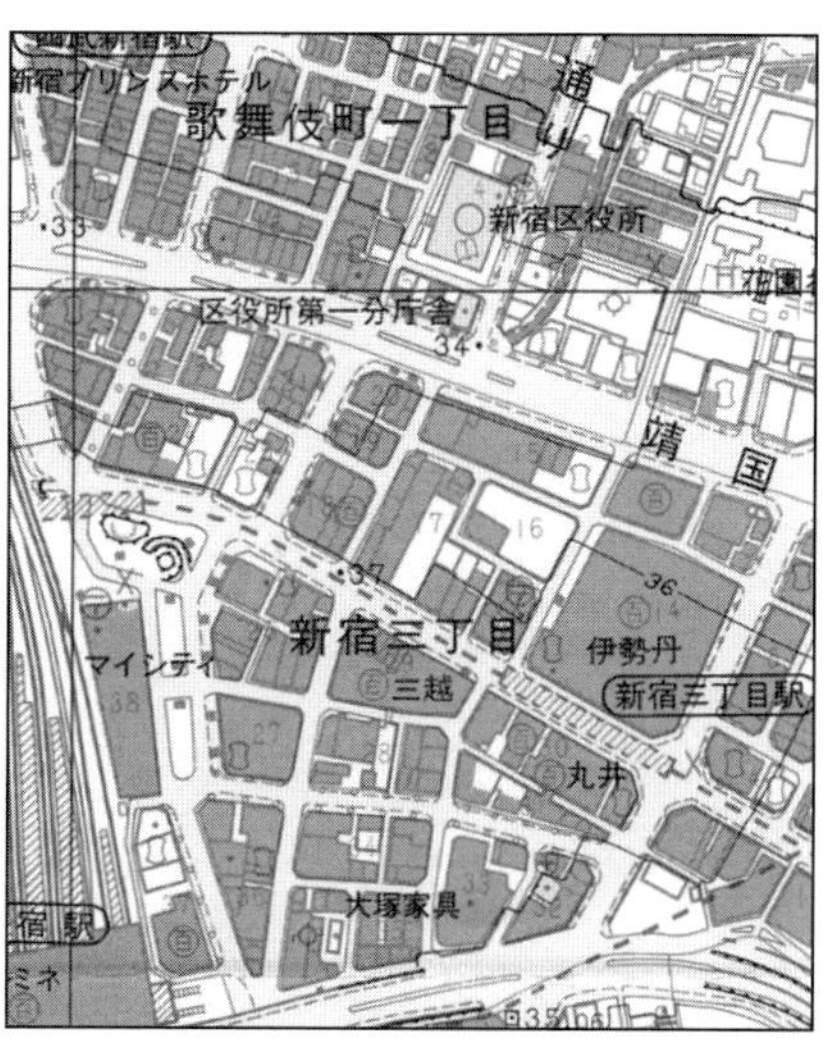

新宿東口の界隈

これが西新宿超高層ビル建設の礎となった。

次に、超高層と地震の話である。東日本大震災の時、建物が長い間ゆっくりと揺れて気分が悪くなった人もいたと報告されている。これは、地震による揺れの周期と建物固有の揺れの周期が重なり、共振現象が起き、揺れが増幅されたことに原因があった。地震力を軽減するため、例えば、建物上部におもりを設置したり、粘性系の地震力を吸収する部材を、柱や梁に装着する制震構法がある。また、新築の建物では基礎と上部の間に積層ゴムを媒介して、横揺れを逃がす免震構法がある。建築界では、阪神淡路大震災以降、新築の建物をはじめ、既存の超高層建物などに対する地震対策が、急速に進められている。

……超高層建築のデザイン

西口超高層建築のデザインはそれぞれ工夫がなされていて、また大きくは時代を映し出していて興味深い。まず、用途と形はおおいに関連しており、オフィス系とホテル系では異なっている。京王プラザホテルの客室のサイズの見える窓の表情は、ヒューマンスケールに柔らかく表現されている。ハイアットリージェンシー東京の場合、まず客をホールに引き入れやすく、対の小田急第一生命ビルと連携して、外に広場状に壁面を広げるしつらえになっている。

一方、超高層のオフィス棟の基本形はボリュームを持った四角であるが、この中で三角の平面をもつ新宿住友ビル（通称三角ビル）、低層部でスカートを広げたような安田ビル、力強い鋼鉄板とガラスの壁面で構成している新宿三井ビルなど、自社のアイデンティティをランドマークとして表現しており、現代超高層建築の競演がみられる。オフィス棟の足まわりには店舗が設けられ、それぞれ、それなりに街区に賑わいを演出している。また、見渡しの良い上層階にも展望を兼ねたレストラン、美術館を設けているケースもある。とはいえ、オフィス棟の主要部分は様々な情報の操作を行なう業務空間である。

新宿の超高層街区は金融関係、情報サービス、本社業務など都心業務を補完する副都心業務地として、日本経済を動かすダイナモの一つであるといえる。ここで一棟、数千人から一万人近くの人々がコンピューターネットワークにつながれて働いている。

東京都庁舎はコンペティションによる丹下健三チームの設計によるものだが、新東京のランドマークとなっている。知事執務室のある都庁第一本庁舎は、第二本庁舎（一六三m）を従えて、都民ホール、低層の都議会議事堂と半円形の都民広場に面して二四三mの高さを誇っている。これまでの四角ないし三角の平面形とは違った複雑な印象を与えている。頂部は目一杯の電波アンテナを積んでおり、

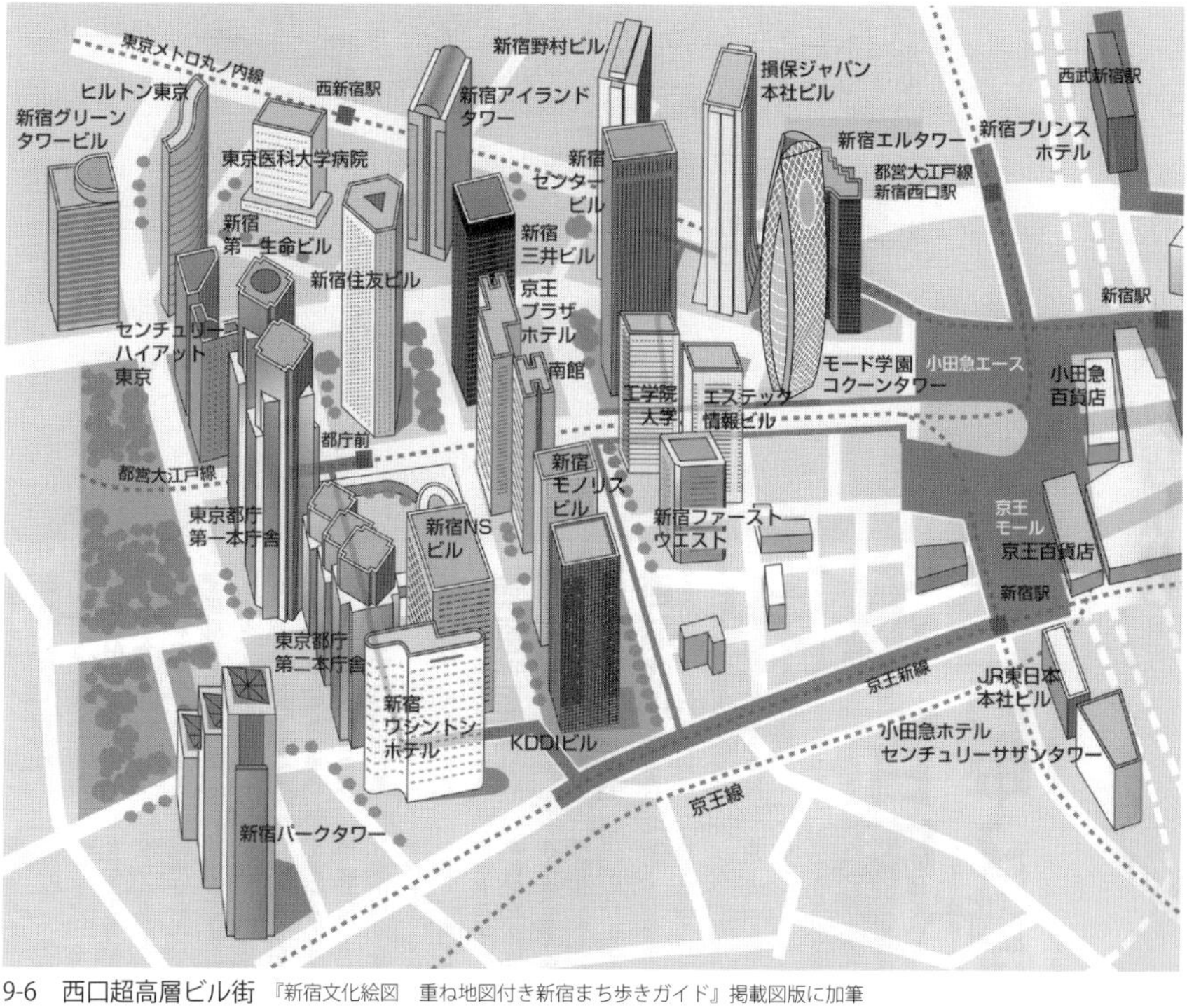

9-6　西口超高層ビル街　『新宿文化絵図　重ね地図付き新宿まち歩きガイド』掲載図版に加筆

空中を走る情報、電波の受発信の役目を示している。都庁の最上階には展望空間が設けられ、東京全体を見渡すことができ、晴れた日には、一〇〇km先の富士山、六〇km先の筑波山が展望でき、都民や来庁者、外国人観光客にも人気がある。ただ、都民が親しめる、都民の愛すべき建築としては、いまひとつ物足りなさがあるように思われる。人間（人体）が対応するディテールが見当たらないのである。

ところで、平成二〇（二〇〇八）年に完成した東京モード学園については、「創造する若者を包み込み触発させる」というイメージを込め、コクーン（繭）のような外観にしたとのことであるが、西口のこれまでの整形のデザインと異なり、東口の猥雑性が西口に流れ込んできた印象を受ける。

……超高層街区の公開空地とそれらをつなぐ「緑のプロムナード」構想

超高層の足元まわりには、建築主に義務づけられている公開空地がある。公開空地は一般の人々に公開されている一種の公園のような空間である。この公開空地のしつらえも、建設時期が新しくなるに従って、だんだんと創意工夫がなされている。初期の安田・野村ビルは、公開空地を前面道路から一段高くして、敷地管理区分を明確にしている。そして、まさに公開しているといえるフラットなタイルで覆った見通しの良い空間をつくり出している。その後、公開空地は、歩道通行者へのビル風よけのため街区周辺に高木を配したり、花の咲く低木で囲んだ空間にしたり、高木の間にいくつもの白い円形テーブルを並べたカフェテラスを設けて、超高層建物群の中にあるオアシスのような雰囲気をかもし出している。

平成七（一九九五）年完成した新宿アイランドは、副都心事業が周辺の市街地に波及し、商店・住宅の二百数十人の権利者と水道局、住宅・都市整備公団（当時）の協力によって建てられた再開発ビルである。同ビルの計画は、建物まわりに、くつろげる都心の息抜き空間を生み出せるように、中央にサンクンガーデンを配し、地上の通行動線から切りはなし、地上の騒音をかき消す階段状の滝をしつらえている。また、人工的な超高層都市にできるだけ自然的な要素をとりいれた植栽と超高層ビルのビル風対策も兼ね高木を植えている。武蔵野の面影をつなぐケヤキや敷地内の樹齢三百年のかやの木を移植した。そして、淀橋浄水場発祥の地にふさわしい親水空間をつくり出している。さらに、パブリックアートとして、恋人同士を迎える「ＬＯＶＥ」の彫刻やプラハ市の天文時計をモデルにした日の出の時刻などが分かる時計を配している。また、昼だけでなく都市のもう一つの顔になっている夜の景観に配慮し、まわりの超高層街の冷たい光に対し、暖色による照明を基本にしている。アイランドは、西新宿超高層建物群の公開空地の集大成といえるのではないだろうか。

さて、公開空地のほか各ビルは、地上階に一休みできるベンチ、喫茶店、コンビニエンスストア、ドラッグストアなど日常に身近な店がある。また、地下階や上層階にはサラリーマン向きの飲食店や有名レストランがある。その他、都庁・新宿センタービルの展望室、損保ジャパン本社ビルの東郷青児美術館、各ビルで開催している絵画、写真展、小演奏会、ビル内企業のショールーム、都庁の全国みやげもの店などがある。。

西新宿地域の今後について改めて見直したときに足元まわりについて一つの提案が浮かぶ。西新宿の各建物と公開空地を、地上レベル、地下レベル、さらに垂直方向につなぎ、西新宿を訪れる人々に、楽しさと安らぎをもたらす「緑のプロムナード」を演出できないだろうか。そして、そのプロムナードが、歩きたくなる新宿「淀橋・追分・御苑　散策大路・散策小路」構想の新宿中央公園から新宿御苑にいたる散策大路・散策小路の一部分として、利用されるのではなかろうか。▼第10章参照

6 新宿副都心から新都心へ

……都庁移転・副都心事業の周辺への波及と新都心の誕生

公社による副都心事業の基盤整備は昭和四三（一九六八）年完了した。その後、土地所有者による超高層ビルが建築され、平成三（一九九一）年の都庁舎竣工で、一区切りがついた。

平成になって、西新宿地域で次々と超高層ビルが建ち始めた。現在ではその棟数は副都心事業区域内の超高層ビルの三倍（合計五十三棟）までに及んでいる。先ず、平成七年以降に、副都心事業区域の奥の西北部、青梅街道沿いの既存商業・住宅地を再開発した西新宿六丁目東、西地区に事務所棟、住宅棟が建設された。同じ頃、西南部の甲州街道沿いに、東京ガスのタンク跡地やＮＴＴの資材置き場跡地に、事務所・ホテル、国立劇場棟が建設された。さらに南部の甲州街道沿いの渋谷区代々木側に、平成九年にＪＲ東日本本社ビル、平成一〇年には文化女子大学（現在の文化学園大学）新校舎が建った。その後も、西口に連坦した新宿駅南側の小田急用地やＪＲ貨物用地を利用した地域に、ホテル、デパート（高層）、事務所などが建設または準備中である。

平成三年、都心の丸の内から、都庁舎が西新宿に移転してきたことにより、西新宿は、東京の行政・議会の中心地となった。そして、副都心整備事業は周辺に波及し、当初の三倍の広がりをもち、なお拡大進行中である。

今や、西新宿は東京都内の中心という地理的立地も含み、名実ともに東京の新都心になったのである。

第10章
新宿の未来図

1　幅広い市民・地元参加のまちづくり――二十年後の新宿都市マスタープラン

新宿区は平成一九（二〇〇七）年一二月、二十年後の都市新宿の姿を「新宿力で創造するやすらぎとにぎわいのまち」と銘打って、基本構想を策定した。やすらぎ（静）とにぎわい（動）の諸相に新宿らしさを読み取り、「新宿力」でこれを不断に再創造しようとする意気込みが感じられる。

「新宿力」とは、場所の力と江戸以来四百年の歴史の持つ潜在エネルギーを基礎とした、この都市に住み、働き、訪れる人々の持つエネルギー、力といったものであろう。

▼区民が主役の自治のまちづくり
▼多様な人々の共生のまちづくり
▼次世代につなぐ持続可能なまちづくり、が理念である。

新宿の場合、区民の範囲が極端なほど広い。住民税を納めている住民のほかに、新宿のエリアに働き学び集う人が多様かつ多数いるのである。少子高齢化時代となり住民も単身者や核家族が増加し、また外国人の住民も増えている。情報関連・商業活動の旺盛な新宿には、大、小、零細、様々な商店、オフィスがあり、学校、病院、役所もある。なによりも新宿の場合、一日の来街者が莫大である。新宿区はこの基本構想の策定に当たって、行政だけではなく、区民（住民と区内で働いている人）、NPO、地域団体、企業などに広く参加を呼びかけ、四百名近い公募委員からなる区民会議、地区協議会を立ち上げて、広く提言を求めた。市民、地元参加のまちづくりである。今では日本のどの自治体も住民参加のまちづくりを掲げているが、新宿の基本構想づくりはこれを強力に推し進めたものであった。

二十年後を見据えた基本構想の理念を受け、六つのまちづくり基本目標を挙げている。

一、区民が自治の主役として、考え、行動していけるまち
多様化・複雑化する地域の課題に対して…区民の意欲と創意工夫を活かした参画と協働を基本とするまち

二、だれもが人として尊重され、自分らしく成長していけるまち
すべての子どもの健やかな育ちと自立を支援し…区民一人ひとりが、社会の中で役割を担いながら心身ともに健やかに、生涯を通じて自分らしく成長していけるまち

三、安全で安心な、質の高いくらしを実感できるまち
大地震などの自然災害に対する備えを十分に行なうとともに…区民が、安全、安心で質の高い生活環境を実感しながら、いきいきと住み暮らすことができるまち

四、持続可能な都市と環境を創造するまち
地球環境に負荷の少ない、次の世代にも引き継いでいける、将来にわたって持続可能な都市と環境をつくるまち

五、まちの記憶を活かした、美しい新宿を創造するまち
人々が自然やまちの文化・歴史を身近に感じ、歩くことが楽しくなるようなまち…地域の個性を活かしたまち

六、多様なライフスタイルが交流し、「新宿らしさ」を創造していくまち
新宿の持つ歴史と都市特性を活かし、新宿ならではの新たな産業を創造し、多くの人たちが各地か

ら集い…多様なライフスタイルが交流するまち

この中で、不特定多数が流動する新宿において、来街者を含め、区民、市民の、ソフト・ハード両面からの安全、安心網づくりは、ことのほか大切である。これには区全体の防災計画、防犯計画とともに、新宿区を構成している地区それぞれのコミュニティ、セーフティネットの見直しが求められる。

文化、歴史や環境に配慮したまちづくりとともに、グローバル化された経済社会の中で、新宿の産業をどのようにイメージするかも大きな課題である。アメリカのサブプライムローンの破綻、ＥＵの経済危機につながった世界経済の負の大波の中で、新宿の実体経済をいかに補強してゆくかも問われている。

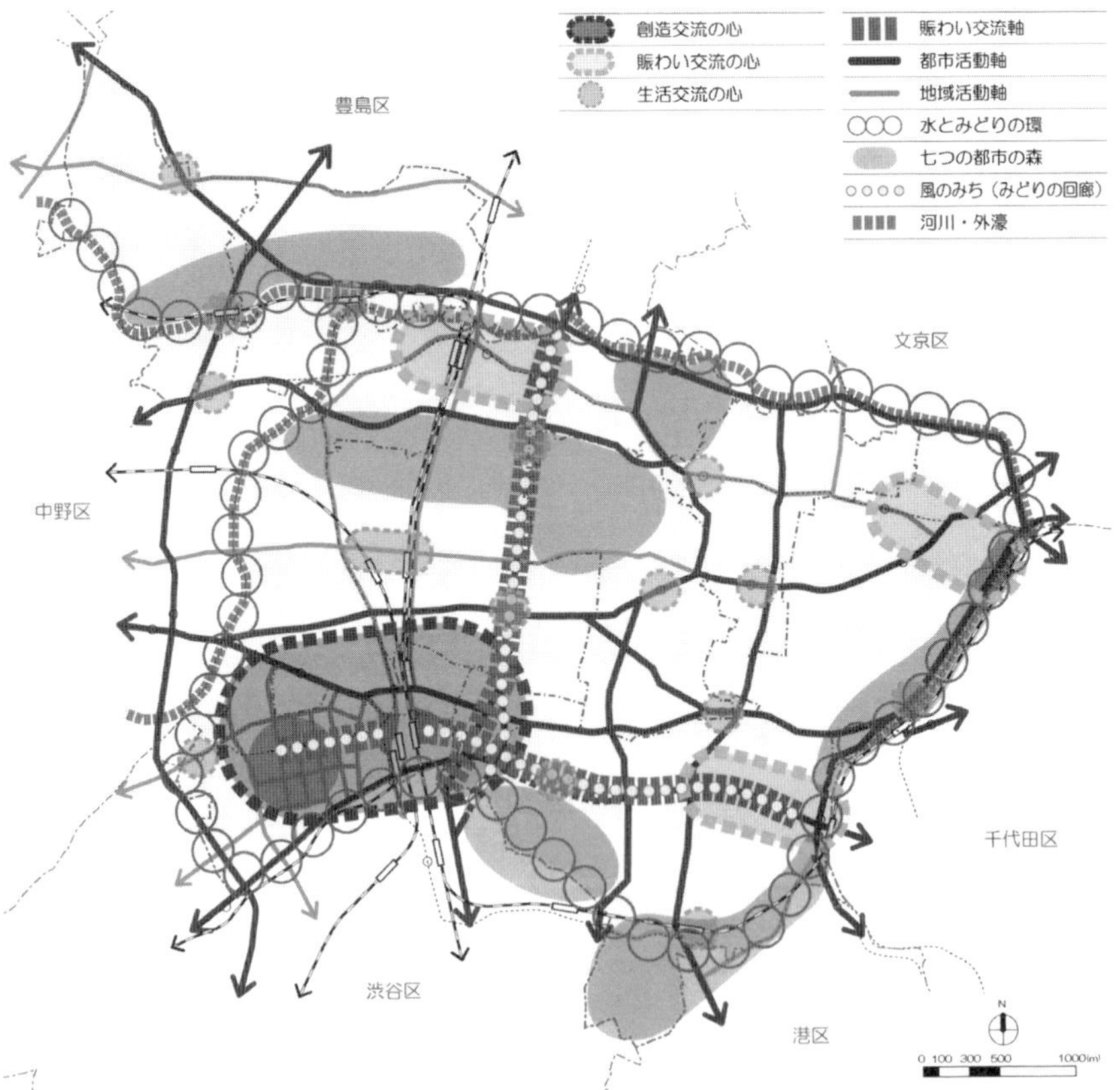

10-1　新宿区都市マスタープラン・都市構造図（新宿区都市計画部）

新宿の人的構成の特徴はここに住居を持つ三十二万人の区民（うち一割以上は外国人）と、それに倍することで働く人々、そして一日三五〇万人の駅ターミナル乗降者に示される莫大な数の来街者に現れている。

新宿区はこの基本構想を基にして、基本計画（社会計画）と合わせて二十年後の都市マスタープラン（物的計画）を策定している。

「暮らしと賑わいの交流創造都市」が目指すべき都市像である。交流創造都市とは居住人口の一割以上が外国人であり、来街者は全世界に及んでいる新宿が、今後さらに国際化することへの構えと読み取れる。また都市マスタープランは、新宿区全体の二十年後の像を画いているが、同時に、区内十地区（四谷地区、箪笥《たんす》地区、榎地区、若松地区、大久保地区、戸塚地区、落合第一、第二地区、柏木地区、そして新宿駅周辺地区）について、それぞれに目指すべき地区像が市民、地元参加の地区協議会によって画かれている。

………新宿駅周辺地区まちづくり

この地区は新宿発祥の原点である内藤新宿と、大ターミナル新宿駅を含む新宿の心臓ともいえる地区である。

この地区の将来像を示すキャッチコピーは「人を魅せる活力と文化の薫りあふれる環《わ》のまち」である。環《わ》のまちとは、生活・文化・商業・遊びの空間を「輪《わ》状につなげ人波がしなやかに流れるようにするとともに、人と人とがふれあい、「和《なご》（わ）」みあるまちづくり、環境負荷軽減に配慮した「環（わ）」境にやさしいまちである。言い替えれば環境都市新宿エコポリスづくりである。

新宿駅周辺地区の開発のサイクル

―東口界隈から西口、南口へ、そして再び東口界隈の時代へ

新宿・都市マスタープランが想定した「新宿駅周辺地区」の開発動向について、時間軸から一つの流れを読みとることができる。

新宿駅周辺の街は、昭和初期から戦後にかけて、老舗、百貨店などが多く出店して、東口界隈が大きく発展した。また、昭和四〇年代以降は淀橋浄水場跡地の再開発を中心として、西口界隈が超高層ビル街として発展した。そして平成期になると、ＪＲ貨物駅跡地や小田急線の上空などの人工地盤づくりによる再開発により、南口界隈の発達が著しい。

一方、東口界隈の建物や都市基盤の中には、戦後六十年が経過し、老朽化が進んでいる面もある。今後、これらの建物等の更新、再整備が緊急の課題となってきている。新宿駅周辺のエリアごとの整備発展のサイクルが一巡して、東口界隈が再生・再創造する時代に入ったと読み解きたい。

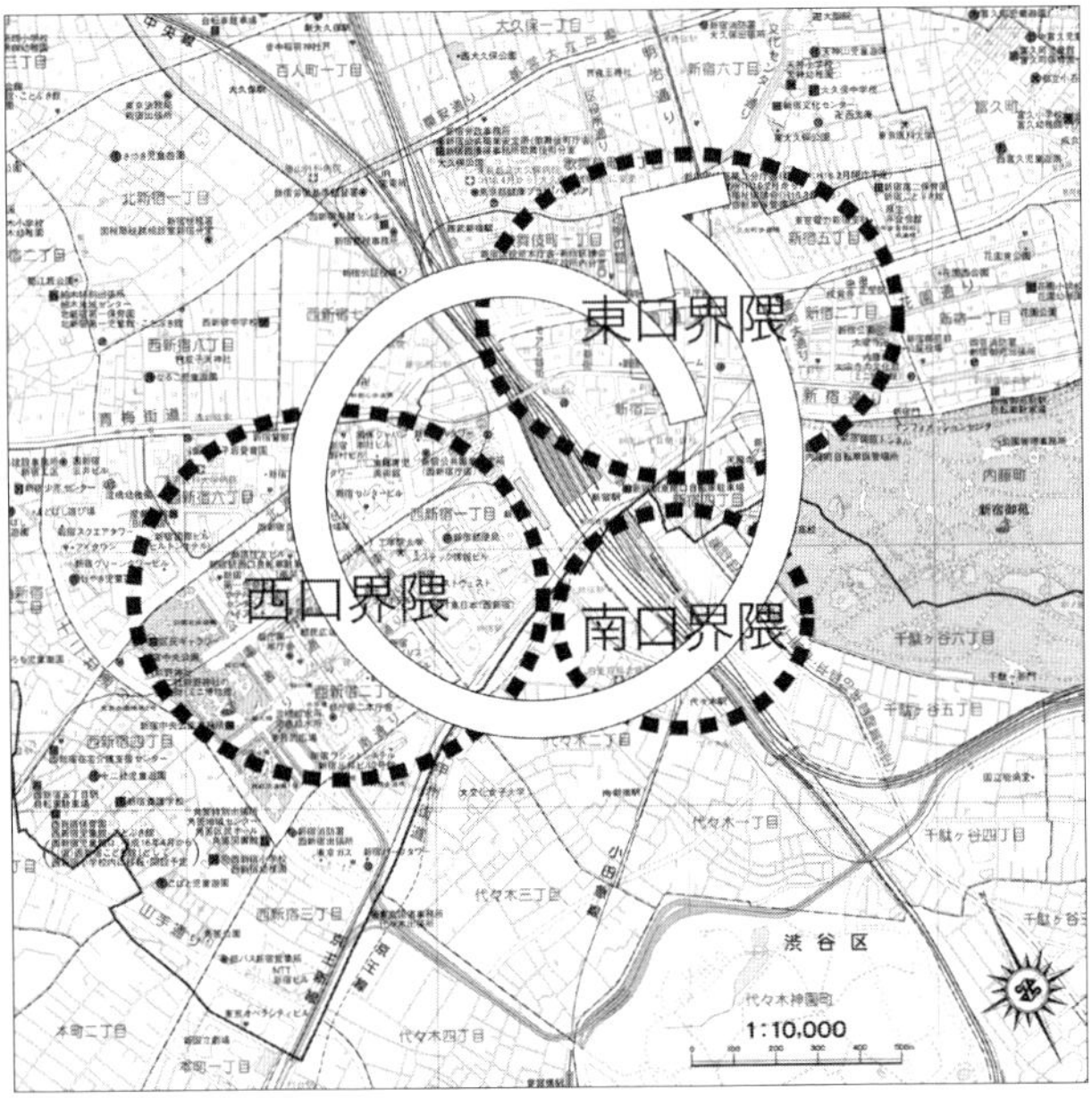

10-2　新宿の発展　過去～現在と、今後（新宿研究会作成）

新宿駅東口界隈のまちづくり

現在、新宿駅周辺で実施中の事業および計画のうち、東口界隈にとって影響が大きいものとしては、地下鉄副都心線新宿三丁目駅の建設・開業に続いて、サブナード（地下街）の延伸、そして新宿駅東西自由通路の建設が挙げられる。

地下鉄副都心線は平成二〇（二〇〇八）年六月開業し、新宿駅を中心に集散している人の流れが相当に変化した。この地下鉄駅新設にともない、サブナードが延伸されることになり、これにつながることになれば、地下街の人の流れも変わり、新たな回遊性が生まれよう。

新宿駅東西自由通路の開通も、東口界隈に与える影響が大きい。現在、西口地区と東口地区をつなぐ歩行者空間は、駅近辺では狭い地下通路と丸ノ内線コンコース、靖国通り大ガードのみである。この状態に対して、東口広場と西口広場を直接つなぐ二五ｍの幅員を持つ地下自由通路の開設に向けた工事が平成二四（二〇一二）年着工された。これが完成すれば、駅の改札口に面して、分かりやすく明るい通路が出来ることになる。そして歩行者交通の利便性が高まり、東西地区の連結が強化され、西口地区と東口地区の双方を多くの人々が往来することになろう。

これまでの、利用者に解りにくく、降りにくい通過交通の莫大な新宿駅自体が、東西自由通路によって、まちに直接つながり、「降りたくなる新宿駅」に変身することになろう。「降りて、歩きたくなる新宿まちづくり」とも握手することである。

2 地元商店街のまちづくりへの取り組み

新宿区都市マスタープランが想定する十地区それぞれについても、あるいは各地区内の界隈においても、時代状況の急速な変化に対応しようと、まちづくりについて地元は様々な取り組みを始めている。特に変化の激しい新宿駅周辺、東口商店街では、歌舞伎町ルネッサンス推進協議会や新宿EAST推進協議会を立ち上げ、新しい発想で行政と協力体制をつくり、積極的にまちづくりを進めている。

……歌舞伎町ルネッサンス推進協議会の活動

歌舞伎町ルネッサンス推進協議会は、平成一〇年代このまちに暴力団がはびこり、治安が著しく悪化したことに対して、中山弘子新宿区長が自ら会長となって結成された。

平成一七（二〇〇五）年一月、歌舞伎町一丁目に庁舎を構える新宿区役所の大会議室で、第一回の協議会が開かれた。中山弘子区長は冒頭、「戦後の歌舞伎町を復興した人たちの思いと、今、歌舞伎町を安全で誰もが楽しめる町へ再生しようとする人たちの思いを重ね合わせて、ルネッサンスという言葉に託して、皆でこの協議会の取り組みを進めたい」と挨拶した。

推進協議会のメンバーは、歌舞伎町で事業を行なっている企業や、商店街振興組合各代表、多方面の有識者、そして歌舞伎町の防犯、防災担当の国、都、警察、消防の代表である。

推進協議会は「新たな文化の創造を行い、活力あるまち、健全な歓楽街を目指し、二十四時間三六五日誰もが楽しめるまち、映像・演劇・音楽など最先端の情報、文化を世界に発信するまち、世界の人達の交流の拠点となり、多文化が共生するまち、安全で安心な美しいまち、をつくる」などを主旨とする「歌舞伎町ルネッサンス憲章」を採択した。

「エンターテイメントシティ・歌舞伎町の再生」がまちづくりのコンセプトであり、歌舞伎町創設の立役者、鈴木喜兵衛の「道義的繁華街」をどう再創造するかの、まちぐるみの挑戦である。

歌舞伎町ルネッサンス計画については、世界都市の盛り場、ニューヨークの都市再生の事例が思い出される。人種のるつぼアメリカ、ニューヨークの盛り場が一時、麻薬と暴力で荒廃した時期があった。これに対し、当時の市長と市民が共同して秩序を回復し、まちを再生させた。歌舞伎町を利用する人々はもはや日本人には限らなくなっている。もともと歌舞伎町は、地球座主の林以文ら、外国人によっても造られたものである。現在も実態として、アジアをはじめ世界百ヶ国以上の外国人の共住する町となっている。また、歌舞伎町の盛り場は、大久保、百人町のエスニックタウンともつながってきている。

歌舞伎町の核であった新宿コマ劇場跡地の再開発としてシネマコンプレックスとホテルが現在（平成二四年）建設中である。ユニークな中心広場を囲む、シネシティづくりを目指して、歌舞伎町ルネッサンス推進協議会は活発な活動を続けている。

戦後、地べたに息づいて生きてきたこのまちが、世界化の流れを取り込んで、二一世紀、どのように変貌するのかはまことに興味深い。

……新宿ＥＡＳＴ推進協議会の始動

東口商空間の再創造についても、東口地区の「新宿大通商店街」、「新宿東口商店街」、「新宿駅前商店街」の各振興組合、そして「新宿東口地区まちづくり研究会」が母体となり、平成二三（二〇一一）年二月に「新宿EAST推進協議会」（竹之内勉会長）を立ち上げた。新宿区の中山弘子区長も創立支援者となっている。

　新宿駅東口界隈に関わる多くのまちづくりの近未来的課題について、行政（新宿区、東京都）や関係事業者と協議しつつ挑戦しようとしている。かつては個々の商店もしくは各団体が個別に対応してきたまちづくりの課題を、時代状況を見極めつつ、全体を都市経営、タウンマネージメントの観点から取り組もうとしている点が新しい。

　東口商空間には当面する現実的課題が少なくない。

　例えば商店の駐車場附置義務問題がある。新宿大通りの商店街は自動車が都市に大量に入り込む以前に造られ、間口の狭い店が多い。防災上の理由などで建物を更新しようとする時には、それぞれの店が個々に駐車場を附置すべしとの法律があり、通りに面した店構えが破損されてしまうという矛盾がある。これについて協議会では、離れた場所に共同の駐車場を設けて対処できないかという、いわば「新宿ルール」のようなものがつくれないかと行政側と協議に入っている。あるいは更新時における建て替え推進のいろいろなケースについても取り組もうとしている。

　これらの現実的な課題に対処しつつ、災害発生に的確に対応できる、より安全で魅力ある二一世紀の東口商空間像を、「モール」から「交流核＋モール＆パサージュ（居間のように使えるまちの歩行者空間）」とイメージして、都市経営の観点から全体的につくり上げようというまちづくりの試みであり、この取り組みには強い意気込みが感じられる。五年、十年、二十年後のその成果が大いに期待される。

3 「新宿研究会」の取り組みと提案

………「新宿研究会」の創設

「若い人を集めてゆっくり始めましょうか」「先生面白そうだ。勝手なことを言わせてね、そのなかから面白そうなものをつかめばいいのだね」。これは、平成一六年一月、明日の新宿を考えるための、新宿区と戸沼研究室が共同で行なった企画『新宿を語る』で、インタビューに答えてくれた先代・高野吉太郎の熱い言葉であり、今となっては遺言となってしまった。

このインタビューシリーズでは、新宿の発展を支えた多くの方々から新宿の歴史と将来像について貴重な話を伺うことができた。と同時に、新宿が現在大きな転換期に差し掛かっていることが実感された。そして治安が極度に悪化している歌舞伎町問題、乗降客一日三五〇万人に及ぶ新宿駅と、その周辺地域の地震災害に対する脆弱性、また近年、六本木や汐留、東京駅周辺の再開発による活発な都市更新に対して、現状維持型の新宿の都市発展力の低下などが問題とされた。

「新宿研究会」は、このような地場の方々の新宿の歴史に対する思い入れと、未来に対する問題意識を共有する人々によって創設されたボランティア組織である。平成一六（二〇〇四）年七月二九日の早稲田大学大隈会館「楠亭」における発足式は、新宿に愛着を持つ人々の集まりであった。早稲田大学白井克彦総長（当時）、新宿区中山弘子区長も顧問として参加してくれた。

本研究会の目的は、次のとおりである。

「新宿」の歴史、文化、空間等の特性を、新たな視点から再評価し、少子高齢化、国際化・情報化、地方分権、市民参加、民間活力の活用など時代の要請に応え、精気溢れる商業娯楽文化を創造し、まちの魅力を高め、安心して快適に住み、働き、学び、楽しみ、憩う「新宿」のまちづくりについて、多角的、総合的に考察、提案することにあります。

研究会の運営に当たっては、我が街としてまちづくりに取り組んでいる行政や区民、地元商工業者・企業、大学など関連機関・諸団体との協働連携を図るとともに、新宿のまちを愛し、来街する多様な人々との交流の輪が広がるよう、開かれた活動を意図します。

発起人代表　戸沼幸市

有志が資金を持ち寄って立ち上げた「新宿研究会」は、発足からほぼ八年を経過したが、この間、新宿区都市マスタープランづくりへの参画や、個別のまちづくりについての勉強会を行なってきた。また、行政と民間をつなぐことが、「新宿研究会」の一つの役割であると考え、専門家集団としてこのための情報の提供、新宿の近未来についていくつかの提案を行なっている。

………歩きたくなる新宿　「淀橋・追分・御苑　散策大路、散策小路」構想

新宿区では、「歩きたくなるまち新宿」をテーマに、人々が回遊するまちについての構想を掲げている。これに呼応し「新宿研究会」では、この「歩きたくなるまち、安全・安心なまち、多くの人が回遊するまち」をつくるために、新宿駅の東西をつなぐ空間のイメージを「緑の回廊」として画き提案し、都市マスタープランの新宿駅周辺地域まちづくりの地区像に採り入れられた。

具体的には、新宿発祥の起点、淀橋と追分を含み、メインとなる東西両地区を繋ぐ「淀橋・追分・御苑 散策大路」を、新宿御苑から、新宿大通り、新宿駅を経て、西新宿の中央通り、新宿中央公園に至るルートに設定し、この道を「緑のプロムナード」として、大きな街路樹のある、ゆったりとした歩行者空間とする構想、提案である。なかでも東口界隈においては、新宿駅東口から新宿三丁目までの新宿通りを歩行者の道―トランジットモール化することを提案している。パリのシャンゼリゼ、ベルリンのウンターデンリンデンなど、海外の著名な街路にも引けを取らない、風格あるシンボルストリートにしたい。

また、この散策大路に連絡するかたちで、多くの散策小路群をネットワーク化し、回遊性のあるまちをつくる。具体的には、東口界隈では、街路樹があり、歩きやすく美しい歩行者空間を整備し、また西新宿地区では、超高層ビル街区に点在する公開空地を、歩行者用街路で相互に連絡するようにしたい。さらに将来的には、新宿駅の線路上空を活用し、防災上も有効に機能する人工土地による広場づくりを考えたい。そしてこれらにより、新宿御苑から新宿駅周辺を経て、新宿中央公園に至る地域に、歩行者空間の一大ネットワークを築くことの提案である。

「淀橋・追分・御苑 散策大路、散策小路」構想では、大路

10-3 新宿の東西をつなぐ緑の軸（新宿研究会作成）

と小路をネットワーク化することによって、東口界隈に「地上の歩行者の回遊空間」の創出を目指しているが、同時に、地下鉄副都心線新宿三丁目駅の開設とサブナードの延伸計画の実現により、地下街と連続した「地下の歩行者ネットワーク」の創出を目指す。

さらに、車での買い物客や商品の荷捌き等の利便向上のため、サブナードの延伸に併せた新駐車場の設置や既存の駐車場との連結により、「地下駐車場のネットワーク」も考えてゆく。

これらの提案により、必要な機能を整備しながら、新宿通りを、車は小型バスと緊急車、時間限定の荷捌き車のみが通行可能なトランジットモールとし、道路面は歩道と車道の間に段差がなく、樹木が植えられた並木道の歩行者空間とすることで、現在のように自動車が多く歩行者も歩道にひしめく状態が改善され、ゆったり歩いて楽しめるまちになることが期待できる。▼口絵参照

初期段階として、新宿通りをトランジットモール化し、東口駅前広場と接続させる。次にトランジットモールで新宿御苑と新宿通りを連結する。現在はあまり意識されていないが、新宿御苑は駅か

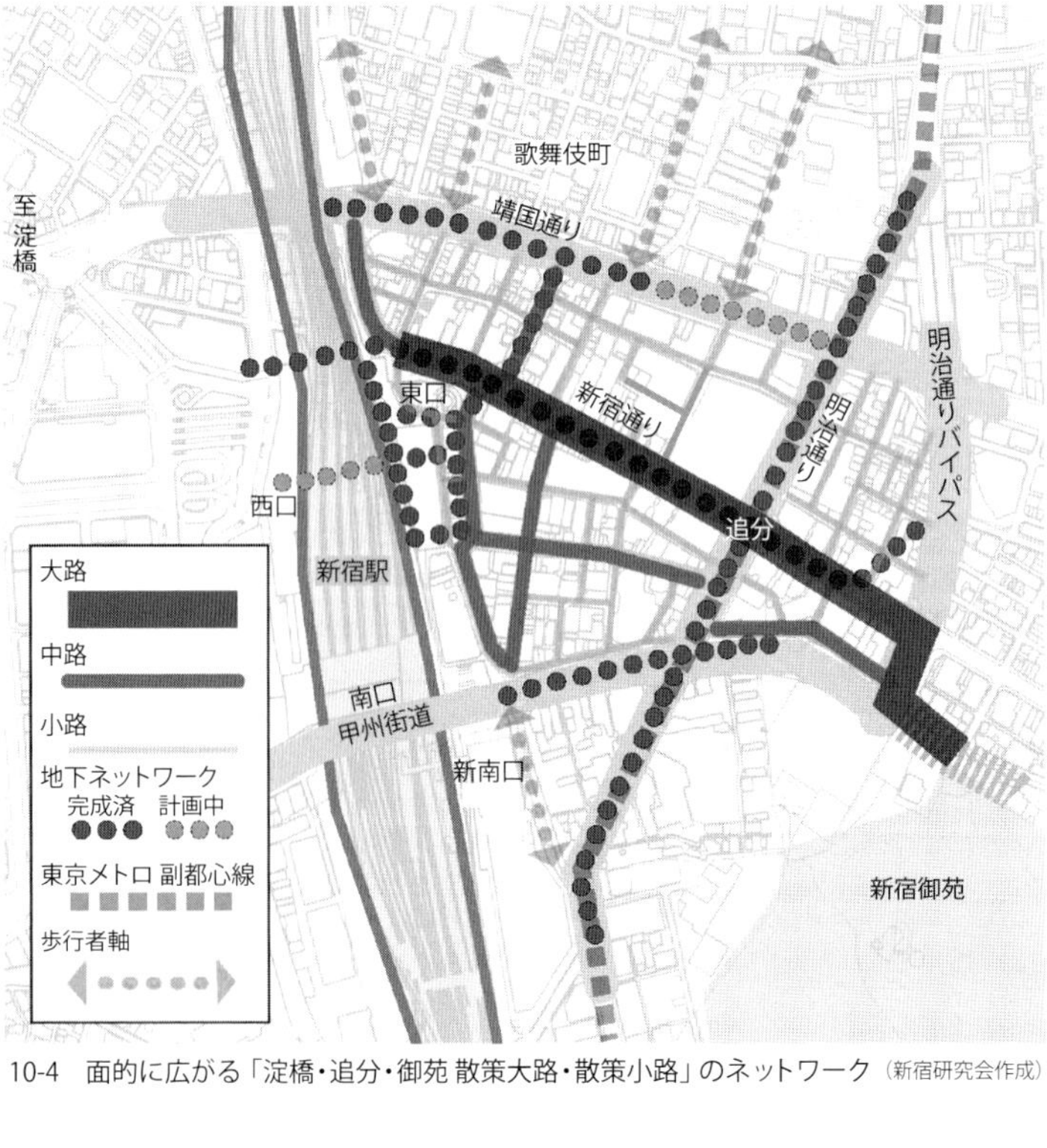

10-4 面的に広がる「淀橋・追分・御苑 散策大路・散策小路」のネットワーク（新宿研究会作成）

ら六〇〇m程度の距離にあり、この新宿通り散策大路によって、来街者がショッピングなどをしながら並木道を歩き、新宿御苑にまで気楽に足を延ばすことができるようになろう。

新宿通りのモール空間は、新宿三丁目交差点から東口広場までの約三〇〇mの区間、さらにこれに接続する東西自由通路を経て、西口の超高層ビル街へとつながる。このルートは新宿駅周辺を回遊する歩行者にとって、中心的な散策回遊路となろう。そして、東口広場や東西自由通路には、オープンで公共性の高い施設の配置を想定する。

新宿通りのトランジットモール化を実現していくためには、新宿駅東口への車のアクセス処理、買い物客、荷捌き、附置義務に対応した駐車場のネットワーク化、モール化にともなう商業活動への影響等の課題が残るが、CO_2問題もあり、二一世紀の都市において、自動車の都市から人間の都市へいかに切り換えるかが問われている時代である。

……大地をつくる――新宿駅上空人工土地構想

平成二三（二〇一一）年三月一一日午後二時四六分、東日本大地震発生直後、JR、私鉄の集中しているターミナル新宿駅周辺は、駅やビルから吐き出される滞留者と帰宅困難者で溢れ返った。新宿駅は一日の乗降客数が三五〇万人に及ぶ東京第一の大ターミナル駅である。新宿駅東口の狭い広場（空地）は駅構内から押し出された人々でまるでタラコのような密集状態となった。離れた家族との連絡にと頼りにした携帯電話はつながらず、群集は、駅前の大型ビジョンが映し出す、東北の地震津波の惨状に足がすくんで動けない。結局、大勢の人々は近くの都立新宿高校の体育館などで一夜を過ごすこととなった。この夜、帰宅をあきらめて仕事場に泊まった人も少なくない。ともかく家族のもとへと急ぐ一斉徒歩帰宅による混雑は相当なものであった。もし、この交通路両側の建物が直下地震で倒壊でもしたら、大変な惨状となってしまう。

災害時の避難路の安全確保については、東京都全体にも、新宿区にも緊急の課題である。特に首都直下地震に備え、狭隘な新宿駅東口広場の拡張など周辺の空地の確保、東西自由通路の実現など、避難のための安全、安心な空間・経路については緊急に再検討が求められている。

想定される首都直下地震では、最悪の事態の場合、新宿駅周辺に莫大な数の群集流があり、それらの人々が駅へ殺到することが予想されている。現在の「新宿区地域防災計画」においては、これらの人々が駅へ殺到しないよう、新宿御苑、新宿中央公園等、来街者密度が少ない方面や、西口超高層ビル街、地下街など、比較的安全と想定されている場所への速やかな誘導を想定している。しかし、駅への一時的な殺到が避けられないと考えると、やはり駅にも一時避難場所として、大きな広がりをもった空間が必

10-5　新宿未来図
新宿駅の線路上空に多層の人工地盤を架け、駅前広場と一体化する構想（新宿駅北側から）
（「新宿研究会」原案）

要である。

「新宿研究会」では、南口の人工地盤を広げ、新宿駅上空の人工地盤化、人工土地づくりを提案している。

新宿駅の駅構内および駅周辺は、一日三五〇万人の乗降客数に比して狭く、安全面、環境面において、日本最大の駅にふさわしくない状況となっている。これに対して、駅線路上空は、夜間には黒々と広がる大きな未利用空間であり、ここに新宿の新しい大地、人工土地をつくり、人間のための広場空間とし、駅東西を結節するまちの核、顔をつくり出すのである。緑化された人工土地は、新宿駅周辺に不足している広場空間を提供し、通常時は御苑から淀橋に至る散策大路の人々が憩い、休息できる滞留広場となる。もちろんこの人工土地は、災害時には一時避難地として機能し、駅に殺到する可能性がある大群集、来街者を安全にさばく拠点として、大きな効果を持つものになろう。避難者に対しては、ここで明確な災害情報、一時的な救護施設、避難場所とそのルートの指示が提供される救護拠点となる。現在のＪＲ新宿駅は東西を遮断するバリアとなっているが、ＪＲ新宿駅上空の人工地盤によって東西両地区が広くつながれば、これを核に、新宿御苑、追分・新宿通り、西口広場、淀橋、都庁を挟んで中央公園までの堂々たる広域避難空間（大路）が出現することにもなる。さらに首都直下地震発災時においては、西の東京都庁と東の首都機能である国会・政府・最高裁が災害対応の司令塔になることが想定されるが、この新宿駅上空の人工地盤はこれを直結させることになる。そして東京湾北部を震源とする首都直下地震によって生ずると考えられている、東京下町一帯の風水害、火災などからの避難者の、山の手地域への架け橋にもなろう。大正一二（一九二三）年の関東大地震災において、下町から山の手へ大勢の人々が避難したことが改めて思い出される。

新宿駅東口のＪＲ駅ビル、ルミネエスト（旧マイ・シティ）は建設から四十年以上が経過し、老朽化も進んでいる。東口駅前広場と線路上空の人工地盤を分断しているルミネエストが建て替えられることになり、その際の一案として、多層な人工土地をつくりこれにルミネエストを納めることができれば、より大きな一体的空間が出現することになろう。さらに駅西口の小田急百貨店の改修、建て替え時期に、人工土地を広げて、東西両地区が連続することになれば、ここに一つの鮮やかな大地が出現することになろう。

一日三五〇万人が乗り降りする世界一の交通ターミナルには人間の大地を連想させる世界に誇れる豊かな結節空間が欲しいものである。現代都市に出現する垂直の超高層建築も、水平な大地あってこそのものにちがいない。新宿駅上空の人工土地は、東西の大路小路につながって、新宿御苑、新宿中央公園とともに、新宿に生きた人間の大地を呼び戻すことになると思うのである。

4 新宿、武蔵野の大地に芽吹き続ける前衛都市

新宿は二一世紀都市文明の先端を走っているように見える。しかし、三・一一の東日本大震災は、これからの都市文明の有り様に大きな警告を与えるものであった。

原子力発電をベースにした現代都市文明の危うさ、化石燃料多消費によるCO_2増加による地球温暖化問題は、巨大都市東京そしてその新都心新宿の未来においても無縁ではない。加えてマグニチュード七クラスの首都直下地震が今後三十年間に起こる確率は七〇％とされている。これにより、最悪の

ケースでは、地盤の悪い東京湾北部地域は大きな被害が想定される。東京に集中する首都機能、経済の中枢機能などがダメージを受け、東京も日本も計り知れない打撃を受けることになる。この状態は都庁のある新宿とも深く関わっている。

四百年前の内藤新宿以来、近現代の大ターミナルとなった新宿は、世界的に人と物と金と情報を集める、現代都市文明のメガプラットホーム（巨大な結節空間）をつくり出した。そしてその根底を支えたのが、武蔵野の大地であった。武蔵野台地に最初に居住した人間は、二〜三万年前の旧石器人である。一万年前には縄文人がここに住んだ。現在の新宿区の領域にはこれら先人の大地に刻まれた遺跡、歴史が残されている。現在の武蔵野台地の地理、地形、植生は今から五千年前頃に出来たものと推定されているが、この大地に長大な時間を経て、新宿の四百年、近世、近現代史が花咲いたことになる。

新宿区は区民と地元事業者と共働で近未来の新宿の姿として、「水と森、大地を大切に、歩きたくなる新宿づくり」を目指している。近未来に予想される自然の大変動、首都直下地震についても、改めて備えを固めつつあるが、この筋書きは、幾度もの災害を乗り越え、前衛的に都市づくりをしてきた新宿四百年の歴史の中にＤＮＡとして埋め込まれている。そして各所に親和的な大小様々な出会いの場をつくり出してきた。生と死、愛と死を包む懐の深い生命の網の目社会、時代の大状況を取り込みつつ、活気あり親密な生命の躍動する都市こそ、持続すべき新宿の未来図と考えたい。現代の先端的都市文明をも取り込みつつ、自然と共生するエコポリス、ここに集まる人々の豊かさ、生活様式、つまりは「都市文化」といったものを持続・再創造するのである。

遠い昔、武蔵野台地に芽吹いた新宿のまちが、これからの四半世紀、半世紀、二一世紀中、混然としてダイナミックに世界を受け入れて進展していくことを願いたい。

おわりに

歩きたくなるまち、新宿

戸沼幸市

新宿に限らず都市学習の手始めは、まず現場を歩くことである。自動車などでは、地べたの起伏もまち並みも通り一遍のことしか解りようがない。あるいはテレビなどの映像では、いまひとつ現場の匂いが伝わって来ない。五感を持った直立歩行の人間としては、そもそも歩くことから、暮らしも、暮らしづくりも、そしてまちづくりも始まるとすらいえる。

新宿のように前近代（江戸）、近現代と、歴史のある都市では、手作りの江戸と、機械づくりのまちが重層している。この〝スケール感〟の違いは、東口繁華街と西口超高層ビル街のまちの寸法、表情に鮮やかに現れている。新宿は武蔵野台地の東端に位置し、江戸湾（東京湾）に向かって下ってゆく微妙な傾斜地にあり、これが坂や階段の多いまちぐみとなっている。これは歩いてみるとよく解り、老人には少々つらい場面も出て来るほどである。

私どもの「新宿学」もまち歩きを必須としている。時刻、季節、気候によって、新宿の表情は様々である。神田川の春の桜、紅葉の新宿御苑、雨の新宿の夜、花園神社のお酉様、熊野神社の御輿の賑わいなど、歩くことによって思わぬ出会いと発見の喜びもある。

新宿の大地には、遠い昔からの記憶、記録も刻まれている。逆に歩くことが困難な非常時、平成二三（二〇一一）年三月の大地震の時の都市・新宿はパニックに陥ってしまった。普段はエレベーターに乗る超高層建築の非常階段も、時には歩いて上り下りしてみる必要に迫られる。ヒューマンスケール、「人間尺度」の原器である人間を再認識し、「歩くこと」の大切さを知ることも「新宿学」の効用の一つといえるのである。

二一世紀、この新宿を鳥瞰図風に上から眺めつつ、地上に下りて虫瞰図として歩き、ここに住み、働き、遊び、往来する人々を仔細に見るならば、この大都会の光と陰を受けて、グローバルな老若男女、一本調子ではない、その人の人生（一生）の連続と不連続の断面（表情）を読みとることができよう。

遠い昔、武蔵野台地に芽吹いた新宿のまちは、これからの四半世紀、半世紀、二一世紀中、混然としてダイナミックに世界を受け入れて、さらに進展するに違いない。

巻末の、「淀橋・追分・御苑　散策大路・散策小路めぐり」を参考に、新宿の「まち歩き」を楽しみつつ何事かを発見していただければ幸いである。


本書は早稲田大学オープンカレッジ（社会人向け講座）「新宿学」の講義をベースにとりまとめたものであり、八年間ともに歩いた青柳幸人、髙橋和雄、松本泰生の各氏との共同作業である。各章は一応分担執筆のかたちをとったが、相互に議論を重ねた共同創作である。また掲載の図版作図は、松本氏が一手に引き受けてくれた。なお、「新宿学」は新宿研究会（事務局長吉田拓生）の活動の一環であり、当初より多くの会員の方々に支えていただいた。ここに感謝の意を表したい。

本書の刊行については大勢の方々の協力をいただいた。「新宿学」の講師の方々、早稲田大学オープンカレッジの事務局の方々、資料提供をしてくれた新宿区、新宿歴史博物館の方々にお礼を申し上げたい。

この本の出版は、新宿に縁の深い紀伊國屋書店高井昌史社長が引き受けてくれたが、これを後押ししてくれた竹之内勉氏（新宿ＥＡＳＴ推進協議会会長）に感謝申し上げたい。

『新宿学』が本のかたちになることについては、編集担当・黒田信二郎氏との共同作業であり、また紀伊國屋書店出版部の有馬由起子氏の緻密な作業に助けられた。末尾ながらお礼を申し上げる。

平成二四年一一月

新宿の歴史年表

時代	元号	西暦	主な出来事
旧石器（～約一二〇〇〇年前）			落合地区などに人が居住する（落合遺跡 区内初めての旧石器時代の遺跡） 妙正寺川遺跡（約三二〇〇〇年前）、西早稲田三丁目遺跡（約二四〇〇〇年前・約一五〇〇〇年前） 下戸塚遺跡（約一八〇〇〇年前）、百人町三丁目西遺跡（約一八〇〇〇年前）から、石器などが出土している
縄文（約一二〇〇〇前～紀元前三世紀頃）			落合地区を中心に、戸塚・四谷地区などで、竪穴式住居・縄文式土器、石器などがつくられる 目白大学周辺では、集落がつくられていた 百人町三丁目西遺跡（縄文時代草創期～前期）、妙正寺川第一遺跡（縄文時代草創期～後期） 下戸塚遺跡（縄文時代草創期～後期）、落合遺跡（縄文時代中期）、三栄町遺跡（縄文時代中期） 上落合二丁目遺跡（縄文時代晩期）
弥生（紀元前三世紀頃～三世紀後半）			神田川・妙正寺川流域に大規模な集落（落合遺跡・下戸塚遺跡）が形成された 下戸塚遺跡（弥生時代後期、環濠集落・方形周溝墓） 落合遺跡（弥生時代後期）、戸山遺跡（弥生時代後期）、穴八幡神社遺跡（弥生時代後期） 北新宿二丁目遺跡（弥生時代後期）、高田馬場三丁目遺跡（弥生時代後期）、 西早稲田三丁目遺跡（弥生時代後期、集落・方形周溝墓）
古墳（三世紀後半～八世紀頃）			神田川・妙正寺川流域に古墳時代の集落が形作られ、竪穴住居が造られた 下戸塚遺跡（古墳時代前期）、高田馬場三丁目遺跡（古墳時代後期）、西早稲田三丁目遺跡（古墳時代後期）、北新宿三丁目遺跡 （古墳時代後期）、上落合二丁目遺跡（古墳時代後期）
奈良（七一〇～七九四）			妙正寺川沿いの台地斜面に横穴墓が多数造られる 落合遺跡（集落、土師（はじ）器焼成坑）「落合型坏」と称される土器が生産される 下戸塚遺跡、上落合二丁目遺跡（集落、土師器焼成坑）、落合横穴墓群（横穴式古墳）
平安（七九四～一一八〇）	承平五年	九三五	平将門の乱（承平・天慶の乱）が始まる。新宿区内や周辺に平将門に関する伝説が多数残る
	天慶三年	九四〇	平将門が新皇を称し、関東の各国府を支配下に置くが、藤原秀郷に討伐される。筑土神社・鎧神社・円照寺
	永保三年	一〇八三	源義家が後三年の役に際し、安芸国厳島神社を勧請し、戦勝を祈願する。厳島神社（抜弁天） 平安時代後期（一一世紀末～一二世紀前半）に江戸氏が豊島郡内に進出する
鎌倉（一一八〇～一三三六）	治承四年	一一八〇	源頼朝挙兵。江戸重長、頼朝の下に参上する
室町（一三三六～一五六八）	暦応三年	一三四〇	江戸氏が足利義詮から牛込郷を与えられる（「牛込家文書」）
	永徳二年	一三八二	この頃、上野国赤城山麓から牛込氏の祖である大胡氏が武蔵国牛込に移住したとされる（「上杉家文書」）
	応永年間	一三九四～一四二八	中野長者鈴木九郎が十二社熊野神社を勧請する

時代	和暦	西暦	事項
室町（一三三六〜一五六八）	長禄元年	一四五七	太田道灌が江戸城を築く。区内や周辺には太田道灌の「山吹の里」伝説が残る
	天文二四年	一五五五	大胡勝行が江戸氏を継いで牛込郷を領し、北条氏康より牛込姓を受ける（「牛込家文書」）。牛込城跡（光照寺）
	永禄二年	一五五九	武士の領地の村が牛込・落合・市谷・戸塚などに分布する
安土桃山（一五六八〜一六〇〇）	天正一八年	一五九〇	豊臣秀吉の小田原攻めで北条氏が滅亡。徳川家康、関八州を与えられ江戸城に入る 内藤清成、家康の江戸入りに際して先乗りとして後の内藤新宿付近に陣を構える。その功績により広大な屋敷地を拝領する（後の内藤家四谷屋敷、現在の新宿御苑） 神田上水の開削工事が始められる
	天正一九年	一五九一	天龍寺が創建される（徳川家康の江戸入府に伴い遠江から牛込納戸町・細工町付近に寺が移された）
	文禄三年	一五九四	成覚寺が創建される
江戸（一六〇〇〜一八六八）	慶長八年	一六〇三	徳川家康、江戸幕府を開く
	九年	一六〇四	日本橋を起点に五街道が制定され、甲州街道が定められる
	一一年	一六〇六	成木往還（現在の青梅街道）が定められる
	元和二年	一六一六	四谷大木戸を設置し、甲州街道を往来する人馬を検閲する
	九年	一六二三	この頃、柏木成子町から同地産の鳴子瓜が将軍家へ献上される
	寛永一二年	一六三五	江戸城外濠が造成され、麹町周辺の寺院が市谷・四谷に多数移され、四谷・牛込に寺町ができる
	一三年	一六三六	高田馬場の造成が始まる
	承応二年	一六五三	玉川上水（羽村〜四谷大木戸）の開削工事が始まる。翌年（一六五四）には虎ノ門まで通水する
	明暦三年	一六五七	明暦の大火（振袖火事）が起こる（焼死者一〇七〇〇〇名）。大火のなかった現在の新宿区内では新たに町屋が造られた
	寛文八年	一六六八	安房国勝山藩 内藤重頼から寄進を受け、太宗寺が創建
	天和三年	一六八三	天和の大火の後、天龍寺が牛込から現在地に移転
	貞享四年	一六八七	五代将軍徳川綱吉、生類憐れみの令を発す（〜一七〇八年）
	元禄七年	一六九四	大久保に犬屋敷を設置し、野犬を保護する
	八年	一六九五	四谷に犬屋敷を設置し、野犬を保護する
	一〇年	一六九七	浅草阿部川町の名主高松喜兵衛らが、幕府に甲州街道の宿場開設を請願する
	一一年	一六九八	宿場の開設が許可される 甲州街道と青梅街道の分岐点である新宿追分を内藤氏が拝領する（内藤新宿の地名の起こり）
	一二年	一六九九	「内藤新宿」の宿駅が開設される
	享保三年	一七一八	内藤新宿が廃止される

江戸（一六〇〇〜一八六八）	一三年	一七二八	八代将軍吉宗、世継の病気回復祈願として穴八幡宮に流鏑馬を奉納する（高田馬場流鏑馬の起源）
	明和二年	一七六五	牛込光照寺門前に、新暦調御用所（幕府の天文台）が開設される
	九年	一七七二	内藤新宿の宿駅が再開される
	天明三年	一七八三	天明の飢饉が起こり、牛込・大久保の米穀商が打ち壊される
	寛政四年	一七九二	四谷大木戸の馬改番屋を廃止し、代わりに甲州街道の両脇に石垣を築く
	天保一四年	一八四三	角筈に大筒角場（大砲射撃演習場）が設置される
	嘉永六年	一八五三	ペリー来航。幕府が淀橋の水車での火薬製造を命じる
	七年	一八五四	淀橋の水車小屋で火薬製造に際して爆発事故が発生
	安政二年	一八五五	安政の大地震が起こる（死者七〇〇〇名余）
	文久元年	一八六一	内藤新宿で火災が発生し、旅籠の半数以上が焼失
	慶応二年	一八六六	物価高騰により暴動が起こり、打ち壊しが四谷・牛込・早稲田一帯に起こる
	三年	一八六七	内藤新宿の関門廃止、見張り所設置
明治（一八六八〜一九一二）	明治三年	一八七〇	平民に名字が許される
	四年	一八七一	廃藩置県により新宿の一部が東京府に入る
	五年	一八七二	内藤家四谷屋敷（現在の新宿御苑）が大蔵省農事試験場となる（七年に内務省勧業寮に所管替えとなる） 学制が発布される
	六年	一八七三	尾張徳川家下屋敷跡に陸軍戸山出張所（後の戸山学校・軍楽学校）が開設される 新宿最古の公立小学校吉井学校が開校
	七年	一八七四	小伝馬町の牢屋敷が市谷台町に移転し、市谷監獄となる（〜一九一〇）
	八年	一八七五	尾張徳川家上屋敷跡に陸軍士官学校が開設される
	一一年	一八七八	一五区六郡制が実施され、四谷区・牛込区ができる
	一二年	一八七九	内務省勧業寮農事試験場が宮内省に移管され「植物御苑」となる
	一三年	一八八〇	乗合馬車、四谷見附〜新宿追分〜府中間に開業する
	一五年	一八八二	東京専門学校（早稲田大学の前身）創設 四谷の大火（焼失家屋二五八〇戸）
	一六年	一八八三	角筈に女子独立学校（後の精華高等女学校）が開校 上落合村に官設の火葬場（現在の東京博善落合火葬場）が出来る
	一七年	一八八四	コレラ患者の隔離治療のため、東京府が避病院（後の大久保病院）を開設する

明治（一八六八〜一九一二）

明治一八年	一八八五	日本鉄道品川線（現在の山手線）の品川〜赤羽間が開業し、新宿駅が開設される 新宿高野が創業
一九年	一八八六	市谷加賀町に秀英社（現在の大日本印刷）の印刷工場ができる 尾張徳川家中屋敷（現在の東京女子医大付近）跡に、陸軍経理学校が開設される
二〇年	一八八七	内藤新宿の渋谷川沿いに、真崎鉛筆製造所（三菱鉛筆の前身）ができ、鉛筆製造を行なう この頃より、神楽坂善国寺毘沙門天の縁日で、東京で初めて夜店がでる
二二年	一八八九	甲武鉄道（現在の中央線）の新宿〜立川間が開業し、新宿に乗り入れる
二三年	一八九〇	若松町に陸軍砲工学校が開校する。旭町に花王石鹸新宿工場ができ、石鹸製造を始める
二七年	一八九四	大日本印刷、市谷に設立。神楽坂に花王石鹸の工場ができ、ねり歯磨の製造を始める 甲武鉄道、新宿〜牛込間が開業
二八年	一八九五	甲武鉄道、牛込〜飯田町間が開業
二九年	一八九六	南豊島郡・東多摩郡を廃止し、豊多摩郡が誕生する。新宿駅周辺は豊多摩郡淀橋町となる 矢来町で新声社（現・新潮社）創業
三〇年	一八九七	新宿・末廣亭が開館（建物は戦災で焼失）
三一年	一八九八	淀橋浄水場が開設される
三四年	一九〇一	神田上水が廃止される
三五年	一九〇二	六桜社（現コニカミノルタ）が十二社に工場を開設 東京専門学校が早稲田大学に改称する
三六年	一九〇三	東京市電の新宿〜半蔵門間が開通。東京女医学校（後の東京女子医科大学）が市ヶ谷河田町に移転
三七年	一九〇四	甲武鉄道、飯田町〜新宿〜中野間が電化される
三八年	一九〇五	東京監獄が鍛冶橋から富久町に移転（一九二二年市谷刑務所に改称、一九三七年閉鎖）
三九年	一九〇六	甲武鉄道が中央線、日本鉄道が山手線に改称される。甲州街道側に新宿駅本屋（二代目駅舎）が完成 植物御苑を新宿御苑に改称、皇室のパレスガーデンとなる 東京物理学校（現在の東京理科大学）が千代田区内から神楽阪に移転
四〇年	一九〇七	中村屋が開店（本郷東大前パン屋の支店として）
四一年	一九〇八	東京女医学校が附属病院を設置
四二年	一九〇九	中村屋が新宿を本店とし現在地へ移転
四三年	一九一〇	東京地方専売局淀橋工場が開設、煙草の製造を始める 市谷監獄が豊多摩郡野方村に移転（後の豊多摩監獄・中野刑務所）
四五年	一九一二	淀橋に東京ガスのガスタンクが設置される（現在の新宿パークタワーの場所）

大正（一九一二〜一九二六）	大正二年	一九一三	乗合バスが新宿追分〜笹塚間に開業 四谷見附橋架橋。赤坂離宮（現・迎賓館）と調和させたネオバロック様式（一九九一年に架け替え）
	三年	一九一四	新宿〜飯田橋間に路面電車開通
	四年	一九一五	京王電気軌道（現在の京王線）新宿追分〜調布間が開業
	五年	一九一六	東京物理学校内に東京医学講習所（後の東京医科大学）が開設される
	六年	一九一七	大国座開設
	七年	一九一八	警視庁が内藤新宿の娼婦屋に牛屋の原（新宿二丁目）への移転命令を出す 角筈に東京女子大学開設（一九二四年に杉並に移転）
	八年	一九一九	中央線・東京駅まで延長される
	九年	一九二〇	新宿初の映画館、武蔵野館が開館 角筈（現歌舞伎町）に府立第五高等女学校が開設。新宿一丁目大火 豊多摩郡内藤新宿町が四谷区に編入される 市街地建築物法施行（建築物の高さが住居地域で六五尺（約一九・七m）、その他で一〇〇尺（約三〇・三m）に制限される） 慶応大学医学部・医学部付属病院が信濃町に出来る
	一〇年	一九二一	新宿大火、新宿二丁目の遊郭街が全焼 新宿高野が現在地に移転
	一一年	一九二二	西武電車・荻窪線、淀橋〜荻窪間開通（一九二六年に東口まで延伸、一九四二年には市電となるが、一九六三年に廃止） 目白不動園として、目白文化村（第一文化村）の分譲が始められる
	一二年	一九二三	関東大震災 新宿駅付近〜新宿三丁目、新宿二丁目にかけて被災するが、全体としては被害は軽微
	一四年	一九二五	国鉄新宿駅駅舎、青梅街道側に新築される（三代目） 駅前に三越開店（後の二幸・現新宿アルタの位置）、布袋屋百貨店開店
昭和（一九二六〜一九八九）	昭和二年	一九二七	小田急線開通（新宿〜小田原間）、京王電鉄、追分付近にターミナルデパートを開設 西武鉄道開通（新宿線：高田馬場〜東村山間） 紀伊國屋書店開業（木造二階建て、ギャラリー併設） 早稲田大学大隈講堂完成
	四年	一九二九	新歌舞伎座が角筈に開場（一九三四〜新宿第一劇場、一九五八〜新宿松竹座、一九五九〜新宿第一劇場、一九六〇年閉鎖） 東京第一衛戍（えいじゅ）病院が戸山に移転（後の第一国立病院、現・国立国際医療研究センター）
	五年	一九三〇	新宿三越が現在地に開店。新宿二幸開業。花園饅頭現在地に開店
	六年	一九三一	新宿ムーランルージュ開館（一九五一年閉館） 新宿駅の乗降客数が日本一になる（一九六六年以降は現在まで連続で日本一） 東京医学専門学校 附属淀橋診療所（現・東京医科大学病院）設置

昭和（一九二六〜一九八九）	昭和六年	一九三一	牛込区内で旺文社創業
	七年	一九三二	東京三五区となり、旧豊多摩郡の淀橋・大久保・戸塚・落合の四町が合併して淀橋区となる
	八年	一九三三	淀橋区役所開設。伊勢丹新宿本店オープン
	九年	一九三四	明治通りが開通する。同潤会江戸川アパートが牛込に完成（二〇〇三年に取り壊し）
	一〇年	一九三五	布袋屋百貨店が伊勢丹と合併。山手通りの建設が始まる
	一二年	一九三七	市谷（現在の防衛省の場所）にあった陸軍士官学校が座間に移転。その跡に陸軍省・参謀本部などが置かれる
	一四年	一九三九	東京中央卸売市場淀橋市場開設
	一六年	一九四一	新宿駅西口駅前広場整備、角筈地区区画整理が完成 太平洋戦争始まる
	一七年	一九四二	四月一八日、現在の新宿区内が初めて空襲を受け、被害が出る（早稲田鶴巻町）
	一八年	一九四三	東京都発足（東京府→東京都）
	一九年	一九四四	栃木県へ学童疎開始まる。建物の強制疎開が始まる
	二〇年	一九四五	三月一〇日、東京大空襲（下町が中心） 五月二五日、四谷・牛込・淀橋地区の大部分が空襲により焼失（山の手大空襲） 京王線、戦災の影響で新宿駅を追分から西口に移転 八月一五日、終戦 駅前に闇市ができる
	二一年	一九四六	東口駅前広場整備、歌舞伎町区画整理事業、西口復興土地区画整理事業が都市計画決定される：新宿二丁目付近（一九四八〜一九八〇）、駅西側付近（一九四八〜一九六八）、歌舞伎町（一九四七〜一九五七）、歌舞伎町二丁目（一九四八〜一九五二） 極東軍事裁判（現自衛隊市ヶ谷駐屯地にて） 東京医科大学設立、附属淀橋病院を東京医科大学病院に改称
	二二年	一九四七	四谷・牛込・淀橋三区が統合され、新宿区が誕生 東京三五区が二二区に再編される（後に二三区になる） 新宿凮月堂開店、喫茶室青蛾開店、ムーランルージュ新宿座再開、紀伊國屋書店木造二階建てで書店新築 学校教育法施行により区立中学校九校が開設（小学校は二九校設置） 区長選挙。初代区長に岡田昇三就任
	二三年	一九四八	歌舞伎町が出来る。丸井新宿駅前店が開店
	二四年	一九四九	新宿御苑が一般公開される 新宿通りから靖国通りに都電を移設。露店撤去令がでる 戸山ハイツ（一〇五二戸）・戸山アパート（鉄筋住宅、一〇一六戸）が完成
	二五年	一九五〇	区役所を歌舞伎町に置く。特別出張所制を敷く 名曲喫茶らんぶる開店

昭和（一九二六〜一九八九）	二六年	一九五一	新宿通りにグリーンベルト設置（一九五七年に撤去） ムーランルージュ新宿座閉鎖
	二七年	一九五二	西武鉄道が西武新宿まで延伸される（高田馬場〜西武新宿）
	二九年	一九五四	新宿区総合発展計画促進会設立 名曲喫茶スカラ座・歌声喫茶灯・名曲喫茶琥珀・民芸茶房すずやが開店
	三〇年	一九五五	歌声喫茶カチューシャ開店 明治通りにトロリーバス運行開始（池袋〜千駄ヶ谷四丁目）
	三一年	一九五六	新宿コマ劇場が開館。新宿ミラノ座オープン
	三三年	一九五八	売春防止法施行適用 首都圏整備計画で新宿が副都心として位置づけられる。中村屋が地上六階・地下二階のビルとなる
	三四年	一九五九	営団地下鉄丸ノ内線開通（新宿〜池袋間） 新宿通り地下にメトロプロムナード完成
	三五年	一九六〇	戸山ハイツの高層化始まる。新宿区立体育館開館 副都心計画及び事業、新宿駅西口の立体広場計画が都市計画決定される。（財）新宿副都心建設公社設立 自衛隊市ヶ谷駐屯地ができる（一九五九年に米軍から返還）
	三六年	一九六一	地下鉄丸ノ内線、新宿〜東中野間が開通 西口に安田生命ビル、工学院大学建設。東京厚生年金会館が開場
	三七年	一九六二	地下鉄丸ノ内線が荻窪まで延伸。早稲田大学戸山キャンパス完成 小田急百貨店が、現在の小田急ハルクの建物で開店。丸井新宿店（旧新宿マルイカレン・二〇一二年閉館）が開店
	三八年	一九六三	京王線地下移設。青梅街道上を走っていた都電杉並線が廃止される 十二社の小西六工場（現コニカミノルタ）が日野市へ移転
	三九年	一九六四	新宿副都心の造成工事が開始される。首都高速道路四号線開通 新宿ステーションビル（第四代駅舎）が完成。京王新宿駅ビル・京王百貨店完成 東口駅前広場・地下街・地下駐車場完成。紀伊國屋ビル・紀伊國屋ホール完成 地下鉄東西線開通（高田馬場〜九段下間）。東京オリンピック開催
	四〇年	一九六五	淀橋浄水場閉鎖、東村山へ移転。丸物デパートが閉店し、伊勢丹に身売り
	四一年	一九六六	区役所本庁舎完成。新宿伊勢丹会館開店 新宿駅西口の立体広場が完成。この年、新宿駅の乗降客数が日本一となる 地下鉄東西線開通（高田馬場〜中野間）
	四二年	一九六七	小田急百貨店本館が完成、売場面積日本一（当時）となる。旧小田急百貨店のビルは小田急ハルクとなる 早稲田大学大久保キャンパスに理工学部が移転 唐十郎の状況劇場が花園神社境内に紅テントを建てて公演を行なう 淀橋写真商会設立（現ヨドバシカメラ）。西口青梅街道上にマンモス歩道橋が完成

昭和（一九二六〜一九八九）

昭和四三年	一九六八	十二社池が埋め立てられ、姿を消す 新宿副都心建設事業終わる。新宿新都心開発協議会設置・西口中央公園開設 新宿〜月島間の都電廃止。トロリーバス池袋〜渋谷間廃止 新宿騒乱事件（一〇・二一、過激派学生四六〇〇名、群衆二万名が新宿駅を占拠） 新宿区長に山本克忠を選任。武蔵野館ビル（昭和三年完成）取り壊し 東京丸物新宿店（一九六五年閉店）の跡地に、伊勢丹・男の新館（現メンズ館）が開店
四四年	一九六九	西口地下広場反戦フォーク集会（七千名が集まり、機動隊がガス弾で制圧）。東口駅前広場改造 新宿高野本店ビル「フレッシュターミナル」完成。安与ビル（柿傳）完成。新宿プラザ劇場オープン
四五年	一九七〇	歩行者天国実施。新宿駅周辺の都電完全撤去 牛込柳町で排気ガスによる鉛中毒患者が発生 三島由紀夫、自衛隊市ヶ谷駐屯地（現防衛省）で割腹自殺
四六年	一九七一	区内初、西新宿初の超高層ビル「京王プラザホテル」が開業 新宿副都心で建築協定：地域冷暖房の利用、歩車分離、壁面線の指定、駐車場の共同化、建物の最高高さ限度の設定 新宿高速バスターミナル開設
四七年	一九七二	帝都座（新宿日活）閉館 国税庁発表の土地路線価で新宿高野前が日本一となる 新宿区立中央図書館開館、公募により区の木「けやき」花「つつじ」に決定
四八年	一九七三	サブナード完成、新宿凮月堂閉店 新宿区内の下水道普及率が一〇〇％となる
四九年	一九七四	京王相模原線、小田急多摩線開通。都電引込線跡地に新宿遊歩道公園「四季の路」完成 新宿住友ビル、ＫＤＤビル、新宿三井ビル完成 新宿三丁目の地価公示価格が日本一となる
五〇年	一九七五	新宿駅周辺の三つの地下連絡通路開通、国鉄と私鉄四社の新宿駅が地下でつながる 公示地価が日本一になる（新宿三丁目） ヨドバシカメラ新宿西口本店オープン 二四年ぶり区長公選復活、山本克忠就任
五一年	一九七六	安田火災海上ビル（現・損保ジャパンビル）完成。新宿ルミネ開店。柿傳ギャラリーオープン
五二年	一九七七	新宿プリンスホテル・西武新宿駅ビル「ぺぺ」完成 歌声喫茶灯が閉店
五三年	一九七八	新宿野村ビル完成。新宿ステーションビルが改装されマイシティとなる 京王新線開通。二幸閉店
五四年	一九七九	都電大久保車庫跡地に新宿文化センターが開館する 新宿センタービル完成。伊勢丹美術館オープン（二〇〇二年閉館）

昭和（一九二六〜一九八九）	五五年	一九八〇	第一回大新宿区まつり開催。都営地下鉄新宿線開通（新宿〜岩本町間） スタジオアルタオープン。ホテルセンチュリーハイアット・小田急第一生命ビル完成 新宿駅西口バス放火事件
	五六年	一九八一	茶房青蛾閉店。早稲田大学エクステンションセンター設置
	五七年	一九八二	新宿駅南口ルミネスクエアオープン。新宿ＮＳビル竣工 西大久保地区市街地再開発事業完了 シアターアプル開場
	五八年	一九八三	ギャラリー新宿高野オープン（〜二〇〇五）。新宿ワシントンホテル竣工。婦人情報センター開館
	五九年	一九八四	新宿スポーツセンター開館。新宿駅での貨物取扱廃止 区内初の再開発ビル（新宿国際ビル・東京ヒルトンホテル）完成 小田急新宿駅南口上に新宿ミロード完成。モザイク通り完成
	六〇年	一九八五	東京都庁の新宿移転が決定される。新宿区立障害者福祉センター・福祉作業所開館 「風俗営業等の規制および業務の適正化等に関する法律」が施行され、歌舞伎町の風俗産業も規制される 新宿駅開業一〇〇周年。西口歩行者デッキカリヨン橋完成
	六一年	一九八六	ＪＲ埼京線開通。内藤新宿ゆかりの高遠町（現在の伊那市）と友好提携都市となる
	六二年	一九八七	新宿区都市整備公社・新宿区土地開発公社設立。国鉄分割民営化、ＪＲ発足 歌舞伎町ヤングスポット整備。新宿グリーンタワービル完成
	六三年	一九八八	ＪＲ新宿湘南ライナー運行開始 西戸山タワーホームズ完成
平成（一九八九〜）	平成元年	一九八九	新宿歴史博物館が開館。小泉八雲の故郷、ギリシャのレフカダ町と友好提携都市となる 新宿モア街完成。新宿エルタワー・工学院大学新校舎完成
	二年	一九九〇	新宿モノリスビル完成
	三年	一九九一	東京都庁舎完成。都庁が移転し新宿新都心となる 新宿発ＪＲ成田エクスプレス運行。新宿御苑トンネル開通 新宿区長に小野田隆就任
	四年	一九九二	国立予防衛生研究所（現国立感染症研究所）が品川区上大崎から戸山へ移転。林芙美子記念館開館
	五年	一九九三	東京都健康プラザハイジア完成
	六年	一九九四	東京ガスガスタンク跡地に新宿パークタワー完成 ドイツベルリンのティアガルテン区（現在のミッテ区）と友好提携都市となる 東京都景観マスタープランが策定される
	七年	一九九五	地下鉄サリン事件・新宿駅青酸ガス事件が起きる 新宿アイランドタワー、新宿マインズタワー完成。ＮＴＴ本社が新宿に移転 中国・北京市東城区と友好提携都市となる

平成（一九八九～	平成八年	一九九六	タカシマヤタイムズスクエアオープン、紀伊國屋書店新宿南店開店・紀伊國屋サザンシアター開場 地下鉄丸ノ内線西新宿駅開業。新宿駅東西自由地下通路構想案策定、新宿区都市マスタープラン策定 地下鉄南北線・駒込～四ツ谷間が開通
	九年	一九九七	新国立劇場・東京オペラシティが完成
	一〇年	一九九八	ＪＲ東日本本社ビル完成、ＪＲ東日本が新宿に移転 小田急サザンテラス・小田急サザンタワー完成
	一一年	一九九九	都営地下鉄大江戸線開通（新宿～光が丘）
	一二年	二〇〇〇	六本木から防衛庁が市ヶ谷駐屯地に移転。ＮＴＴドコモ代々木ビル完成
	一三年	二〇〇一	歌舞伎町ビル火災（四四名死亡）。都営地下鉄大江戸線開通（新宿～環状部）
	一四年	二〇〇二	新宿区長に中山弘子就任。名曲喫茶スカラ座閉店 ビックカメラが小田急ハルクビルにテナントとして開店
	一五年	二〇〇三	新宿区と早稲田大学の間で、協働連携に関する基本協定が結ばれる 淀橋第二小学校跡地再開発（新宿ファーストウエスト）完成
	一六年	二〇〇四	早稲田大学オープンカレッジで「新宿学」を開講（～現在まで） 新宿研究会設立
	一七年	二〇〇五	歌舞伎町ルネッサンス推進協議会発足。新宿三越店が新宿三越アルコットとなる
	一八年	二〇〇六	マイシティがルミネに吸収合併され、ルミネエスト新宿に名称変更。東京都景観条例公布
	一九年	二〇〇七	新宿バルト9オープン。東京都景観計画施行
	二〇年	二〇〇八	東京メトロ副都心線開業（池袋～渋谷） 新宿コマ劇場・シアターアプル・新宿プラザ劇場が閉館。新宿ピカデリーオープン 柿傳ギャラリーが現在地に移転オープン。モード学園コクーンタワー完成 株式会社三越伊勢丹ホールディングス設立
	二一年	二〇〇九	新宿マルイ本館完成。新宿十二社温泉営業終了
	二二年	二〇一〇	玉川上水・内藤新宿分水散歩道が一部完成。東京厚生年金会館が閉館 ヤマダ電機・ＬＡＢＩ 新宿東口館オープン
	二三年	二〇一一	新宿ＥＡＳＴ推進協議会発足 三月一一日　東日本大震災
	二四年	二〇一二	新宿三越アルコット営業終了、建物はビックロ（ビックカメラとユニクロのコラボ店舗）となる。 新宿六丁目の日本テレビゴルフガーデン跡地に新宿イーストサイドスクエアが完成 新宿駅東西自由通路着工

早稲田大学オープンカレッジ講座「新宿学」担当講師

戸沼幸市	早稲田大学名誉教授（新宿研究会会長）都市学・都市計画学
青柳幸人	早稲田大学元客員教授 都市・集合住宅再生研究室 代表（新宿研究会副会長）
髙橋和雄	新宿区元助役（新宿研究会副会長）
松本泰生	早稲田大学理工学術院 客員講師

過去のゲスト講師

講師氏名	役職等
天野秀二	ギャラリー新宿高野
新井良亮	東日本旅客鉄道株式会社代表取締役副社長・株式会社ルミネ代表取締役社長
泉 耿介	（株）都市環境計画研究所 代表取締役・新宿 EAST 推進協議会事務局長
市橋栄一	（株）紀伊國屋書店 店売総本部 店舗広報、店舗イベント担当 参事役
井手久登	東京大学名誉教授（農学部）・早大大学院客員教授
生方良雄	元小田急電鉄株式会社運輸部長
大川恵之輔	株式会社伊勢丹常務取締役
奥津和彦	新宿コマ劇場元支配人
奥原哲志	鉄道博物館 学芸部（東日本鉄道文化財団）
片山文彦	花園神社宮司
茅原 健	『新宿・大久保文化村界隈』著者
喜多崇介	株式会社大阪屋商店取締役社長
北見恭一	新宿歴史博物館学芸員
金 根熙	「韓国広場」代表取締役
下村得治	元歌舞伎町商店街振興組合理事長
関口信行	早稲田大学大学院都市計画系研究室
髙野吉太郎	新宿高野四代目社長
竹之内勉	新宿大通商店街振興組合理事長・新宿 EAST 推進協議会会長
田辺礼一	（株）紀伊國屋書店副会長
坪地宏昌	京王電鉄バス相談役
戸栗本了	新宿駅長
内藤頼誼	高遠藩主内藤家第 18 代当主・元朝日新聞アメリカ総局長
中島猛夫	新宿副都心計画者
中山弘子	新宿区長
灰谷香奈子	早稲田大学芸術学校講師
長谷川徳之輔	明海大学名誉教授
林 治郎 庭山貴裕	新宿歴史博物館館長 同　博物館学芸課
堀越義章	早稲田大学理工学総合研究センター元特別研究員
安田眞一	柿傳社長、新宿駅東口商店街振興組合理事長
山下 馨	NPO 法人 粋なまちづくり倶楽部 事務局長・山下馨建築アトリエ代表
山根基世	「ことばの杜」代表・元 NHK エグゼクティブアナウンサー
吉岡修一	中村屋広報室広報担当学芸員
吉田拓生	（財）日本開発構想研究所副理事長

⑯花園神社（3 章・p.67）
徳川家康が江戸に入った 1590 年には既に存在しており、後に内藤新宿が開かれると、その総鎮守として祀られるようになった。元は現在地よりも約 250m 南にあったが、寛政年間にそこを朝倉筑後守が拝領したため、尾張藩下屋敷の庭の一部である現在地に遷座。多くの花が咲き乱れた花園の跡だったことから花園稲荷神社と呼ばれるようになったという。昭和 40（1965）年に現在の社殿が完成。昭和 42（1967）年には、唐十郎が率いるアングラ劇団「状況劇場」の紅テント公演に境内を提供した。境内には芸能浅間神社も祀られており、芸能関係者の参拝・寄進も多い。

⑰ゴールデン街・花園街（8 章・p.196）
昭和 24（1949）年以降、新宿二丁目、新宿駅東口の露店商が移転してきていわゆる青線が形成された場所。売春防止法施行以降は約 240 店の飲み屋が密集する街となった。

⑱四季の路（6 章・p.135）
もとは都電 13 系統の軌道敷で、昭和 45（1970）年の都電の廃止後、昭和 49（1974）年に遊歩道公園にされた。

⑲歌舞伎町弁財天（8 章・p.182）
現在の歌舞伎町一帯は、もともとは蟹川近くの低地で、明治の始めまで旧長崎藩主大村家の別邸があり、雑木林の鴨場だった。ここにあった大きな沼のあたりに弁財天が祀られていたが、この沼は淀橋浄水場の建設時に出た大量の残土で埋められた。このため、当時この界隈の大地主だった尾張屋銀行の頭取峯島茂兵衛がこの弁財天を現在の場所に移して祀った。大正 2（1913）年には堂宇の改築再建にあたり不忍弁財天より現在安置の御本尊を勧請。昭和 20（1945）年の空襲により本堂が焼失。弁財天の厨子は、一時笹塚のアパートへ避難の後、峯島家に安置され、昭和 21 年、鈴木喜兵衛の立ち上げた復興協会が仮殿を造って厨子を安置。現在の建物は昭和 38（1962）年に再建されたもの。

⑳靖国通り・新宿サブナード（8 章・p.191）
靖国通りは関東大震災後の帝都復興事業の際に都市計画決定され、既存の道路を拡幅して造られた。新宿区内の部分が全通したのは昭和 20 年代。新宿サブナードは靖国通り地下に昭和 48（1973）年に完成したショッピングモールで、公共地下道・公共地下駐車場を含み、西武新宿駅と新宿通り地下のメトロプロムナードを結ぶ。

㉑旧新宿三越（6 章・p.136、p.142、p.156）
昭和 5（1930）年開店。平成 17（2005）年まではデパートだったが、その後、業種転換し新宿三越アルコットを経て、平成 24（2012）年にビックロ（ビックカメラ・ユニクロのコラボ店舗）となった。

㉒紀伊國屋書店（7 章・p.168 ～）
昭和 2（1927）創業の老舗書店。昭和 39（1964）年に現建物が完成（設計：前川國男）。新宿通りに面した小広場スペースや、裏側への通り抜け空間が魅力的。また 4 階の紀伊國屋ホールは小劇場演劇のメッカとなっている。

㉓新宿中村屋（7 章・p.160 ～）
和洋菓子、パン、カリー、中華まんなどで知られる老舗。明治 40（1907）年に新宿に出店。平成 24（2012）年現在、店舗ビルを建て替え中で、2014 年秋に完成予定。

㉔新宿高野（7 章・p.164 ～）
明治 18（1885）に繭仲買・中古道具を本業とし、副業で果実を扱う店として創業した老舗。明治 33（1900）年以降は果実専門店となる。大正 10（1921）年から現在地で営業し、大正 15（1926）年にはフルーツパーラーを開く。現本店ビルは昭和 44（1969）年完成。昭和 58 年～平成 17 年には、新進芸術家のためにギャラリー新宿高野を開いていた。

㉕新宿モア街（6 章・p.157）
モアは「Mixture Of Ages、様々な世代」の意味。面的に歩行者区域を作り、歩車道を含めた全面を自然石で舗装し、武蔵野をイメージしてケヤキの高木を植えるなど、当時としては画期的な試みを行なった歩行者空間整備。平成元（1989）年完成。モア 4 番街には平成 24（2012）年 11 月から全国で初めて、道路上に常設のオープンカフェが設置された。

㉖新宿アルタ
昭和 54（1979）年竣工。壁面の大型街頭ビジョン（アルタビジョン）は日本初。7 階のスタジオアルタでは、昭和 57（1982）年から「笑っていいとも！」の生放送がずっと行なわれている。また、かつてはこの場所に二幸（6 章・p.136）があった。

㉗馬水槽
東京の上水道の育ての親とも言われる中島鋭司が欧米を視察した際、ロンドン水道協会から東京市に寄贈されたもの。明治 39（1906）年から有楽町で市設共用槽として馬車が利用していた。昭和 39（1964）年に現在地に設置。新宿区有形文化財。

㉘新宿駅（ルミネエスト・旧マイシティ）
（6 章・p.125、p.133、p.153）
明治 18（1885）年に日本鉄道の駅として開業。現在の 4 代目駅舎は新宿民衆駅ビルとして昭和 39（1964）年に完成。その後、新宿ステーションビル、マイシティと名を変え、平成 18（2006）年にルミネエストとなった。新宿駅の一日平均乗降者数は約 350 万人で世界一とされる。新宿駅東西の歩行者通行の円滑化を図るため、2020 年頃の開通をめざして、東西自由通路の建設が平成 24（2012）年 9 月から始められている。

㉙柿傳ギャラリー（7 章・p.171 ～）
安与ビル地下 2 階に平成 20（2008）年オープン。陶器などを展示している。

㉚旧青梅街道・角筈ガード（6 章・p.129、p.138）
1606 年に成木往還として整備されたもともとの青梅街道。新宿追分で甲州街道と分岐した青梅街道は新宿通りを西進し、現在の角筈ガード（昭和 2　1927 年完成）の場所を西新宿方面へ抜け、小田急ハルク北側の道を直進して新都心歩道橋下交差点で現在の青梅街道に接続していた。

㉛大ガード（6 章・p.135）
大正 10（1921）年に 16 m幅のガードが造られ、青梅街道架道橋（通称大ガード）となった。その後、昭和 11（1936）年と昭和 43（1968）年にも拡幅され、現在は幅約 53 mになっている。

淀橋・追分・御苑 散策大路・散策小路めぐり

新宿のまちの歴史と現在を知り、理解を深めるため、
10章で触れた「淀橋・追分・御苑　散策大路・散策小路」に沿った、まちあるきコースと参考資料を記す。
各項目の番号は260ページ地図の丸付き数字に対応し、( ) 内は関連する記述があるページである。

①四谷大木戸跡（四谷四丁目交差点）（3章・p.59）
甲州街道の江戸郭内外の接点に1616年に小さな関所が設けられた。1792年には門が廃止され石垣だけになり、明治5（1872）年に撤去。四谷大木戸跡の碑（昭和34　1959年）は約100m西の区立四谷地域センター東側に設置。

②四谷水番所跡・玉川兄弟を称える水道碑（5章・p.114）
江戸期には現在の区立四谷地域センター建物の一部の場所に四谷水番所が置かれており、玉川上水のごみなどの除去を行なっていた。また給水量の調節もしており、余った水は南側の玉川上水余水吐に流し込んでいた。淀橋浄水場の一部通水開始の明治31（1898）年頃まで使用されていたと考えられる。水道碑は玉川上水（1654年完成）を建設した庄右衛門・清右衛門兄弟の功績を称えるもので、明治28（1895）年建立。

③玉川上水を偲ぶ流れ（5章・p.120）
新宿御苑散策路の一部に、新宿区により玉川上水・内藤新宿分水散歩道が平成23（2011）年度まで3ヶ年をかけて整備された。延長約540m、水路幅1m、水深5～10cm。国道20号新宿御苑トンネルから湧出する地下水を利用し、武蔵野の植生を踏まえ約5万株の植物を配している。

④新宿御苑（3章・p.73／4章・p.97）
信州高遠藩主内藤家の中屋敷跡（1590年に徳川家康から拝領）。明治5（1872）年に内藤家から政府へ上地、農業振興を目的とした内藤新宿試験場となり、更に明治12（1879）年に皇室の御料地、新宿植物御苑となった。明治39（1906）年から新宿御苑となり、昭和24（1949）年から一般に公開されている。面積58.3ha。

⑤太宗寺（3章・p.68）
1596年頃に開かれた草庵「太宗庵」が前身。1668年に安房国勝山藩の内藤重頼から寺地の寄進を受け、太宗寺が創建された。内藤家菩提寺。夏目漱石が幼少時に境内で遊んだことでも知られる。銅造地蔵菩薩坐像（東京都有形文化財）は、1712年鋳造で、江戸に入る街道の入口に安置され、街道の旅の安全などを祈願したもの（江戸六地蔵の第三番）。このほか、閻魔像（内藤新宿のお閻魔さん、1814年安置）、奪衣婆像（明治3　1870年製作）、三日月不動像（江戸期の作）、切支丹灯籠などがある（いずれも新宿区有形文化財）。

⑥成覚寺（3章・p.69）
1594年の創建と伝わる。内藤新宿の飯盛女たちの投げ込み寺で、奉公途中に死んだ飯盛女は身につけていたものを剥ぎ取られて俵に詰められ、投げ込むように葬られたという。成覚寺に葬られた人数は、2,200～3,000余とも伝わる。飯盛女たちを供養した子供合埋碑（1860年造立）や、玉川上水で心中した男女らを供養する旭地蔵（共に新宿区有形民俗文化財）などが残されている。

⑦正受院
1594年創建。閻魔大王に仕え三途の川を渡る死者の生前の行ないによって衣類を身ぐるみ奪う奪衣婆像（文政年間1818～29の作、新宿区有形文化財）が安置されており、咳・虫封じにご利益があるとされている。

⑧新宿遊郭跡・新宿二丁目（3章・p.73／6章・p.138）
芥川龍之介の養父が経営した耕牧舎という牧場の跡地に、甲州街道沿いに建ち並んでいた遊郭群が大正7～10年の間に移転し、53軒の遊女屋が並ぶ遊郭となった。昭和33（1958）年の売春防止法適用により廃業、現在はゲイタウンなどとして知られる。

⑨新宿末廣亭（6章・p.142）
当初、八木節の堀込源太所有の堀込亭だったものを、浪花節の末廣亭晴風が取得して大正初年に末廣亭とした。大正10（1921）年に現在地に移転。

⑩京王新宿三丁目ビル（6章・p.132、p.137）
大正4（1915）年に京王電気軌道（現・京王電鉄）の起点駅である新宿追分駅が開設された場所。昭和20（1945）年に当駅から新宿駅までの間が廃線となり、新宿駅が起点駅となった。

⑪追分だんご本舗（7章・p.178）
昭和22（1947）年に現在地で菓子店を始めた老舗。江戸～明治中頃まで追分にあっただんご屋の商品を再現した「追分だんご」で知られる。

⑫「新宿元標ここが追分」の標識（6章・p.125）
新宿3丁目交差点（新宿追分）に、江戸時代の新宿追分の地図と風景を歩道上にタイルで表示。内藤新宿300年を記念して、宿の設置から301年目の平成11（1999）年に設置。

⑬天龍寺（3章・p.70）
天和の大火に伴い、1683年に牛込から現在地に移転。境内の時の鐘（1767年鋳造・新宿区指定有形文化財）は、ここだけが江戸府外だったため、ほかの時の鐘より30分早く突かれ、武士に登城の準備を促していたが、内藤新宿に泊まる遊興者からは「追出しの鐘」と呼ばれていた。

⑭新宿マルイ本館（6章・p.153）
平成21（2009）年新築開店。緑化された屋上庭園も訪問したい。同所は帝都座（6章・p.141）、大阪屋酒店（6章・p.153／7章・p.178）などがかつてあった場所。

⑮伊勢丹新宿店本館（6章・p.136、p.143／7章・p.174～）
昭和8（1933）年開店。昭和10（1935）年に隣接する布袋屋（大正15　1926年開店）を買収した後、改装して一体化しているが、よく見ると新宿通り側のファサード（立面）に二つの建物の境目を見つけることができる。アールデコ調の外装を持つ近代建築（東京都選定歴史的建造物）で、屋上への階段室にあるステンドグラスも見所。屋上庭園アイ・ガーデンが平成18（2006）年にオープンした。

14（1925）年以降、暗渠化が進められ、現在は遊歩道等になっている。少し上流側では、東京都へ請願が出されたため暗渠化されていない。

㉛ガスタンク跡（9 章・p.207）
江戸時代には梅屋敷・銀世界という梅林があったが、明治 44（1911）年に東京ガスの所有となり、明治 45（1912）年～平成 2（1990）年までは東京ガスのガスタンクがあった。跡地には新宿パークタワーが平成 6（1994）年に完成（東京ガス本社・パークハイアット東京などが入居、地上 52 階・高さ 235m）。低層棟では世界最大級の地域冷暖房システムが稼働しており、西新宿一帯の 20 棟のビルへ冷水と高温蒸気を供給している。

52玉川上水新水路跡（5 章・p.119）
明治 32（1899）年、淀橋浄水場の新設に伴い、現在の和泉給水所地点から浄水場まで直線の水路が開削され、これを使って淀橋浄水場に給水が行なわれた。浄水場の廃止に伴い新水路も廃止され、跡地は水道道路などに転用されている。

53新宿中央公園（9 章・p.214）
もとは熊野神社の境内地で、戦前は六桜社（現コニカミノルタ）の工場などがあった場所。新宿副都心計画の一環で工場が移転し、浄水場跡地と併せ公園に整備され、昭和 43（1968）年に都立公園として開園した。昭和 50（1975）年に新宿区に移管。新宿ナイアガラの滝、区民ギャラリーなどがある。面積約 8.8ha。

54十二社池跡（2 章・p.42 ／ 9 章・p.206、p.209）
十二社池は 1606 年に伊丹播磨守によって付近の田畑のために湧水を利用して大小二つの溜池が造られた池。十二社の名は熊野神社に十二所権現が祀られたことに因むという。享保年間（1716 ～ 36）の頃からは、池の周囲に多くの茶屋ができて景勝地・遊興地として賑わい、明治期には花街となり、戦前の最盛期には約 60 軒の料亭や茶屋などがあり賑わった。しかし昭和 17（1942）年に道路建設で池は半分になり、昭和 43（1968）年には完全に埋め立てられて消失し、それに伴って十二社の花街も賑わいを失っていった。

55熊野神社（9 章・p.206）
中野長者と呼ばれた室町時代の紀州出身の商人・鈴木九郎によって応永年間（1394 ～ 1428 年）に創建された。鈴木九郎は代々熊野神社の神官を務めた鈴木氏の末裔で、故郷である熊野の若一王子を祀ったところ、商売が成功し家運が上昇したので、熊野三山から十二所権現をすべて祀るようになったという。江戸時代には熊野十二所権現社と呼ばれ、明治時代に熊野神社となった。熊野神社は旧角筈地区の鎮守で、氏子地域は西新宿一帯と新宿東口地区の一部（旧淀橋区側の部分）に及ぶ。

56熊野の大滝（5 章・p.113）
現在の熊野神社境内の東側を流れていた神田上水助水堀が高台から低地へ落ちる場所にできた滝で、幅 1 丈（約 3 m）、高さ 3 丈（約 9m）だったと言われ、『江戸名所図会』などにも描かれた。淀橋浄水場の建設に伴い埋め立てられた。

57神田上水助水堀（5 章・p.112）
1667 年完成。明治 32（1899）年の淀橋浄水場（5 章・p.118 ～）完成まで、神田上水の水量不足を補うため、甲州街道沿いの玉川上水から淀橋へ向けて水を流していた。淀橋浄水場の完成後も排水路として使用されていたが、その後は暗渠化され、現在は上部が区立けやき児童遊園となっている。

58淀橋（5 章・p.105）
かつては姿見ずの橋、面影橋などと呼ばれ、花嫁はこの橋を渡ると行方不明になるという言い伝えがあった。それが淀橋となったのには以下①～④のように諸説ある。①この橋で休憩していた徳川家光が、川の流れが緩やかで淀んで見えたので淀橋とした。②鷹狩りの際にここを通った徳川家光（徳川吉宗説もある）が、橋の名前の由来が不吉であることを知り、川の風景が大阪の淀川のそれに似ていたことから淀橋とした。③豊島郡と多摩郡の境界にあり、両郡の余戸をここに移住させてできた村なので、ここに架かる橋を「余戸橋」と呼ぶようになり、それが淀橋となった。④柏木、中野、角筈、本郷の 4 つの村（4 戸）の境にあるため「四戸橋」となり、これが淀橋に変化した。なお、以前の橋（大正 14　1925 年架橋）の親柱が四隅に残されている。

59成子子育地蔵尊
昔、成子坂付近に住む農民が、息子を町へ奉公に出した。お盆の藪入りにその息子が帰省することになったが、もてなす余裕がなかった父親は、つい、暗夜の成子坂で通りかかった旅人を殺して財布を奪った。しかし殺した旅人が実は息子だったことに気づき、父親は絶望のあまり自害してしまった。子育地蔵は、この父子を憐れんだ地元の人たちが、1727 年に地蔵を建てて供養したもの。もとは 4 尺 9 寸（150cm 弱）の石像だったが、第二次大戦時に空襲で焼失し、堂と共に再建された。

60成子天神社
創立は 903 年とされる。1661 年に現在地に移転し、柏木・成子地区の鎮守となった。平成 24（2012）年現在「成子天神再生プロジェクト」により、社殿・社務所等の神社施設、高層分譲マンション、賃貸マンションを新築中。境内の富士塚（成子富士）は、大正 9（1920）年築造。もともとあった天神山という小山を改造したもの。高さ約 12 m で新宿区内では最大規模。また境内には、かつて力くらべで使われた力石が残されている。富士塚と力石は新宿区有形民俗文化財。

㉜思い出横丁（6章・p.148）
戦後の安田マーケット内のやきとり横丁の流れを汲み、往時の露店を偲ばせる約80の飲食店や店舗が建ち並ぶ一角。

㉝新宿西口会館（6章・p.148）
以前の建物は、戦後の安田マーケット内のラッキーストリートの経営者による共同ビルで、昭和38（1963）年完成。平成12（2000）年に建て替えられ、現在のテナントはユニクロほか。

㉞小田急百貨店新宿店（6章・p.154／9章・p.212）
小田急百貨店は昭和37（1962）年に現在の小田急ハルクの建物で開業。現在の本館は昭和42（1967）年に完成。南側のモザイク通りは新宿ミロードと小田急百貨店を結ぶモール空間で、甲州街道上空に架かるミロードデッキを介して新宿サザンテラスとも繋がり、西口・南口界隈への回遊性を生んでいる。

㉟新宿駅西口駅前広場（9章・p.214）
昭和41（1966）年完成（設計：坂倉準三）。日本初の立体広場（面積2.4ha）で、地上広場にはバス60系統が乗り入れ、地下駐車場は432台収容。西新宿の超高層ビル街とトンネルで直結している。また小田急百貨店や小田急ハルクの2階部分には新宿エルタワー方面にも繋がるペデストリアンデッキが昭和60（1985）年に造られ、立体的な歩行者空間が創出されている。

㊱京王百貨店新宿店（6章・p.153／9章・p.212）
昭和39（1964）年に現建物が完成し開店。地下に京王線新宿駅を擁する。

㊲甲州街道陸橋・新宿駅南口地区基盤整備事業（6章・p.129）
大正14（1925）年架橋の老朽化した陸橋を架け替え、復員を30mから50mに拡幅し、車道と歩道を広げる事業を行なっている。また、JRの線路上空に造られた人工地盤上に、歩行者広場、タクシーや一般車の乗降場、高速路線バス乗降場などの機能を備えた、総合的な交通結節点の整備（2015年度完成予定）が進められている。

㊳タカシマヤタイムズスクエア
旧国鉄の新宿貨物駅跡地を再開発して平成8（1996）年オープン。高島屋新宿店、東急ハンズ新宿店、紀伊國屋書店新宿南店、紀伊國屋サザンシアターほかからなる複合商業施設。2階屋外にはボードウォークデッキが設置され、周辺の歩行者回遊性に寄与している。

㊴新宿サザンテラス
小田急線の線路上に造られた人工地盤上の商業空間（平成10　1998年完成）。遊歩道を介して店舗や小田急サザンタワー、JR東日本本社ビルなどを接続し、更にJR線路東側のタカシマヤタイムズスクエアともJR横断橋（イーストデッキ）で繋がっており、南口界隈の歩行者空間に回遊性を与えている。

㊵新宿高速バスターミナル（6章・p.155）
昭和46（1971）年開設。北は仙台、西は福岡、高松、また中央道松本・長野方面などへ、平成19（2007）年時点で計60路線の長距離高速バスが発着している。平成24（2012）年現在、甲州街道陸橋南側に新バスターミナルが建設中で、2015年に全面移転の予定。

㊶ヨドバシカメラ新宿西口本店（6章・p.156／9章・p.212）
昭和50（1975）年開店。西口家電量販店街の象徴的存在。

㊷モード学園コクーンタワー（9章・p.220）
平成20（2008）年完成。地上50階、高さ約203m。同所はもともとは松平子爵邸、日本中学校、戦後は朝日生命だった場所。学校法人モード学園が経営する、東京モード学園（ファッション）、HAL東京（IT系）、首都医校（医療・福祉）という3つの専門学校が新校舎に入居し、約1万人が通学している。繭（コクーン）のような外観は学生がここから羽ばたく（羽化する）ことを期待してのもので、白い網状の部分は建物を鳥籠のように外から支える構造体にもなっている。

㊸損保ジャパン東郷青児美術館（9章・p.218、p.221）
昭和51（1976）年開館。洋画家東郷青児が寄贈した自作及びコレクションを中心とした美術館で、損保ジャパンビル（旧安田火災海上ビル）42階にある。

㊹常円寺
創建年代不詳。1585年に渋谷区の幡ヶ谷近辺から現在地に移ったといわれる。狂歌師、便々館湖鯉鮒（べんべんかんこりう）の狂歌を刻んだ碑（大田南畝（蜀山人）筆、1819年建立、新宿区指定史跡）や、東京駅や日本銀行本店を設計した辰野金吾の墓などがある。

㊺新宿アイランド（9章・p.220）
平成7（1995）年完成。副都心周辺での市街地再開発第一号。滝のあるサンクンガーデンや、「LOVE」のオブジェ、天文時計といったパブリックアートがあるのも特色。

㊻工学院大学（6章・p.138／9章・p.210）
昭和3（1928）年に中央区から現在地に移転。平成元（1989）年に超高層の新校舎（地上28階）が完成。敷地内にオフィス棟（エステック情報ビル・地上27階・平成4　1992年竣工）を建設して経営している。

㊼京王プラザホテル本館（9章・p.204、p.218）
昭和46（1971）年完成。新宿副都心における超高層ビル第一号。地上47階、高さ約170m。

㊽東京都庁（9章・p.204、p.219）
平成3（1991）年完成。設計：丹下健三。第一本庁舎（地上45階、高さ約243m）、第二本庁舎（地上34階、高さ約163m）、議会棟からなる。上層部を二つに分けた姿、45°向きを変えた頂部、装飾的で出入りの多い壁面など、典型的ポストモダニズム建築といわれる。第一本庁舎45階の展望室からは東京全域を眺望することができ、多くの観光客も訪れる。

㊾淀橋浄水場跡地（新宿新都心）
（3章・p.45／5章・p.118～／9章・p.204～）
淀橋浄水場は明治32（1899）年完成、通水。東村山浄水場の竣工（昭和35　1960年）の後、昭和40（1965）年に廃止。跡地で新宿副都心整備事業（昭和43　1968年事業完了）が行なわれた。なお、浄水場の門は、東京都水道局芝給水所に平成14（2002）年に移設・復元されている。

㊿玉川上水跡（5章・p.109～）
1653年着工、1654年竣工。明治34（1901）年廃止。大正

新宿区
警視庁第八機動隊
区民健康センター
永福寺
社会保険会館
鬼王神社
専念寺
専福寺
西向天神社
余丁町
余丁町通り
歌舞伎町二丁目
ゴルフガーデン
新宿六丁目
大久保中学校
区役所通り
新宿文化センター
天神小学校
西光庵
金光教会
ホテルサンライト新宿
新宿区役
花園神社
区民福祉会館
東京医科大学
小石川工業高校
新宿五丁目
ホテルリステル新宿
富久町
ことぶき館
伊勢丹
靖国通り
自證院
富久小学校
八千代銀行本店
厚生年金会館
成女学園中・高校
安保坂
源慶寺
新宿三丁目駅
丸井
新宿一丁目
東長寺
太宗寺
新宿二丁目
銅造地蔵菩薩坐像
花園小学校
花園公園
西京信用金庫本店
天龍寺
新宿高校グラウンド
四谷保健所
インフォメーションセンター
新宿通り
新宿御苑前駅
四谷四丁目
四谷区民センター
新宿高校
公園管理事務所
大温室
玉川上水余水吐
新宿御苑
新宿パークホテル
上ノ池
内藤町
玉藻池
朝銀東京信用組合本店
大京町
千駄ヶ谷五丁目
千駄ヶ谷六丁目
中ノ池
野口英世記念会館
林外科病院
下池
鳩森小学校
医学メディアセンター
四谷第六小学校
健康相談センタ
代々木病院
千駄ヶ谷駅

淀橋・追分・御苑 散策大路・散策小路めぐり地図

参考文献一覧

『一商人として―所信と体験』 相馬愛蔵 相馬黒光 岩波書店 一九三八年／7章
『インタビュー集 新宿を語る』新宿区都市計画部編著 新宿区早稲田大学戸沼研究室制作 新宿区 二〇〇五年／6、10章
『江戸三百藩まるごとデータブック』 人文社編集部編 人文社 二〇〇七年／4章
『「江戸〜昭和」の歴史がわかる 東京散歩地図』 舘野允彦 講談社 二〇〇五年／2章
『江戸東京坂道事典』 石川悌二 新人物往来社 一九九八年／2章
『江戸・東京地形学散歩』 松田磐余 之潮 二〇〇八年／2章
『江戸東京の神田川』 坂田正次 論創社 一九八七年／5章
『江戸東京・街の履歴書（三）新宿西口・東口・四谷あたり』 斑目文雄 原書房 一九九一年／6章
『江戸の宿場町新宿』 安宅峯子 同成社江戸時代史叢書 二〇〇四年／3、6章
『江戸の町（上）』 内藤昌 イラストレーション穂積和夫 草思社 一九八二年／5章
『「江戸名所図会」でたどる新宿名所めぐり』 新宿区生涯学習財団 新宿歴史博物館編集発行 二〇〇〇年／5章
『凹凸を楽しむ東京「スリバチ」地形散歩』 皆川典久 洋泉社 二〇一二年／2章
『オオクボ 都市の力 ―多文化空間のダイナミズム―』稲葉佳子 学芸出版社 二〇〇八年／8章
『荷風！ 特集・大人の新宿 今よみがえる 〝昭和の新宿〟!!』 日本文芸社・にちぶんMOOK 二〇〇四年／6章
『歌舞伎町シノギの人々』家田荘子 主婦と生活社 二〇〇四年／3章
『歌舞伎町の60年 歌舞伎町商店街振興組合の歩み』 歌舞伎町商店街振興組合編 歌舞伎町商店街振興組合 二〇〇九年／8章
『株式会社紀伊國屋書店 創業五十年記念誌』 田辺茂一 紀伊國屋書店 一九七七年／7章
『川跡からたどる江戸・東京案内』 菅原健二 洋泉社 二〇一一年／2章
『川の地図辞典―江戸・東京二三区編』 菅原健二 之潮 二〇〇七年／2章
『関東大震災』 中島陽一郎 雄山閣出版 一九七三年／6章
『関東大震災』 吉村昭 文藝春秋 一九七三年／6章
『区成立三十周年記念 新宿区史』 東京都新宿区役所 一九七八年／6章
『雲の都第一部 広場』 加賀乙彦 新潮社 二〇〇二年／6章
『雲の都第二部 時計台』 加賀乙彦 新潮社 二〇〇五年／6章
『郊外住宅地の系譜 東京の田園ユートピア』 山口廣編 一九八七年 鹿島出版会／2章

『故郷の風景　路面電車』神達雄　トンボ出版　二〇一一年／6章
『御家人の私生活』高柳金芳　雄山社　二〇〇三年／4章
『古地図ライブラリー1　嘉永・慶応江戸切絵図（尾張屋清七板）』師橋辰夫監修・解説　人文社　一九九五年／2章
『古地図ライブラリー3　広重の大江戸名所百景散歩』堀晃明　人文社　一九九六年／2章
『琥珀色の記憶―新宿の喫茶店～回想の〝茶房青蛾〟とあの頃の新宿と～（新宿歴史博物館特別展図録）』新宿歴史博物館編　新宿区生涯学習財団　二〇〇〇年／6章
『今昔東京の坂』岡崎清記　日本交通社出版事業局　一九八一年／2章
『写真が語る　新宿今と昔』新宿区役所企画部広報課　一九八四年／6章
『宿場と飯盛女』宇佐美ミサ子　同成社　二〇〇〇年／3章
『新宿』森山大道　月曜社　二〇〇二年／6、8章
『新宿　1965―97』渡辺克巳　新潮社フォトミュゼ　一九九七年／6、8章
『新宿アイランドの全記録』住宅・都市整備公団　彰国社　一九九五年／9章
『新宿うら町おもてまち　しみじみ歴史散歩』野村敏雄　朝日新聞社　一九九三年／3、6章
『新宿裏町三代記』野村敏雄　青蛙房（青蛙選書）一九八二年／3、6章
『新宿駅が二つあった頃』阿坂卯一郎　第三文明社　一九八五年／6章
『新宿駅東口広場周辺の空間デザインに関する調査研究』早稲田大学理工学総合研究センター・都市計画戸沼研究室　二〇〇〇年／6章
『新宿駅100年のあゆみ　新宿駅開業100周年記念』新宿駅　日本国有鉄道新宿駅（交通新聞社）一九八五年／1、6、9章
『新宿駅前商店街振興組合創立50周年記念誌　新宿駅前商店街振興組合50年の歩み』新宿駅前商店街振興組合　二〇〇〇年／6章
『新宿大通商店街振興組合創立30周年記念誌　新宿大通り二八〇年』新宿大通商店街振興組合　一九七七年／6章
『新宿大通商店街振興組合創立50周年記念誌　新宿大通り三〇〇年』新宿大通商店街振興組合　一九九九年／6章
『新宿大通り三〇〇年』新宿大通商店振興組合発行　東通社　一九九九年／6章
『新宿　女たちの十字路　区民が綴る地域女性史』新宿地域女性史編纂委員会編　ドメス出版　一九九七年／3章
『新宿歌舞伎町アンダーワールド』日名子暁　宝島社文庫　二〇〇一年／8章
『新宿歌舞伎町アンダーワールドガイド　歌舞伎町案内人が明かす「眠らない街」の真実』李小牧　日本文芸社　二〇〇三年／8章
『新宿歌舞伎町交番』久保博司　講談社　二〇〇三年／8章
『新宿歌舞伎町物語』木村勝美　潮出版社　一九八六年／3、8章
『新宿御苑（改訂版）』金井利彦　東京都公園協会（東京公園文庫）一九九三年／6章
『新宿区基本構想』新宿区　二〇〇七年／10章

『新宿区史　区成立50周年記念』　新宿区　一九九八年／1、6章
『新宿区総合計画』　新宿区　二〇〇七年／10章
『新宿区地図集―地図で見る新宿区の移り変わり―』　新宿区教育委員会　新宿区教育委員会　一九七九年／1、2章
『新宿区都市マスタープラン』　新宿区　二〇〇七年／10章
『新宿区都市マスタープラン―21世紀のまちづくりへ向けて―（概要版）』　新宿区　一九九六年／10章
『新宿区の歴史』　新宿の歴史を語る会　名著出版　一九七七年／6章
『新宿区60年史　新宿時物語』　文化工房制作　新宿区発行（星雲社発売）　二〇〇七年／6、8章
『新宿警察夜の15時間』　西谷康二　現代書林　一九八四年／8章
『新宿ゴールデン街』　渡辺英綱　晶文社　一九八六年／8章
『新宿盛り場地図』　新宿区立新宿歴史博物館　一九九七年／6章
『新宿残侠伝実録・関東尾津組伝』　猪野健治　現代史出版会（徳間書店）　一九八〇年／6章
『新宿史跡撮りある記』　平州伸一　創和出版部（新宿区新聞社）　一九七九年／6章
『新宿情話』　須田慎太郎　バジリコ　二〇〇三年／6、8章
『新宿高野100年史　創業90年の歩み　戦前編』新宿高野100年史編集委員会　株式会社新宿高野　一九七五年／7章
『新宿高野100年史　創業90年の歩み　戦後編』新宿高野100年史編集委員会　株式会社新宿高野　一九七五年／7章
『新宿高野近30年史　新宿高野120年の歩み　1885↓2006』　株式会社新宿高野　二〇〇七年／7章
『新宿っ子夜』　野村敏雄　青蛙房　二〇〇三年／6章
『新宿中村屋相馬黒光』　宇佐美承　集英社　一九九七年／7章
『「新宿」における都市機構の集積過程と未来像』「「新宿」における都市機構の集積過程と未来像」研究会編　早稲田大学エクステンションセンター　一九八七年／6章
『新宿西口会館設立40周年記念誌』　西口会館社　二〇〇〇年／9章
『新宿のアジア系外国人社会学的実態報告』　奥田道大／田嶋淳子　めこん　一九九三年／8章
『新宿の1世紀アーカイブス』佐藤嘉尚編集・執筆／資料協力：新宿区立新宿歴史博物館　生活情報センター　二〇〇六年／6章
『新宿の今昔』　芳賀善次郎　紀伊國屋書店　一九七〇年／3、4、5、6、9章
『新宿の散歩道―その歴史を訪ねて―』　芳賀善次郎　三交社　一九七二年／3章
『新宿の民俗（二）四谷地区篇』　新宿区立歴史博物館編集発行　一九九二年／6章
『新宿の民俗（三）新宿地区篇』　新宿区立歴史博物館編集発行　一九九三年／1、3、6、9章
『新宿の民俗（六）淀橋地区篇』　新宿区立歴史博物館編集発行　二〇〇三年／5、6章

『新宿風景―明治・大正・昭和の記憶―』財団法人新宿区生涯学習財団新宿歴史博物館編集・発行　二〇〇九年／6、9章
『新宿文化絵図　重ね地図付き新宿まち歩きガイド』新宿区地域文化部文化国際課　二〇〇七年／2、4、9章
『新宿・街づくり物語　誕生から新都心まで300年』勝田三良監修・河村茂著　鹿島出版会一九九九年／1、6、9章
『新宿ムーラン・ルージュ』窪田篤人　六興出版　一九八九年／6章
『新宿遊廓史』一瀬幸三編　新宿郷土会　一九八三年／3章
『新宿・遊廓のあったころ』柳静子　ドメス出版　一九九八年／8章
『新宿歴史博物館常設展示図録』新宿区立新宿歴史博物館編　財団法人新宿区生涯学習財団　一九八九年／3、6章
『新宿歴史博物館特別展図録　田辺茂一と新宿文化の担い手たち―考現学、雑誌「行動」から「風景」まで―』新宿区立新宿歴史博物館編　新宿区教育委員会
一九九五年／7章
『新版　写真で見る幕末・明治』小沢健志編著　世界文化社　二〇〇〇年／2章
『新編・新宿ゴールデン街』渡辺英綱　ふゅーじょんぷろだくと　二〇〇三年／6章
『水道の文化史―江戸の水道・東京の水道』堀越正雄　鹿島出版会　一九八一年／5章
『図説　江戸・東京の川と水辺の辞典』鈴木理生編　柏書房　二〇〇三年／5章
『図と表で見る新宿区のすがた』新宿区　一九八六年／2章
『戦前の新宿　ムーラン・ルージュ』本間正春　新風舎　一九九七年／6章
『大名庭園を楽しむ―お江戸歴史探訪―』安藤優一郎　朝日新書　二〇〇九年／2章
『玉川兄弟』杉本苑子　朝日新聞社　一九七四年（杉本苑子全集第七巻　中央公論新社　一九九七年）／5章
『多民族共生の街・新宿の底力』川村千鶴子　明石書店　一九九八年／8章
『段ボールハウスで見る夢　新宿ホームレス物語』中村智志　草思社　一九九八年／6章
『地図で見る新宿区の移り変わり―四谷編―』新宿区教育委員会　一九八三年／6章
『地図で見る東京の変遷』日本地図センター編　日本地図センター　一九九六年／1、9章
『地図物語　あの日の新宿』佐藤洋一・ぶよう堂編集部　ぶよう堂　二〇〇八年／2、6、9章
『鉄道と街　新宿駅』三島富士夫・生方良雄　大正出版　一九八八年／1、6、9章
『東京経済大学会誌　第251号「江戸から東京へ」』柴田徳衛　二〇〇六年／4章
『東京五千分壱実測図』内務省地理局　明治二〇年測図／2章
『東京古道散歩』荻窪圭　中経文庫　二〇一〇年／2章
『東京市及接続郡部地籍地図』東京市区調査会　東京市　一九一二年／9章
『東京人　新宿が熱かった頃　1968―72』都市出版　二〇〇五年七月号／6、8章

『東京人　都心の小さな山』都市出版　二〇〇八年八月号／2章
『東京都現存植生図』宮脇昭他　東京都（http://kamome.lib.ynu.ac.jp/dspace/handle/10131/5890）一九七四年／2章
『東京都電　懐かしい風景で振り返る』広部妥編　イカロス出版　二〇〇五年／6章
『東京の階段―都市の「異空間」階段の楽しみ方』松本泰生　日本文芸社　二〇〇七年／2章
『東京のグランドデザイン調査研究―東京の環境と造形―』早稲田大学理工学総合研究センター・都市計画戸沼研究室　一九九六年／6、8章
『東京の景観に関する調査研究－都心部における都市・環境デザイン－』早稲田大学理工学総合研究センター・都市計画戸沼研究室　一九九七年／6、8章
『東京の自然史（増補第二版）』貝塚爽平　紀伊國屋書店　一九七九年（講談社学術文庫　二〇一一年）／2章
『東京の地理がわかる事典』鈴木理生編著　日本実業出版社　一九九九年／2章
『東京の都市計画』越沢明　岩波新書　一九九一年／6章
『東京百年史（第二巻）』東京都編　東京都　一九七九年／4章
『都市計画52』新宿副都心計画　中嶋猛夫他　都市計画学会／9章
『豊多摩郡の内藤新宿』新宿区立図書館資料室編　一九六八年／3章
『内藤新宿昭和史』武英雄　紀伊國屋書店（発売）一九九八年／4、6章
『内藤新宿の町並とその歴史』新宿区立新宿歴史博物館編　新宿区教育委員会　一九九一年／3、5、6章
『内藤新宿―歴史と文化の新視点―』新宿区教育委員会　一九九九年／3章
『中村屋一〇〇年史』中村屋社史編纂室編　株式会社中村屋　二〇〇三年／7章
『西新宿定点撮影　脈動する超高層都市、激変記録35年』中西元男・企画編集、PAOS／早稲田大学戦略デザイン研究所・編集協力　ぎょうせい　二〇〇六年／9章
『二十一世紀の日本のかたち　生命の網の目社会をはぐくむ』戸沼幸市編著「東京・大久保における韓国人と商業施設の集中メカニズム」金賢淑　彰国社　二〇〇四年／8章
『日本交通史』児玉幸多編　吉川弘文館　一九九二年／3章
『日本人のこころここは新宿・花園神社』片山文彦　新人物往来社　二〇〇二年／3章
『花園神社三百五十年誌　上巻・下巻』片山文彦　宗教法人花園神社　一九九八年／3章
『光は新宿より』尾津豊子　ケイアンドケイプレス　一九九八年／8章
『復元・江戸情報地図』児玉幸多監修　朝日新聞社　一九九四年／2章
『武蔵野台地の平地林　その過去と未来』犬井正　東京学芸大学連続講演会第一回（平成一七年一二月三日）資料／2章
『明治43大正5、12、15昭和4、7、15年　四谷・中野』大日本帝国陸地測量部／9章
『黙移　相馬愛蔵・黒光著作集』郷土出版会　一九九六年／7章

『甦った東京　東京都戦災復興土地区画整理事業誌』　東京都建設局区画整理部計画課　一九八七年／2、6、8章
『露店』　東京都臨時露店対策部　東京都　一九五二年／9章
『わが町 新宿』　田辺茂一　サンケイ出版　一九七六年（旺文社文庫　一九八一年）／6、7章
『私の戦争体験記』（新宿区　平成二年八月）／6章

…た…

…な…

…は…

…ま…

…や…

…ら・わ…

索引

※大項目は目次を参照のこと

編著者一覧と執筆分担

戸沼幸市（とぬま こういち）［第1章・第6章（新宿東口商空間の発展）・第7章・第8章・第10章］

一九三三年青森県生まれ。早稲田大学理工学部建築学科卒業。工学博士・早稲田大学名誉教授。早稲田大学芸術学校校長、日本都市計画学会会長、世界居住学会（EKISTICS）副会長などを歴任。国土交通省、東京都、新宿区などの都市計画プロジェクトに多数参画。二〇〇四年より早稲田大学公開講座「新宿学」を担当、新宿の歴史を探るとともに新宿再開発の提言を行なう。現在、新宿研究会会長、新宿区都市計画審議会会長ほか。著書に『あづましい未来の津軽』（津軽書房）、『人間尺度論』『人口尺度論』（いずれも彰国社）、『遷都論』（ぎょうせい）、『21世紀の日本のかたち（1〜58）』（一般財団法人日本開発構想研究所　URL http://www.ued.or.jp//）ほかがある。

青柳幸人（あおやぎ ゆきひと）［第4章・第9章］

一九三三年山梨県生まれ。早稲田大学理工学部建築学科卒業。住宅・都市整備公団理事、早稲田大学客員教授などを歴任。現在、新宿研究会副会長。共著に『21世紀の日本のかたち』（彰国社）、『住み続けたいまち光が丘の原点を探る』（光が丘新聞社）がある。

髙橋和雄（たかはし かずお）［第3章・第5章・第6章（鉄道の発達）］

一九三八年東京都生まれ。早稲田大学理工学部土木工学科卒業。東京都建設局道路建設部長、新宿区助役などを歴任。現在、財団法人新宿未来創造財団評議委員、国分寺市湧水等保全審議会委員、新宿研究会副会長。

松本泰生（まつもと やすお）［第2章・図版イラスト作成］

一九六六年静岡県生まれ。早稲田大学理工学部建築学科卒業。工学博士。戸沼幸市教授の下、都市景観・都市形成史研究を行なう傍ら、九〇年代から東京の階段を訪ね歩く。現在、早稲田大学理工学術院客員講師、埼玉大学・尚美学園大学講師（共に非常勤）。著書に『東京の階段―都市の「異空間」階段の楽しみ方』（日本文芸社）がある。

「はじめに　私の新宿、そして新宿学（戸沼幸市）」は清文社刊『都市は誰のものか―都市の主体を問う』（二〇〇七）「新宿学」を一部修正加筆のうえ収載したものである。
口絵「新宿区の地形」並びにP２６１「淀橋・追分・御苑　散策大路・散策小路めぐり地図」は、国土地理院長の承認を得て，同院発行の2万5千分の1地形図及び1万分の1地形図を複製したものである（承認番号　平成２４複製、第４００号）。当該複製物を第三者がさらに複製する場合には、国土地理院の長の承認を得なければならない。

新宿学

二〇一三年二月二六日　第一刷発行

発行所　株式会社紀伊國屋書店
東京都新宿区新宿三－一七－七
出版部（編集）
電話〇三（六九一〇）〇五〇八
ホールセール部（営業）
電話　〇三（六九一〇）〇五一九
東京都目黒区下目黒三－七－一〇
郵便番号一五三－八五〇四

装幀　芦沢泰偉＋児崎雅叔

印刷・製本　図書印刷

ISBN978-4-314-01099-3

定価は外装に表示してあります